집으로
가는 길

집으로 가는 길

2014년 6월 30일 초판 1쇄 발행. 2022년 3월 15일 초판 2쇄 발행. 리 캐롤이 쓰고, 오진영이
옮겼으며, 도서출판 샨티에서 이홍용과 박정은이 펴냅니다. 표지그림은 반디가 그리고, 이
근호가 본문 및 표지 디자인을 하였으며, 이강혜가 마케팅을 합니다. 제작 진행은 굿에그커
뮤니케이션에서 맡아 하였습니다. 출판사 등록일 및 등록번호는 2003. 2. 11. 제25100-2017-
000092호이고, 주소는 서울시 은평구 은평로3길 34-2, 전화는 (02) 3143-6360, 팩스는 (02)
6455-6367, 이메일은 shantibooks@naver.com입니다. 이 책의 ISBN은 978-89-91075-89-4
03200 이고, 정가는 16,000원입니다.

이 도서의 국립중앙도서관 출판시도서목록(CIP)은 e-CIP홈페이지(http://www.nl.go.kr/ecip)와 국가자료공동목록시
스템(http://www.nl.go.kr/kolisnet)에서 이용하실 수 있습니다. (CIP제어번호: CIP2014018607)

삶에 지친 한 남자와 일곱 천사의 이야기

집으로
가는 길

리 캐롤 지음 | 오진영 옮김

【샨티】

헌사

인간에겐 자신의 삶을 변화시킬 힘이 있다는 것과
보이는 것이 전부가 아니라는 것을 깨달은 사람들에게
이 책을 바칩니다.

차례

이 책에 대해서   6

서문   7

1. 마이클 토마스   9

2. 환영   22

3. 여행 준비   39

4. 첫 번째 집: 지도의 집   50

5. 두 번째 집: 선물과 도구의 집   72

6. 시련의 폭풍   99

7. 세 번째 집: 생물학의 집   116

8. 네 번째 집: 책임의 집   149

9. 다섯 번째 집: 관계의 집   194

10. 여섯 번째 집: 사랑의 집   230

11. 일곱 번째 집: 자기 존중의 집   280

12. 문을 지나 집으로   337

후기   359

옮긴이의 말   362

이 책에 대해서

이 책은, 온화하고 사랑이 가득한 고차원의 영적인 존재로서 인류의 영적 진화와 지구의 차원 상승을 돕기 위해 지구의 자기장을 재구성하는 일을 하고 있으며, 현재 지구에서 인류가 '새 시대New Age'의 고차원 에너지 상태로 상승할 수 있도록 돕고 있는 크라이온Kryon으로부터 영감을 받아 리 캐롤이 쓴 우화이다. 리 캐롤을 통해 전달된 크라이온의 메시지는 수많은 사람들의 삶을 바꾸고 인간 내면의 어두운 부분에 사랑과 빛을 가져다주고 있다.

서문

1996년 12월 8일, 크라이온은 캘리포니아의 라구나 힐스라는 지역에서 열린 세미나에서 500명이 넘는 청중 앞에 앉아 있었습니다. 크라이온은 한 시간 넘게 진행된 스토리텔링 세션에서 마이클 토마스Michael Thomas의 이야기를 소개했습니다. 이 이야기는 세상사에 지친 한 인간이 자신의 영적 가족을 만나고 '집Home'으로 가고자 하는 열망에서 비롯된 모험을 다루고 있습니다.

마이클 토마스라는 이름은 대천사 마이클Michael의 성스럽고 경건한 속성과 의심 많은 토마스Thomas(예수의 12제자 중 한 사람인 '도마'—옮긴이)의 옛 에너지를 상징합니다. 이 두 가지 속성은 스스로 영적인 존재라고 느끼면서도, 종종 자신의 능력을 의심해 영적인 시험이라든가 두려움에 따른 시련이 더욱 커지는 새천년을 향해 나아가길 주저하는 우리의 모습을 나타냅니다.

마이클이 '집'으로 가는 동안 각기 다른 대천사가 거주하는 일곱 가지 색깔의 집들을 방문하면서 장대한 모험이 펼쳐집니다. 새 시대의 특징을 나타내는 각각의 집은 지혜, 가르침, 유머로 가득하며, 신神이 정말 우리에게 바라는 것이 무엇인지도 알려줍니다. 그뿐만 아니라 새 시대의 새로운 패러다임을 수용할수록 어떤 변화가 일어나

7

는지도 엿볼 수 있습니다.

마이클 토마스의 여행이 놀라운 결말을 향해 나아갈수록, 우리는 끊임없이 '우리의 발을 씻겨주길' 원하는 영적 근원Spiritual source으로부터 사랑이 가득한 가르침을 받게 됩니다.

"제가 뭘 알기를 원하세요?"라고 신에게 질문한 적이 있다면, 이 책이 아마 답변이 될 수 있을 겁니다! 마이클 토마스의 신나는 여행에 동참해 보세요. 여행을 통해 여러분 자신의 모습을 발견할 수 있을 겁니다.

1.
마이클 토마스

마이크(마이클의 애칭―옮긴이)가 영업 사무실 칸막이벽 쪽으로 '편지함 상자'를 너무 세게 밀어붙인 탓에 검정 플라스틱 조각들이 부서져 사방으로 흩어졌다. 마이크는 자신의 처지에 점점 화가 났고, 그 화를 이 생명 없는 물체가 묵묵히 받아내야 했다. 갑자기 왼편에 놓인 플라스틱 조화造化의 먼지 쌓인 잎들 사이로 머리 하나가 불쑥 튀어나왔다.

"거기 괜찮아?" 옆 칸막이에서 존이 물었다.

칸막이벽은 각자가 자기 공간에서 일하고 있는 척할 수 있는 정도, 딱 그 정도 높이였다. 마이크는 책상 위에 높다란 물건을 몇 개 놓아두고 있었다. 이렇게 하면 기껏 1미터 안팎에 직장 동료들이 있다는 사실이나, 각자 자신만의 공간에서 '사적인' 대화를 하고 있는 듯하지만 실은 모든 것을 공유하고 있다는 사실을 가려주는 효과가 있었다. 칸막이 위로 커버가 벗겨진 수많은 형광등에서 하얀 불빛이 흘러나와 마이크와 동료들을 비추고 있었다. 산업 시설이나 사무실 같은 곳에서만 볼 수 있는 인공적인 빛이었다. 햇빛 가득한 캘리포니아에 살고 있음에도, 시각 스펙트럼의 빨간색은 죄다 다른 데 흡수되고 없는 듯 모든 사람이 창백했다. 몇 년째 햇볕을 직접 쐬지 못하고 살아온 마이크는 더더욱 그랬다.

"바하마만 가면 모든 게 괜찮아질 거야." 꽃 사이로 머리를 쏙 내밀고 서 있는 존은 쳐다보지도 않고 마이크가 대답했다. 어깨를 한 번 으쓱하더니 존은 하던 통화를 계속했다.

사실 말은 그렇게 했지만, 직원들이 '탄광'이라 부르는 판매 회사의 주문 접수원 월급으로는 결코 바하마를 가지 못한다는 것을 마이크는 잘 알고 있었다. 마이크는 흩어져 있는 플라스틱 상자 조각을 주워 담으며 한숨을 쉬었다. 최근 들어 한숨이 부쩍 늘고 있었다. 여기서 뭐하는 거지? 왜 이렇게 무기력하고, 삶을 바꿔보고 싶은 의욕조차 나지 않는 걸까? 그는 언젠가 자신이 산, 멍청해 보이는 통통한 곰 인형을 바라보았다. 거기엔 '안아줘요'라고 쓰여 있었다. 곰 인형 옆에는 그가 가장 좋아하는 만화《파 사이드_Far Side_》가 있었다. 만화의 주인공인 네드에게서 '행복의 파랑새'가 떠나가고 그 대신 '우울한 닭'이 찾아온다는 내용이었다.

칸막이벽에 스마일 얼굴이나 만화를 아무리 많이 붙여놔도 소용

없었다. 마이크는 여전히 뭔가 꽉 막힌 기분이었다. 그는 날마다 아무런 목적 없이 복사만 끊임없이 해대는 사무실의 복사기 같은 삶에서 헤어나지 못하고 있었다. 좌절감과 무기력함은 그를 더 화나고 우울하게 만들었고, 겉으로도 서서히 그런 감정이 묻어나기 시작했다. 그런 모습에 대해 상사도 한마디 할 정도였다.

마이클 토마스는 30대 중반이다. 사무실의 다른 많은 사람들과 마찬가지로 그 역시 그저 '생존 모드'로 살고 있다. 뭘 하든 별로 신경 쓰지 않아도 되는 직업에, 그냥 하루에 여덟 시간 일하다 집에 가고, 자고, 주말에 공과금을 내고, 월요일이 되면 다시 회사에 출근하는 삶. 마이크는 자신이 서른 명 넘게 근무하는 로스앤젤레스 사무실에서 이름을 아는 사람이 겨우 네 사람뿐임을 깨달았다. 하지만 그는 별로 개의치 않았다. 그는 삶이 송두리째 흔들릴 만큼 큰 마음의 상처를 입은 뒤 여기에서 1년 넘게 일하는 중이었다. 그는 그 상처를 아무한테도 말한 적이 없다. 하지만 밤만 되면 그때 일이 계속 머릿속에 떠올랐다.

마이크는 자기처럼 고독한 물고기 한 마리와 함께 살고 있다. 고양이를 키우고 싶었지만, 집주인이 허락하지 않았다. 그는 자신이 '희생자' 역할을 하고 있다는 것을 알지만, 자존감이 떨어져 있었고, 일부러 아픈 상처를 들쑤셔 다시 상처받고 피를 흘리며 그 상처를 마음에 담아두기를 계속 반복했다. 자기가 할 수 있는 것이라곤 아무것도 없다고 느꼈다. 설사 상황을 바꾸고 싶어도 자신에게 그럴만한 기력이 있기나 한지 의심스러웠다. 그는 장난삼아 물고기 이름을 '캣'

(고양이)이라 짓고, 집에 오거나 출근할 때마다 말을 걸었다.

"믿음을 잃지 마, 캣." 마이크는 외출할 때면 그 지느러미를 가진 친구에게 그렇게 말하곤 했다. 물론 물고기는 한 번도 대답한 적이 없다.

마이크는 180센티미터가 넘는 훤칠한 키에 웃기 전에는 뭔지 모르게 사람을 위압하는 면이 있었다. 웃을 때는 그만의 매력이 있어서 그의 건장한 체격만 보고 갖기 쉬운 편견을 한순간에 사라지게 만들어버렸다. 고객들과 직접 대면하지 않고 전화상으로만 일하는 것은 결코 우연이 아니었다. 그는 의도적으로 자신이 갖고 있는 최고의 매력을 부인하면서 스스로를 감옥에 가두고 멜로드라마 같은 상황에 빠져 있었다. 그는 사람과 사귀는 능력이 뛰어났지만, 직장에서 필요한 경우를 빼놓고는 거의 그 능력을 발휘하지 않았다. 일부러 친구를 사귀려 들지도 않았다. 설령 여자들이 그와 친구가 되고 싶다 해도 이런 상황에서 그에게 이성 친구란 도저히 존재할 수 없었다.

"마이크." 그런 그에게 직장의 남자 동료들이 한마디씩 던지곤 했다. "마지막으로 운이 좋았을 때가 언제야? 넌 밖에 나가서 좋은 여자를 만나야 해. 인생 고민은 좀 그만하고!"

그러곤 그들은 가족, 애완견, 사랑스러운 아이들, 그리고 더러는 물고기가 있는 집으로 돌아갔다. 하지만 마이크는 실연으로 상처받은 삶을 어디서부터 다시 풀어가야 할지 몰랐다. 아니, 그럴만한 가치도 없다고 생각했다. '나도 예전에 짝이 있긴 했지.' 그는 혼잣말을 했다. '단지 그녀가 그걸 몰랐을 뿐.' 그는 한때 열렬한 사랑에 빠졌고, 그만큼 기대도 컸다. 하지만 그녀는 그와의 만남을 그냥 즐겼을 뿐이었다. 그 사실을 깨달은 순간 마이크는 삶이 통째로 시들어 사라져버리는 것 같았다. 그는 인생에 단 한 번 찾아올 법한 뜨거운 열정으로 그녀를 사랑했다. 그녀에게 모든 열정을 쏟아 부었지만, 그녀는 그 열정을 차갑게 외면했다.

마이크는 미네소타 주 블루어스라는 작은 마을의 농장에서 자랐지만, 답답하고 숨이 막히는 그곳이 싫어 빠져나오고 말았다. 그곳에서는 작물을 재배하면 다른 나라의 구매자가 매입해 가기도 하고, 곡물이 넘쳐날 때는 큰 저장고에 무한정 저장해 두기도 했다. 일찍부터 그는 농사가 자기하고는 잘 맞지 않는다는 것을 알았다. 농사는 그의 고장 사람들도 별로 가치 있게 여기지 않는 것 같았다. 도대체 농사가 뭐가 좋단 말인가? 게다가 그는 냄새를 견딜 수 없었다. 그는 동물이나 트랙터 대신 사람들과 함께 일하고 싶었다. 학교에서 성적도 좋았고, 다른 사람들과 함께 하는 일에서는 모두 뛰어났다. 마이크에겐 영업 일이 자연스러웠다. 그는 별 어려움 없이 좋은 직장을 잡았고 각종 제품과 서비스를 정직하게 소개하며 판매했다. 사람들은 마이클 토마스에게 물건 사는 것을 좋아했다.

돌이켜보건대 돌아가신 부모님이 그에게 남겨준 것 가운데 '끝까지 남은' 것은 단 하나 신에 대한 믿음이었다. 하지만 그것도 지금은 별로 쓸모가 없다는 생각이 들면 가끔씩 쓸쓸한 기분이 들었다. 마이크는 하나뿐인 자식이었고, 그의 부모님, 사랑하는 엄마와 아빠는 그의 스물한 번째 생일날 바로 직전에 자동차 사고로 돌아가셨다. 그는 지금도 그 슬픔에서 벗어나지 못했고, 부모님의 살아생전 모습과 죽음을 기억하기 위해 늘 사진을 가지고 다녔다. 그런 일을 겪었음에도 마이크는 여전히 교회에 다니면서 최소한 예배는 드리고 있었다. 목사가 그의 영적인 건강 상태가 어떤지 물었을 때는 솔직하게 자기가 영적인 본성도 믿고 신앙도 받아들인다고 인정했다. 그는 신이 공정하며 사랑의 존재라고 확신했다. 현재의 자기 삶을 보거나 최근 몇 년 동안 일어난 일들을 보면 꼭 그렇지도 않은 것 같지만 말이다. 마이크는 상황이 나아지게 해달라고 기도하곤 했지만 정말로 변할 것이라고는 거의 기대하지 않았다.

마이크는 아버지를 닮아 얼굴이 불그레했고, 잘생긴 편은 아니지만 다부진 생김새가 상당히 매력적이었다. 여자들에게 그는 거부할 수 없는 매력이 있었다. 빛나는 미소, 금발머리, 큰 체격, 각진 턱, 깊고 푸른 눈은 사람의 마음을 사로잡기에 부족함이 없었다. 직관이 뛰어난 사람은 마이크가 강직한 사람이라는 것을 바로 알아보고 그를 거의 즉각적으로 신뢰했다. 일에서건 사랑에서건 이런 매력을 부당하게 이용할 수 있는 기회가 많았지만 그는 한 번도 그래본 적이 없었다. 그가 성장한 추운 고장의 풍토로부터 물려받은 몇 안 되는 소중한 자질 중 하나, 바로 농부의 품성을 지니고 있었기 때문이다.

그는 거짓말을 할 줄 몰랐다. 다른 사람들이 언제 도움을 필요로 하는지도 직감적으로 알았다. 슈퍼마켓에 들어가고 나갈 때는 다른 사람들을 위해 문을 열어주었고, 노인을 공경하고 그들에게 말도 잘 걸었다. 돈을 주면 술값으로 나갈 걸 알면서도 길거리 노숙자들에게 지폐를 건네주었다. 그는 더 좋은 세상을 만들려면 서로 도와야 한다고 느꼈다. 하지만 그가 정착한 이곳에서는 왜 사람들이 서로 말도 안 하고, 심지어 이웃과도 교류가 없이 지내는지 이해할 수가 없었다. 아마 날씨가 너무 좋아서 사람들은 도움이 필요 없는지도 몰랐다. 정말 아이러니하다고 그는 생각했다.

마이크에게 유일한 여성 모델은 엄마였다. 그래서 그는 자신이 몹시도 그리워하는 여성이자 훌륭하고 섬세한 엄마에게 품었던 일종의 존경심을 가지고 모든 여성을 대했다. 그가 지금 겪고 있는 고통의 일부는, 그가 '진짜로' 사랑한 유일한 여성에게 이러한 존경심이 배신당한 것 같다는 데 있었다. 사실 마이크의 경험은 문화적 충돌의 결과였다. 기대한 바가 충족되지 않은 것도, 반대로 상대방의 기대에 부응하지 못한 것도 서로가 자라온 문화가 달라서 그런 것이었다. 그의 가슴에 상처를 남긴 그 캘리포니아 여자는 자신의 문화에서 사랑이라고 믿고 있는 그대로를 따라했을 뿐이었다. 하지만 마이크는 사랑에 대한 생각이 달랐다. 그는 다르게 배웠고, 사랑에 대한 다른 관념은 용납하기 어려웠다.

· ◆ ·

이렇게 해서 우리의 이야기는 이제 본격적으로 시작된다. 현재 인생에서 가장 힘든 시기를 보내고 있는 마이클 토마스, 그는 금요일 밤 방 두 개짜리(방 두 개엔 욕실도 포함된다!) 자신의 원룸 아파트로 돌아가는 중이다. 마이크는 가게에 들러 주말 동안 먹을 간단한 식품 몇 가지를 골랐다. 이미 오래 전부터 그는 브랜드 없는 상품을 사거나 쿠폰을 잘만 쓰면 돈을 오랫동안 절약해서 쓸 수 있다는 걸 알고 있었다. 하지만 그만의 진짜 근검절약 비결은? 많이 먹지 않는 것이다!

마이크는 조리할 필요가 없는 포장 음식을 샀다. 그런 음식은 스토브를 쓸 일이 없고, 따라서 전기세를 아낄 수 있었다. 뭔가 늘 충족되지 않은 느낌이 들고, 배도 약간 고프고, 기다려지는 디저트도 없는 이런 생활 방식은 스스로 맡은 희생자 역할에 딱 맞았다. 그는 싱크대 앞에 선 채로 포장 음식을 먹어치우면 따로 설거지할 필요가 없다는 것도 알았다! 그는 설거지를 아주 싫어했는데, 직장 동료이자 유일한 친구인 존에게 자신이 어떻게 설거지 문제를 해결했는지 자랑하기까지 했다. 그런 마이크의 습관을 아는 존은 농담으로 마이크가 조만간 아파트가 없더라도 가장 가까운 노숙자 쉼터에서 살아나갈 수 있는 온갖 방법을 찾아낼 거라고 놀렸다. 존이 그렇게 웃으며 말하면서 마이크의 등을 툭 쳤는데, 마이크는 정말 진지하게 그 방법을 고려했다.

마이크가 가게에서 나와 집에 도착했을 때는 날이 이미 어두워져 있었다. 하루 종일 금방 비라도 내릴 것처럼 짙은 안개가 끼어 있었는데 지금도 여전히 안개가 자욱했다. 안개 때문에 아파트 계단을 비추는 가로등의 노란 불빛 아래로 모든 것이 매끈하고 반짝여 보였다. 마이크는 가끔 어린 시절 미네소타의 혹독한 겨울을 떠올리며 캘리포니아 남부에 사는 것이 참 다행이라는 생각을 하곤 했다.

어릴 적엔 캘리포니아에 관한 것이라면 무조건 열광했다. 그는 모두가 당연하게 여기는 그 혹독한 날씨로부터 반드시 탈출해서 살 거라고 스스로에게 굳게 맹세했다. "왜 사람들은 그냥 밖에 10분만 서 있어도 죽는 곳에 살아요?" 어린 그가 엄마에게 물었다. 엄마는 미소 띤 얼굴로 그를 바라보며 말했다. "얘야, 가족은 자신의 뿌리가 있는 곳에 사는 거란다. 그리고 여기는 안전해." 로스앤젤레스가 얼마나 위험하고 미네소타가 얼마나 좋은 곳인지 설명하는 귀에 익은 설교였다. 얼어 죽는 경우만 없다면 맞는 말이었다! 로스앤젤레스에서 지진으로 죽을 확률이 복권 당첨 확률과 같다는 것을 엄마에게 납득시킬 수 없었다. 살아생전에 지진은 일어날 수도 있고 일어나지 않을 수도 있었다. 하지만 혹독한 미네소타의 겨울은 매년 때가 되면 어김없이 찾아왔다!

두말할 것도 없이 마이크는 고등학교를 졸업하자마자 시골집을 벗어나 캘리포니아에서 대학을 다녔다. 그는 필요한 돈도 영업적 재능을 발휘해서 직접 마련했다. 하지만 지금은, 사고가 나기 전에 몇 년간이라도 집에서 엄마 아빠와 함께 지냈으면 좋았을 걸 하는 후회가 들었다. 추운 날씨에서 탈출하는 데만 정신을 쏟다가 부모님과의 소중한 시간을 잃어버린 것이 아쉬웠다. 돌이켜보면 이기적이었다는 생각이 들었다.

희미한 불빛 아래서 마이크는 1층 아파트 입구 계단을 터벅터벅 걸어 올라가 열쇠고리를 만지작거렸다. 식료품 봉투를 잘 붙잡고 열쇠를 꺼내 자물쇠에 끼웠다. 열쇠는 평소와 다름없이 들어갔다. 하지만 마이클 토마스의 '평범한' 일상은 금요일 밤, 바로 그 순간 정지되었다. 그의 삶을 영원히 바꾸어놓을 선물—바로 마이크의 잠재적 운명—이 문 건너편에서 기다리고 있었던 것이다.

현관문은 워낙 뒤틀려 있어서 체중을 실어 밀어야 겨우 열 수 있었다. 마이크는 식료품 봉투가 떨어지지 않게 한쪽 엉덩이에 걸치고, 능숙한 솜씨로 열쇠를 자물쇠에 꽂아 돌리면서 문을 발로 힘껏 밀었다. 그렇게 하면 문이 열리기는 했지만 엉덩이가 돌아가는 모습은 어색하기 짝이 없었다. 친구 존은 그 모습을 보고 진짜 웃긴다고 놀리곤 했다!

마이크의 엉덩이 효과에 힘입어 고집불통 문이 열린 순간, 어두운 방에서 누군가 바쁘게 볼일을 보다가 화들짝 놀라는 것이 느껴졌다. 도둑이었다. 겁먹은 고양이 같은 민첩함과 뜻밖의 상황에 대한 오랜 대처 경험을 발휘해 그 불청객은 마이크보다 작지만 잽싼 발로 몸을 획 움직이더니 마이크의 팔을 낚아채 방으로 홱 잡아당겼다. 뻑뻑한 문을 여느라 마이크의 자세는 '웃긴' 모양새였고 몸은 앞으로 쏠려 있었다. 도둑의 손놀림에 마이크가 속수무책으로 아파트 안으로 끌려 넘어지는가 싶더니 그의 큰 체구가 순식간에 마루에 내동댕이쳐졌다. 강한 충격에 포장지가 찢기고 안에 들어 있던 식료품들이 벽까지 튕겨나갔다. 마루에 부딪히기 바로 직전, 충격 속에서 마이크는 온몸에서 경고 알람이 한꺼번에 울리는 소리와 함께 바로 뒤에서 문이 닫히는 소리를 들었다. 하지만 도둑은 여전히 안에 있었다! 마이크는 머리 위쪽으로 깨진 유리 조각들을 흘끗 보았다. 그 작은 체구의 남자가 집

안으로 들어오기 위해 산산조각 낸 유리창 잔해들이었다.

어떤 큰 사건을 겪고 나면 사람들이 가끔 그 당시 모든 것이 슬로 모션으로 움직였다고 말할 때가 있다. 하지만 마이클 토마스의 경우는 달랐다. 그는 순식간에 비명을 지르며 극심한 공포에 빠져들었다! 아파트에 침입한 그 남자는 기어이 텔레비전과 스테레오를 가져갈 작정인 듯 보였고, 자신의 희생자에게 무슨 일이 생기건 개의치 않았다. 마이크가 마룻바닥에 쓰러지자 그가 바로 덮치더니 땀에 젖은 강철 바이스 같은 손으로 마이크의 목을 꽉 조였다. 남자의 눈이 커지는데 눈과 눈 사이가 몇 센티미터는 되어 보였다. 마이크는 그의 입에서 뜨겁고 불쾌한 입김이 쏟아져 나오는 것을 느낄 수 있었다. 그리고 복부에서는 그 남자의 엉덩이가 느껴졌다.

그는 본능적으로 마치 'B급' 영화에서 죽음의 위기에 처한 사람이 그렇듯이 격렬하게 저항했다. 정신이 없는 와중에도 그는 온힘을 다해 머리를 앞으로 젖혀 도둑의 머리를 세게 들이받았다. 효과가 있었다. 갑작스런 타격에 놀란 습격자의 손에서 순간 힘이 풀렸고, 마이크는 그때를 이용해 옆으로 몸을 굴려 일어서려고 했다. 하지만 그가 미처 몸을 세우기 전에 도둑이 다시 공격해 왔다. 이번에는 마이크의 복부에 강한 펀치가 날아왔다. 강력한 힘에 마이크의 몸이 위로 붕 떴다가 다시 왼쪽으로 떨어지는 순간 무언가 큰 물체에 몸이 퍽 하고 부딪혔다. 희미하게나마 그것이 수족관임을 알 수 있었다. 섬뜩한 소리와 함께 장식장, 수족관 그리고 고독한 물고기가 뒷벽의 식료품 쪽으로 튕겨져 나갔다.

마이크는 고통스러워 숨을 쉴 수 없었다. 산소 부족으로 폐가 불타는 것 같았다. 휘둥그레진 눈에 몬태나 주만큼이나 커다란 구둣발이 내려오는 것이 보이는 순간 숨이 턱 막혔다. 이제 습격자는 씩 웃고 있었다. 너무 순식간에 일어난 일이었다! 구둣발 자국이 선연했다. 마이크는 목뼈 몇 개가 끔찍하게 으스러지는 소리를 들었다. 기도는 물론 척추까지 손상되었다 싶자 공포가 엄습했다. 부러지고 터져서 심하게 훼손된 목에 몸 전체가 반응했다. 이 상황이 어떤 상황인지 이해되기 시작하자 충격이 의식 사이로 밀려들어 왔다. 죽음이 바로 코앞에 있었다! 비명을 지르려 했지만 후두가 제대로 기능을 하지 못했다. 마이크에겐 더 이상 공기가 남아 있지 않았고, 갑자기 모든 것이 어두워졌다. 모든 것이 고요했다. 이미 충분히 학대받아 온 아파트 문 쪽에서 다시 무슨 소리가 들리자 도둑은 또 한 번 깜짝 놀라더니 마루에 쥐 죽은 듯 누워 있는 남자는 버려두고 자신의 야간 작업을 서둘러 마무리 지었다.

"무슨 일 있어요? 별일 없나요?!" 한 이웃이 꿈쩍도 하지 않는 나무 문을 주먹으로 미친 듯이 두드리고 있었다.

도둑은 "더럽게 재수 없는 날이네!" 하고 악담을 퍼붓더니 포기한 듯 깨진 창문 쪽으로 다가가 쉽게 빠져 나가려고 남은 유리 조각들을 주먹으로 부쉈다.

그 이웃은 마이크를 한 번도 본 적이 없는 사람이었지만, 안에서 유리 깨지는 소리가 들리자 손잡이를 돌려보기로 결심했다. 문을 열고 난장판이 된 아파트 안으로 들어가자 한 남자가 깨진 창문 사이로 도망가는 모습이 보였다. 그는 컴컴한 방 중앙에 기묘하게 쌓인 텔레비전과 스테레오를 피해 조용히 발을 옮겼다. 전등 스위치를 올리자 천장의 알전구에 불이 켜졌다.

"맙소사!" 그는 충격으로 말을 잇지 못했다.

남자는 지체 없이 전화로 도움을 요청했다. 마이클 토마스는 심하게 상처를 입고 의식을 잃은 채 마루에 누워 있었다. 이제 방에는 적막이 흘렀다. 유일한 소리라고는 마이크의 머리에서 60센티미터 정도 떨어진 곳에서 퍼덕거리는 물고기뿐이었다. '캣'은 식료품 봉투에서 튕겨 나온 양상추와 포장 누들 사이에서 꿈틀거리고 있었다. 맛없게 뒤섞인 요리 재료들이 서서히 번져가는 마이크의 피로 붉게 물들기 시작했다.

2.
환영

마이크가 깨어난 곳은 생전 처음 보는 곳이었다. 의식이 돌아온 순간 모든 것이 기억났다. 눈으로 주변을 흘깃 둘러봤지만, 알 수 있는 것이라곤 자기가 지금 있는 곳이 아파트나 동네 병원이 아니라는 사실뿐이었다. 모든 것이 고요했다. 사실, 너무 압도적인 고요함이 그를 불안하게 했다. 숨소리를 빼고는 아무 소리도 들리지 않았다! 지나가는 차도 없었고, 에어컨 돌아가는 소리도, 정말 아무 소리도 들리지 않았다! 마이크는 간신히 몸을 세우고 앉았다.

아래를 보니 이상하게 생긴 흰색 아기 침대 같은 곳에 자기가 누워 있었다. 이불은 없었지만, 그는 폭행당할 때 입고 있던 옷을 그대로 입고 있었다. 손을 들어 목을 만져보았다. 마지막 기억으론 목이 심하게 짓이겨졌던 것 같은데 다행히도 상처의 흔적은 찾아볼 수 없었다. 사실 마이크는 기분이 좋았다! 살짝 이곳저곳을 찔러보기도 했다. 이상하리만치 상처나 쓰라림이 전혀 없었다. 하지만 이 고요함이란! 귀를 자극하는 소리가 전혀 없다는 것이 그를 점점 미치게 만들었다. 조명도 이상했다. 빛이 어디에서도 나오지 않는 것 같은데 모든 곳에서 나오고 있었다. 빛은 눈부시게 하얗다. 너무 투명해서 눈이 아플 정도로 하얀 빛이었다. 그는 주변을 좀 더 면밀히 살펴보기로 했다.

방이 왠지 으스스했다. 그는 방 안에 있지도, 그렇다고 밖에 있지도 않았다. 오직 그와 아기 침대, 그리고 끝도 없이 펼쳐진 하얀 마루만 있었다. 마이크는 몸을 뒤로 기댔다. 이제 어떤 상황인지 감이 왔다. 그는 죽은 것이다. 자기가 지금 보고 느끼는 것이 현실과 맞지 않다는 건 어린애라도 금방 알 수 있을 정도였다. 하지만 몸은 왜 그대로 있는 것일까?

마이크는 좀 멍청한 짓을 해보기로 했다. 통증이 느껴지는지 보려고 몸을 살짝 꼬집어보았다. 그가 움찔하며 크게 소리쳤다. "아얏!"

"기분은 좀 어떤가요, 마이크?" 부드러운 남자 목소리가 들렸다.

마이크는 즉각 목소리가 나는 쪽으로 고개를 돌렸다. 그 순간 평생 잊지 못할 것 같은 어떤 모습이 눈에 들어왔다. 마이크는 그 모습에서 천사의 존재, 무한한 사랑을 느꼈다. 그는 언제나 느낌을 먼저 확인한 다음 보이는 것을 판단했다. 자신의 경험에 대해 누가 물으면 그런 식으로 설명하는 것이 습관이었다. 이제, 어쩐지 불길하면서도 장엄한 흰색 옷을 입은 인물이 눈에 들어왔다. '저건 날개인가? 정말 진부하군!' 마이크는 앞에 있는 환영을 보고 미소를 지으면서도 그것이 진짜라고 믿겨지지 않았다.

"저, 죽었나요?" 마이크는 태연한 척, 그러나 공손한 태도로 앞에 있는 존재에게 물었다.

"아니에요, 전혀." 흰색 존재가 마이크에게 다가오며 말했다. "이건 그냥 꿈일 뿐이에요, 마이클 토마스." 걷는 것 같지도 않은데 환영이 점점 자기에게 다가왔다. 마이크는 침대 앞에 선 거대한 '남자'의 얼굴, 베일에 가려 희미한 얼굴을 바라보았다. 왠지 아늑하고 안전한 느낌, 보살핌을 받고 있는 듯한 느낌이 들었다. 느낌이 무척 좋아 그는 계속 얘기할 수 있었다!

그 인물은 흰색 옷을 입고 있었지만, 그렇다고 긴 가운을 걸쳤거나 정장 차림을 한 것은 아니었다. 의복은 왠지 살아있는 것 같았고, 남자의 몸과 하나처럼 움직여서 피부라고 착각할 정도였다. 얼굴도 또렷하지 않기는 마찬가지였다. 옷에는 주름이나 단추도 없고, 옷이 끝나고 피부가 시작되는 단도 하나 없었지만, 옷이 몸에 딱 달라붙지는 않아 보였다. 옷은 섬세했고 미끈하게 흘러내렸으며, 가끔은 은은하게 빛이 났다. 마이크의 눈에는 남자의 흰색 의복과 새하얀 주위 환경이 뒤섞여 보였다. 어디에서 인물의 모습이 끝나고 배경이 시작되는지 거의 구분이 안 되었다.

"저, 지금 어디에 있나요? 바보 같은 질문 같지만, 전 물어볼 자격이 있는 것 같아요." 마이크가 기어들어가는 목소리로 말했다.

"당신은 지금 신성한 곳에 있어요." 인물이 대답했다. "당신이 스스로 창조한 장소이자 위대한 사랑이 가득한 장소. 그것이 지금 바로 당신이 느끼는 것이죠." 천사 같은 인물이 마이크에게 고개를 숙이자, 그 장소는 훨씬 더 많은 빛으로 채워지는 것 같았다.

"그럼, 당신은……?" 마이크가 떨리는 목소리로 공손하게 물었다.

"이미 예상했겠지만, 나는 천사예요."

마이크는 눈을 깜빡일 수조차 없었다. 그는 자기 앞에 있는 환영이 진실을 말하고 있다는 것을 알았다. 하지만 이상하게도 상황이 너무 생생했다. 마이크는 모든 것을 또렷하게 느끼고 있었다.

"천사는 모두 남성인가요?" 말이 입 밖으로 나오자마자 마이크는 후회했다. 얼마나 명청한 질문인가! 그는 지금이 매우 특별한 시간이라는 걸 알았다. 만약 이게 꿈이라면 그 어떤 경험보다도 생생한 꿈이었다.

"나는 오직 당신이 보고 싶은 대로만 보일 거예요, 마이클 토마스. 나는 원래 인간의 형상이 아니기 때문에, 당신이 편하게 느낄 수 있는 모습으로 나를 소개하고 있는 거예요. 하지만 모든 천사가 남성은 아니에요. 사실 우리에겐 성별이 없어요. 날개도 없고요."

마이크는 천사의 모습이 사실은 자신이 만들어낸 형상일지도 모른다는 생각에 다시 미소를 지었다. "그럼 진짜 모습은 어떤데요?" 마이크는 이제 좀 편안하게 그 사랑이 넘치는 존재에게 질문할 수 있었다. "왜 얼굴을 숨기고 있죠?" 이건 정황상 적절한 질문이었다.

"내 진짜 모습을 보면 깜짝 놀랄 거예요. 보자마자 뭔가 기억날 듯 익숙한 느낌이 들어 이상할 거고요. 왜냐하면 그 모습은 당신이 지구에 있지 않았을 때 늘 보던 모습이니까요. 그냥 말로는 표현할 수가 없어요. 그래서 당분간은 계속 이 모습으로 보일 거예요. 하지만 머지않아 곧 내 얼굴을 볼 수 있을 거예요."

"제가 지구에 있지 않았을 때라니요?" 마이크가 캐물었다.

"지구에서의 삶은 일시적이죠. 그건 당신도 이미 알고 있고요. 그렇지 않나요? 나는 당신이 누구인지 알아요, 마이클 토마스. 당신은 영적인 사람이고 인간의 영원불변한 본성을 이해하고 있어요. 여러 번 당신은 그러한 영적 본성에 대해 감사의 기도를 드렸죠. 나와 같은 이쪽의 존재들은 당신이 말한 단어 하나하나를 모두 듣고 있었어요."

마이크는 잠자코 있었다. 그렇다. 그는 교회와 집에서 기도를 했었다. 하지만 자신의 기도를 모두 듣고 있었다는 말은 받아들이기에 너무 충격적이었다. '꿈속의 존재가 나를 알고 있다고?'

"당신은 어디에서 왔나요?" 마이크가 물었다.

"집Home이요."

사랑 가득한 존재는 이제 마이크의 작은 아기 침대 바로 앞에서 빛나고 있었다. 천사는 마이크가 그 모든 말을 소화하는 동안 고개를 옆으로 기울인 채 차분하게 기다리고 있었다. 마이크는 뭔가가 따끔거리며 척추를 타고 위아래로 흐르는 것을 느꼈다. 마이크는 지금 자기 앞에 위대한 진리가 놓여 있고, 묻기만 하면 엄청난 지식이 쏟아져 나오리란 걸 직감할 수 있었다.

"맞아요!" 천사는 마이크의 내면의 생각에 응답했다. "지금 당신이 하는 일이 당신의 미래를 바꿀 거예요. 당신은 그걸 느끼고 있어요. 그렇지요?"

"제 생각을 읽을 수 있어요?" 마이크가 약간 위축되어 물었다.

"아니요, 우리는 생각을 느낄 뿐이에요. 당신의 가슴은 전체와 연결되어 있기 때문에, 당신이 우리를 필요로 할 때 우리는 거기에 응답하죠."

"우리라뇨?" 등골이 점점 오싹해졌다. "저는 지금 당신밖에 안 보이는데요."

천사가 유쾌하게 웃었고, 그 웃음소리는 정말 환상적이었다. 아, 웃음의 에너지란! 마이크는 천사의 유머가 몸속의 모든 세포에 울려 퍼지는 것을 느꼈다. 천사가 하는 것은 모두 신선하고, 실제보다 근사해 보였으며, 왠지 모르지만 마이크의 잠재 의식 속에 숨겨진 기억을 떠올리게 했다. 마이크는 천사의 웃음소리에 깜짝 놀랐지만 말은 뱉지 않았다.

"지금 나는 하나의 목소리로 당신과 얘기하고 있지만, 다수의 목소리를 대변하고 있어요." 천사가 말을 하면서 팔을 앞으로 내밀자 그 이상한 의복인지 피부인지가 미끈하게 흘러내리더니 파도 모양으로 물결을 쳤다. "인간을 돕는 존재들은 아주 많이 있어요, 마이클. 당신이 선택하기만 하면 분명히 그들을 알아볼 수 있을 거예요."

"제가 선택한다고요?" 마이크는 외쳤다. 어떻게 그런 도움을 거절할 수 있단 말인가? 마이크는 인기 스타 앞에서 애처럼 굴기라도 한 것 같아 살짝 당황스러웠다. 한동안 잠자코 있다가 마이크는 천사가 마치 작은 수압 승강기 위에 서 있기라도 한 듯이 움직이는 모습을 위아래로 흘긋 쳐다보았다. 그는 속으로 생각했다. '내가 지금 무슨 영화를 볼 때나 교회에 나갈 때나 위대한 예술 작품을 볼 때처럼 이 상황을 보고 있는 건 아닐까? 도대체 어디까지가 그런 식의 상상의 결과일까?' 다시 적막이 감돌았다. 아, 이 침묵! 천사는 마이크가 먼저 질문을 하지 않으면 아무 말도 해주지 않을 것 같았다.

"제 상황에 대해 여쭤봐도 될까요?" 마이크는 공손하게 물었다. "이게 정말 꿈인가요? 너무 생생해요."

"인간의 꿈이란 게 뭔가요, 마이클 토마스?" 천사가 마이크 쪽으로 더 가까이 다가왔다. "꿈이란 이쪽에서 보내는 정보를 당신이 받을 수 있도록 당신의 생물학적·영적인 마음속에 스며드는 매개체예요. 가끔은 정보가 은유적이기도 하죠. 그렇다는 걸 알고 있었나요? 꿈이 현실로 보이지 않겠지만, 사실 일상에서 경험하는 그 무엇보다도 신의 실체에 가장 근접한 상태예요! 당신 아버지와 어머니가 꿈속에 나타났을 때 느낌이 어땠나요? 진짜 같지 않았나요? 그건 진짜였어요. 사고 직후 부모님이 당신을 방문했던 때를 기억해요? 당신은 그 꿈을 꾸고 며칠간 울었죠. 그 모습이 그들의 실재reality였고, 당신에게 전한 메시지는 진짜였어요. 그들은 지금도 당신에게 사랑을 전하고 있어요, 마이클. 왜냐하면 당신과 마찬가지로 그들도 불멸의 존재니까요. 당신 상황에 대한 질문으로 돌아가서, 당신은 왜 이런 꿈을 꾸고 있다고 생각하나요? 거기엔 분명한 목적이 있고 적절한 때가 되었기 때문이에요." 마이크는 점점 더 익숙하게 느껴지는

28

이 아름다운 존재가 길게 말하는 것이 기뻤다.

"제가 이 상황에서 잘 벗어날 수 있을까요? 저는 지금 끔찍한 부상을 입었고, 어딘가에 의식불명 상태로 있는 것 같아요. 아마 죽어가고 있을 거예요."

"무엇이냐에 따라 달렸죠." 천사가 말했다.

"뭐가요?" 마이크가 물었다.

"인생에서 정말로 원하는 게 뭔가요, 마이클?" 천사가 다정하게 물었다. "정말로 원하는 게 뭔지 우리에게 말해봐요. 신중하게 답변해요, 마이클. 신의 에너지는 가끔 말한 그대로 실현되니까. 게다가 우리는 당신에 대해 모두 알고 있어요. 당신은 자신의 본성을 속일 수 없어요."

마이크는 정직하게 답변하고 싶었다. 시간이 지날수록 상황은 점점 더 진짜같이 느껴졌다. 그는 부모님의 사고 직후 꾸었던 생생한 꿈들이 기억났다. 제대로 잠을 이룰 수 없었던 그 끔찍한 시기에 부모님이 몇 번 꿈속에 나타나 마이크를 안아주고 사랑을 듬뿍 전했다. 부모님이 말하길, 어떤 의미건 간에 적절한 때가 되어 자신들이 떠난 것이라고 했다. 하지만 마이크는 그렇게 받아들일 수 없었다.

부모님은 또 자신들이 그렇게 떠난 이유 중 하나가, 죽으면서 마이크에게 선물을 주기 위해서였다고 했다. 그는 늘 그 선물이 무엇인지 궁금했지만, 그것은 그저 꿈일 뿐이었다. 근데 그게 정말 꿈에 불과했을까? 천사는 그것이 진짜였다고 말했다. 지금 상황이 진짜 같은 걸 보면, 이 천사처럼 부모님의 메시지도 진짜였는지 모른다. 그는 지금 자신이 꾸는 꿈 혹은 환영이 혼란스럽다는 생각에 좌절감이 들었다!

'내가 진짜 원하는 게 뭐지?' 스스로에게 물었다. 자신의 삶과 지난 몇 년 사이 일어났던 일들을 모두 떠올려봤다. 그는 자기가 원하는 것이 무엇인지 알았지만, 막상 그것을 요청하려니 옳지 않다는 느낌이 들었다.

"내면 가장 깊은 곳의 열망을 억누르는 건 당신의 장엄한 본질과 어울리지 않아요." 천사가 나지막이 말했다.

'젠장!' 마이크가 혼잣말을 했다. '천사는 나에 대해 모든 걸 알고 있어. 정말 하나도 숨길 수가 없군.'

"이미 다 알고 있으면서 왜 저에게 묻는 거죠?" 마이크가 물었다. "저의 장엄한 본질이라니, 그건 또 무슨 말이에요?"

천사는 처음으로 미소 말고 다른 표정을 지었다. 그건 명예심이나 존경심 같은 거였다!

"당신은 자신이 정말 누구인지 전혀 모르고 있어요, 마이클 토마스." 천사가 진지하게 말했다. "내가 아름답게 보이나요? 당신의 참된 모습을 한번 봐야 해요! 언젠가는 보게 될 거예요. 물론 나는 당신의 생각과 느낌을 다 알고 있어요. 당신을 도우려고 여기에 왔기 때문에, 상당히 개인적인 부분까지 당신과 공유하고 있고요. 나로선 당신 앞에 나타난 것이 영광이지만, 이 순간 변화를 가져오는 것은 전적으로 당신의 의도예요. 지금 이 순간 당신이 인간으로서 가장 열망하는 것이 무엇인지 나에게 말해도 되고 말하지 않아도 돼요. 하지만 대답은 당신 가슴속에서 진심으로 우러나와야 해요. 그리고 당신을 비롯해 모두가 들을 수 있도록 크게 말해야 해요. 지금 이 순간 내리는 선택과 행동으로 많은 것이 달라질 거예요."

마이크는 말뜻을 알아들었다. 그는 자신의 진실을 말해야만 했다. 비록 그 진실이 천사가 듣고 싶어 하지 않는 것이라 할지라도 말이다. 마이크는 잠시 골똘히 생각하고 나서 입을 열었다.

"집Home에 가고 싶어요! 인간으로 사는 게 지겨워요."마침내! 그는 말하고 말았다. 이제 모두 그만두고 싶었다. "하지만 신의 계획에 위배되는 짓을 하고 싶지는 않아요." 마이크의 목소리가 격해졌다. "삶이 무의미해 보이긴 하지만 우리에겐 목적이 있고, 그래서 신의 형상대로 창조되었다고 배웠어요. 전 이제 어쩌죠?"

천사가 아기 침대 옆으로 다가오자 마이크는 그를 더 자세히 볼 수 있었다. 이것이 환영이든 꿈이든 뭐든 간에 그저 놀라울 뿐이었다. 천사가 다가오자 제비꽃 향기가 났다. 아니, 라일락이었나? 왜 꽃일까? 천사에게도 냄새가 나다니! 그가 가까이 다가올수록 아름다운 향기가 더 짙어졌다. 자기가 한 말에 천사가 기뻐한다는 것도 알 수 있었다. 비록 천사의 얼굴 표정에 드러나진 않았지만 그는 느낄 수 있었다.

"말해봐요, 마이클 토마스. 그게 정말 당신의 순수한 의도인가요? 정말 신이 원하는 걸 당신도 원하나요? 집에 가고는 싶지만, 뭔가 좀 더 원대한 계획이 있다는 걸 당신은 알고 있어요. 그래서 우리를 실망시키거나 영적으로 적절치 못한 행동을 하고 싶지 않은 거지요?"

"네." 마이크가 말했다. "바로 그거예요. 이 상황에서 벗어나고 싶지만, 왠지 그러면 안 될 것 같아요. 그건 이기적인 것 같아요."

"만약 둘 다 가능하다면요?" 미소를 지으며 천사가 물었다. "게다가 집에 가고 싶은 열망이 이기적인 것이 아니라 지극히 당연한 것이고, 인간으로서 당신의 목적을 존중하고 싶은 열망과 전혀 상충하지 않는다면요?"

"어떻게요? 어떻게 하면 되는지 알려주세요." 마이크는 신이 나서 물었다.

마이크의 가슴을 본 천사는 처음으로 그에게 영적인 경의를 표했다. "순수한 의도Pure Intent의 마이클 토마스여, 다른 말을 하기 전에 당신의 열망이 진짜인지 확인하기 위해 한 가지 물어볼 게 있어요." 천사는 약간 뒤로 물러섰다. "집에 가면 무엇을 얻을 수 있다고 생각하죠?"

마이크는 곰곰이 생각해 보았다. 인간과의 대화였다면 그의 침묵은 정말 어색했을 것이다. 하지만 지금이 마이클 토마스에겐 매우 신성한 시간이란 걸 알고 있는 천사는 모든 것을 이해했다. 지구에서의 시간으로 10분 이상 마이크가 침묵했지만, 천사는 미동은커녕 말 한마디 하지 않았다. 조바심이나 피곤한 기색도 보이지 않았다. 천사는 사실 영원한 존재이기 때문에 조바심을 느끼지 않는다는 것을 마이크는 깨달았다. 조바심은 시간을 직선적으로 인식하는 인간들이나 느끼는 것이었다.

"전 사랑받고 싶고, 사랑 곁에 있고 싶어요." 마이크가 대답했다.

"삶이 평화로웠으면 좋겠어요." 그가 잠시 말을 멈췄다. "주변 사람들과의 사소한 일에나 걱정거리에 얽매이지 않았으면 좋겠어요. 돈 걱정 없이 살았으면 좋겠고요. 해방감을 느끼고 싶어요! 혼자 있는 것도 지겨워요. 우주의 다른 존재들에게 의미 있는 뭔가가 되고 싶어요. 제 삶의 목적이 무엇인지 알고 싶고, 천국에서…… 이걸 뭐라 부르건 간에, 거기에서 제가 맡은 역할을 다하고 싶어요. 그래서 신의 계획 안에서 바르고 적절한 소임을 다하고 싶어요. 정말 예전 같은 인간은 되고 싶지 않아요. 당신처럼 되고 싶어요!" 그가 잠시 멈췄다 다시 말했다. "그게 저에겐 집에 간다는 뜻이에요." 천사가 다시 침대 발치로 다가왔다.

"순수한 의도의 마이클 토마스여, 당신이 원하는 걸 얻게 될 거예요!" 천사에게서 더 많은 빛이 퍼져 나오는 것 같았다! 그런 게 가능한지는 모르겠지만 말이다. 그는 확실히 더 하얗게 빛이 났고, 흰 빛은 서서히 금빛과 섞이기 시작했다. "하지만 당신은 이미 예정된 길을 의도와 선택을 통해 자발적으로 따라가야 해요. 그러면 집으로 가는 여행에 대한 보상이 따를 거예요. 그렇게 하겠어요?"

"네." 마이크가 대답했다. 사랑이 휩쓸고 지나갔다고밖에는 표현할 수 없는 정말 좋은 느낌이 밀려들기 시작했다. 공기도 점점 짙어졌다. 천사의 빛이 아기 침대로 밀려들어와 마이크의 발을 감싸기 시작했다. 척추를 타고 싸한 한기가 올라왔다. 한 번도 느껴본 적이 없는 빠른 진동 에너지에 마이크는 자기도 모르게 몸을 떨었다. 강한 전율이 상체를 타고 머리까지 뻗쳐 올라왔다. 주변의 강렬한 흰 빛과 이와는 상당히 대조적인 파란색과 보라색 빛이 순간 번쩍이더니 그의 시야도 변하기 시작했다.

"무슨 일이죠?" 마이크가 걱정스레 물었다.

"당신의 의도가 당신의 현실을 바꾸고 있는 거예요."

"무슨 말인지 모르겠어요." 마이크는 겁에 질렸다.

"그럴 거예요." 아주 자애로운 톤으로 천사가 대답했다. "신과의 융합을 두려워 말아요. 이 융합은 당신이 원했던 것이고, 집으로 가는 여행에도 도움이 될 거예요."

천사가 마이크에게 공간을 내주려는 듯 좁은 침대에서 뒤로 물러났다.

"아직 떠나지 말아요!" 여전히 겁먹은 얼굴로 얼떨떨해하고 있는 마이크가 소리쳤다.

"당신의 새로운 크기에 맞추려고 내 위치를 바꾼 것뿐이에요." 천사가 재미있다는 듯이 말했다. "우리의 작업을 다 마친 뒤에 떠날 거예요."

"아직도 무슨 말인지 이해는 안 되지만, 전 두렵지 않아요." 마이크는 거짓말을 했다. 천사가 웃음을 터트리자 유쾌한 웃음소리와 강렬한 사랑의 에너지가 공간을 가득 메웠다. 마이크는 깜짝 놀라며 여기엔 비밀이 있을 수 없다는 걸 깨닫고 다시 말을 이었다. 도대체 이 느낌이 무엇인지 알아야만 했다. 천사는 계속 웃기만 했다.

"당신이 웃으면 무슨 일이 일어나죠? 어쩐지 그 웃음소리가 내면 깊숙이 파고드는 것 같아요. 이런 느낌은 처음이에요." 천사는 그 질문이 반가웠다.

"당신이 지금 듣고 느끼는 것은 순전히 신의 속성에 해당하는 거예요." 천사가 말했다. "유머는 우리 쪽에서 당신네로 아무런 훼손 없이 전달되는 것 중 하나예요. 지구상의 생물 존재 중에서 왜 유일하게 인간만 웃는지 궁금한 적 없나요? 동물도 웃는다고 생각할지 모르겠지만, 동물은 오직 자극에만 반응해요. 인간만이 영적 자각을 추구하는 내면의 불꽃이 있어서 이러한 신의 속성을 유지할 수 있고, 추상적인 생각이나 개념으로 유머를 만들 수 있죠. 인간의 의식이 그 열쇠예요. 인간의 의식은 정말 신성해요. 그래서 유머가 치유 효과가 있는 거예요, 순수한 의도의 마이클 토마스."

지금까지 천사가 말한 것 중 가장 긴 설명이었다. 그는 시간이 다 되기 전에 보석 같은 진리를 어쩌면 더 캐낼 수도 있겠다는 느낌이 들었다. 그는 조금이라도 더 알아내기 위해 애를 썼다.

"이름이 뭐예요?"

"이름은 없어요." 다시 침묵이 이어졌다. 아주 긴 침묵이었다. '이런, 다시 단답형이군.' 마이크는 생각했다.

"당신은 어떻게 알려져 있나요?" 마이크가 다시 캐물었다.

"나는 I AM 모든 이가 알고 있어요, 마이클 토마스. 모든 이가 아는 나 THAT I AM이며, 따라서 나는 존재합니다."

"무슨 말인지 이해가 안 가요." 마이크가 대답했다.

"그럴 거예요." 천사는 다시 생각에 잠겼다. 하지만 마이크를 곤란하게 하려는 건 아니었다. 그보다는 아직 많은 것을 알기엔 이른 상황에서 마이크의 때 묻지 않은 순수함을 존중했기 때문이었다. 천사는 삶에 대해 꼬치꼬치 캐묻는 아이의 호기심에 일일이 응대하는 부모 같았고, 그가 하는 것은 모두 사랑이 넘쳤다. 마이크는 난처한 질문은 그만하고 이제 본론으로 들어가야 한다는 것을 깨달았다.

"사랑하는 천사여, 당신이 말하는 길이란 뭔가요?" 순간 '사랑하는'이란 표현이 좀 어색하게 느껴졌지만, 어쨌든 천사의 성품과 잘 맞는 것 같았다. 천사는 부모 같기도 하고 형제자매 같기도 했지만, 동시에 사랑하는 연인 같은 느낌도 들었다. 마이크는 이 느낌을 한동안 잊지 못할 것 같았다. 천사의 에너지 속에 계속 머물고 싶었지만 조만간 끝이 날 것 같아 두려웠다.

"마이클, 현실로 돌아가거든 긴 여행을 떠날 채비를 하세요. 준비가 되면 길이 시작되는 곳이 보일 거예요. 영Spirit이 거주하는 일곱 개의 집으로 여행을 하게 될 텐데, 서로 목적은 다르지만 나와 비슷한 존재를 각각의 집에서 만나게 될 거예요. 길을 가다 보면 놀라운 일도 생기고 위험에 처할 수도 있어요. 원하면 언제든지 여행을 멈춰도 돼요. 그렇다고 해서 비판을 받는 일은 없을 거예요. 길을 가면서 당신은 변할 거고 많은 것을 배우게 될 거예요. 신의 속성도 배우게 될 거고요. 일곱 개의 집을 다 여행하고 나면 '집'으로 들어가는 문이 보일 거예요. 순수한 의도의 마이클 토마스여……" 천사는 잠시 말을 멈추고 미소를 지었다. "그 문을 열면 굉장한 축하연이 벌어질 거예요."

마이크는 무슨 말을 해야 할지 몰랐다. 안도감이 들기도 했지만,

한편으론 미지의 세계로 여행하는 것이 두렵기도 했다. '앞으로 무엇을 발견하게 될까? 여행을 꼭 떠나야만 하나? 이건 정말 말도 안 되는 꿈일지도 몰라! 근데, 진짜는 뭐지?'

"지금 당신 앞에 있는 모든 것이 진짜예요, 순수한 의도의 마이클 토마스." 마이크의 감정을 읽은 천사가 말했다. "당신이 이제 돌아가게 될 현실은 인간들의 배움을 위해 만들어진 일시적인 곳이죠."

마이클은 마음속의 의구심을 오롯이 직시하는 수밖에 없었고, 천사도 그걸 알고 있었다. 이 새로운 소통 방식으로 인해 마이크는 다시 한 번 속마음을 들킨 느낌이었다. 하지만 다른 한편으론 존중받는 느낌도 들었다! '나는 지금 꿈속에서 내 두뇌와 연결된 거야.' 마이크는 생각했다. '그러니 비밀이 있을 리가 없지.' 그래서 자기 생각을 모두 아는 존재와 이런 대화를 하는 것이 자연스럽게 보였는지도 모른다. 게다가 마이크는 방금 천사가 말한 바로 그것을 경험하고 있었다. 서서히 '꿈의 현실'이 더 편안하게 느껴졌고, 이보다 못한 지구의 현실로는 돌아가고 싶지가 않았다.

"이제 뭘 하죠?" 머뭇거리며 마이크가 물었다.

"당신이 이 여행을 하기로 마음먹었으니 이제 다시 인간의 의식 상태로 돌아갈 거예요. 길을 가다 보면 기억해야 할 게 하나 있는데, 보이는 것이 전부가 아니라는 거예요, 마이클. 여행을 계속할수록 지금 나와 함께 경험한 현실에 점점 더 가까워질 겁니다. 그러기 위해선 새로운 존재 방식, 아마 좀더……" 천사가 말을 중단했다. "집으로 가는 문에 다가갈수록 현재의 순간에 더 집중해야 할 거예요." 천사가 무슨 말을 하는지 이해할 수는 없었지만 마이크는 어쨌든 열심히 들었다.

천사가 계속 말했다. "물어볼 게 또 하나 있어요, 순수한 의도의 마이클 토마스."

"네, 준비됐어요." 마이크가 대답했다. 아직 확신이 들진 않았지만 솔직히 앞으로 나아갈 준비는 된 것 같았다. "질문이 뭐예요?" 아기 침대 끝으로 천사가 더 가까이 다가왔다.

"순수한 의도의 마이클 토마스, 당신은 신을 사랑하나요?" 마이크는 그 질문에 깜짝 놀랐다. '당연히 신을 사랑하지.' 그는 생각했다. '왜 물어보는 거지?'

마이크는 재빨리 대답했다. "제 가슴과 느낌을 모두 다 알고 있으니, 제가 신을 사랑한다는 걸 잘 아실 거예요." 침묵이 흘렀고, 천사가 기뻐한다는 것을 알 수 있었다.

"그렇군요!" 이것이 마이크를 극진히 사랑하는 아름다운 창조물의 보이지 않는 입술에서 나온 마지막 말이었다. 천사는 마이크에게 다가와 그의 목을 가로지르듯 손을 뻗었다. 어떻게 저렇게 멀리 손을 뻗칠 수 있지? 순간, 수백만 마리의 반딧불이 마이크의 목으로 날아들어오더니 그의 이미지를 바꾸어놓았다. 고통은 없었지만, 순간 구토가 났다.

3.
여행 준비

"왼쪽 접시 쪽으로 머리를 받쳐봐요!" 간호사가 조무사에게 외쳤다. "토하고 있어요." 그날 밤 응급실은 여느 금요일과 마찬가지로 부산스러웠다. 이번엔 보름달이 떠서 더 난리법석이었다. 의료진들이 점성술이나 어떤 형이상학적인 것을 믿는 건 아니지만, 매달 이맘때쯤이면 병원에서는 응급실에 인력을 더 투입하곤 했다. 평소엔 절대 일어나지 않을 법한 일도 이날만큼은 예외였다. 간호사는 또 다른 긴급한 일을 처리하기 위해 서둘러 방을 나갔다.

"깨어났나요?" 마이크를 응급실로 데려온 이웃이 물었다. 하얀 가운을 입은 조무사가 몸을 굽혀 마이크의 눈을 체크했다.

"네, 깨어나고 있어요." 조무사가 대답했다. "깨어나 말할 수 있게 되더라도 누워 있게 하세요. 심하게 머리를 부딪쳐 몇 바늘 꿰맸는데 한동안 턱이 꽤 아플 거예요. 엑스레이로 보니 턱뼈가 거의 나갈 뻔했더라고요. 다행히 의식이 없을 때 저희가 교정해 놓긴 했지만요."

조무사는 커튼으로 분리되어 있는 칸막이 밖으로 나가면서 마이크와 이웃만 남겨놓고 커튼을 닫았다. 응급실의 잡다한 소리를 다 알아듣긴 힘들었지만, 양쪽 옆 칸막이에 있는 사람들이 움직이는 소리는 들을 수 있었다. 왼쪽에는 칼에 찔린 여자가 있었고, 오른쪽에는 팔에 감각이 없는 남자 노인이 호흡 곤란을 겪고 있었다. 그들 모두 마이크와 비슷하게 한 시간 반 정도 그곳에 누워 있었다.

마이크가 눈을 뜨자 턱 아래쪽에서 심한 통증이 느껴졌다. 의식이 돌아왔다는 것을 마이크는 즉각 알아챘다. 통증과 함께 전반적인 상황이 서서히 현실로 인식되면서 그는 생각했다. '천사 꿈은 끝났군.' 응급실을 환하게 비추는 자외선 살균 조명에 움찔하며 마이크는 눈을 감았다. 실내 온도가 낮았다. 마이크는 담요가 필요하다고 느꼈지만 담요는 없었다.

"한동안 정신을 잃었어요, 친구." 마이크의 이름조차 모른다는 사실에 살짝 당황해하며 이웃이 말했다. "병원에서 머리 상처를 치료하고 턱도 다시 맞췄어요. 말하지 말아요."

마이크는 자기에게 몸을 굽힌 남자에게 감사의 눈빛을 보냈다. 아직 정신이 멍한 상태였지만 그는 남자의 얼굴 특징을 알아볼 수 있었다. 옆집에 세 들어 사는 남자였다. 남자가 침대 옆 의자에 앉는 것을 보고 마이크는 다시 깊은 잠에 빠져들었다.

다시 깨어났을 때 마이크는 자신이 다른 장소에 있다는 것을 알았다. 주위는 고요했고, 그는 여전히 침대에 누워 있었다. 그는 눈을 뜨고 정신을 가다듬으려 애를 썼다. 여전히 병원이긴 했지만, 이번에는 응급실이 아닌 개인 병실이었다. 병원치곤 꽤 잘 꾸며져 있다고 마이크는 생각했다. 그는 흐릿한 눈으로 벽에 걸린 그림과 침대 옆의 화려하게 장식된 의자를 바라보았다. 천장엔 작고 우아한, 마이크의 흐릿한 눈 때문에 살짝 길쭉해 보이는 격자 무늬의 비싼 흡음재吸音材가 설치되어 있었다. 형광등이 달려 있었지만 불이 꺼져 있고, 그나마도 천장의 우아한 디자인 패턴에 반쯤 가려져 있었다. 대부분의 빛은 해안가가 내려다보이는 창문과 방 안의 백열 램프 몇 개에서 나오고 있었다. 앞쪽 벽면에는 일반 병원에서 흔히 보는 텅 빈 텔레비전 선반 대신 고급 장식장이 놓여 있었고, 정교한 장식장의 문은 닫혀 있었다. 램프에는 고급 호텔처럼 갓이 씌워져 있었는데, 전등갓은 벽지와 잘 어울렸다!

'도대체 여기가 어디지? 개인 주택인가?' 하지만 더 자세히 보니 방 곳곳에 병원용 에어컨, 가스, 전기 콘센트가 보였다. 침대 뒤쪽에 진단 장비가 몇 개 있다는 것도 알아챘다. 그 중 하나는 의료용 테이프로 그의 팔에 부착되어 있었다. 그 기계에서 몇 분 간격으로 나지막이 삐삐 소리가 났다.

주위엔 아무도 없었다. 마이크는 무슨 일이 일어난 것인지 분석하기 시작했다. '목을 수술했나? 말은 할 수 있을까?' 엄청난 붕대나 깁스가 있을 거라 예상하며 그는 천천히 손을 들어 목을 만져보았다. 하지만 부드러운 피부가 느껴질 뿐이었다! 손가락으로 목 전체를 만져보았지만 모든 것이 정상이었다. 목을 가다듬어 소리를 내자 바로 목소리가 나와 그는 깜짝 놀랐다. 입을 벌리고 나서야 문제가 무엇인지 알아냈다. 순간 구역질이 날 만큼 입 안과 귀 아래쪽에 강력한 통증이 몰려왔다. '고통이 이런 식으로 느껴지는구나.' 금방 다시 입을 벌리지 않으려고 머릿속에 메모를 남기며 생각했다.

"오, 일어났네요. 통증이 심하면 진통제를 드릴 수도 있어요, 토마스 씨." 문 쪽에서 상냥하면서도 애처로운 빛이 묻어나는 여자의 목소리가 들렸다. "하지만 진통제 없이 참을 수 있으면 회복이 더 빠를 거예요. 부러진 데는 없어요. 턱 운동만 좀 하면 정상으로 돌아올 거예요." 명품 디자이너가 만든 듯한 간호사복을 입은 간호사가 침대로 다가왔다. 그녀의 복장은 깔끔하게 다림질되어 완벽해 보였으며, 대번에 아주 숙련된 간호사라는 걸 알 수 있었다. 주머니 위에는 공로 배지가 몇 개나 달려 있었다. 마이크는 한 단어 한 단어 내뱉을 때마다 이를 꽉 물고 턱을 아주 살짝만 움직이면서 조심스레 말했다.

"여기가 어디죠?" 중얼거리듯 그가 물었다.

"여긴 비버리 힐스의 개인 병원이에요, 토마스 씨." 간호사가 그의 곁으로 왔다. "응급실에서 옮겨와 여기서 하룻밤을 보냈어요. 금방 퇴원하실 거예요." 마이크의 눈이 번쩍 떠지는가 싶더니, 얼굴에 금세 수심이 가득해졌다. 이런 병실에 입원하면 하룻밤에 200~300만원은 거뜬히 나온다는 소리를 들었기 때문이었다. 입원비가 얼마나 나올지 생각하자 심장 박동이 빨라졌다.

"괜찮아요, 토마스 씨." 간호사가 마이크의 표정을 읽고 안심시키 듯 말했다. "아버님이 모두 다 알아서 하셨어요. 입원 수속도 밟아주 셨고, 아, 입원비도 모두 내셨어요."

돌아가신 아버지가 어떻게 입원 수속을 했다는 건지 마이크는 잠 시 멍한 기분이었다. '이웃을 아버지라고 생각했나?'

"그 사람 봤어요?" 간신히 입을 움직여 말을 하고는 마이크는 끙 앓는 소리를 냈다.

"아버지요? 그럼요! 굉장히 매력적이시던데요, 아버지가! 당신처 럼 키도 크고 금발에다가 목소리는 마치 성인군자 같았어요. 간호사 들이 난리도 아니었죠." 말투로 보아 간호사가 자신과 동향인 미네 소타 주 출신이라는 것을 알 수 있었다. 미네소타 사람들은 모두 말 을 거꾸로 하는 경향이 있었다. 주어를 문장 뒤에 붙이는 이상한 버 릇인데, 마이크도 캘리포니아로 옮겨온 뒤 그 버릇을 고쳐야 했다. 그 말투는 꼭 영화 〈스타워즈〉의 요다가 말하는 것 같았다.

그녀가 계속해서 말했다. "입원비는 모두 내셨어요. 이제 걱정 마 세요, 토마스 씨. 아, 맞다. 아버지가 당신에게 쪽지를 남겼어요."

아버지라는 사람이 이웃일 거라 짐작은 하면서도 그는 가슴이 마 구 뛰었다. 이웃의 외양이 간호사가 설명한 것과 전혀 맞지 않았기 때문이다. 간호사가 방을 나갔다가 5분 정도 지나 타자로 친 쪽지를 들고 왔다.

"저희가 받아 친 거예요." 접혀 있는 쪽지를 병원 봉투에서 꺼내며 간호사가 말했다. "글씨를 너무 못 쓴다고 하셔서 저희가 타이핑했어요. 한 가지 궁금한 게 있는데, 혹시 어렸을 때 아버님이 당신을 '오피 Opee'라고 불렀나요?" 쪽지를 건네주자 마이크가 읽기 시작했다.

마이클 오피Opi에게,
보이는 것이 전부는 아니란다. 이제 탐구를 시작할 할 때야. 빨리 회복해서 여행 채비를 하렴. 내가 집으로 가는 길을 준비해 놓았단다. 이 선물을 받고 앞으로 나아가렴. 길이 보일 거야.

갑자기 등줄기를 타고 한기가 느껴졌다. 간호사에게 감사의 눈빛을 보내며 마이크는 종이를 가슴에 댔다. 그러곤 마치 혼자 있게 해달라는 듯 눈을 감았다. 간호사는 눈치를 채고 방을 나갔다.
이런저런 경우들을 모두 생각해 보는데 가슴이 쿵쿵 뛰었다. "보이는 것이 전부는 아니란다"라고 쪽지에 씌어 있었다. 그건 함축적인 표현이었다! 자기가 알기로 어젯밤 그는 아파트 마루에서 도둑에게 짓밟혀 목이 심하게 훼손되었다. 그 끔찍한 사건이 일어난 순간 모든 뼈가 으스러지는 것 또한 또렷하게 느꼈다! 하지만 지금은 심하게 탈구된 뼈를 다시 교정한 턱, 얼굴과 머리의 자상과 타박상 말고는 상처가 하나도 없었다. 한동안 아프고 쑤시긴 하겠지만 불구가 되는 건 아니었다. 이게 선물인가?
쪽지를 읽기 전까지는 천사의 환영이 마이크에게 현실로 잘 와 닿지 않았다. 하지만 천사가 아니라면 누구겠는가? 주위에 그렇게 돈이 많은 사람도 없을 뿐더러 입원비 전부를 선뜻 내줄 만큼 마이크를 잘 아는 사람도 없었다. 더군다나 천사 말고 누가 그 '여행'에 대해 안단 말인가? 질문하는 내내 온몸이 떨렸다. 그런데 과연 이게 무슨 뜻인지 의문이 영 풀리지 않았다. 그러다가 마지막 확인이 끝난 순간 마이크의 얼굴에 미소가 번졌다.

'오피Opee'라고 불렸냐고 간호사가 물었었다. 그런데 쪽지에는 오피Opi라고 적혀 있었다. 마치 이름이기라도 한 것처럼. 입원비를 낸 '천사'의 말을 한 글자씩 받아 적은 것이 분명했다. 그건 그의 별명이 아니었다. 그것은 이니셜이었다! OPI는 'Of Pure Intent', 즉 '순수한 의도의'라는 뜻으로, 첫 문장은 '순수한 의도의 마이클에게'라는 인사말이었던 것이다. 미소는 웃음으로 바뀌었다. 입이 많이 아프긴 했지만 그는 웃느라 몸이 흔들릴 정도였다. 웃음은 이내 침묵으로 바뀌고, 그의 얼굴엔 기쁨의 눈물이 흘러내렸다. '내가 집에 가다니!'

◆ ◆ ◆

그 다음 며칠은 아주 특별했다. 마이크는 진통제를 받아 들고 퇴원했지만, 약은 필요 없었다. 턱은 굉장히 빠른 속도로 회복되었고, 살살 턱 운동도 할 수 있었다. 말도 제대로 나왔다. 처음엔 먹는 것이 좀 힘들었지만 하루 이틀 안에 다 정상으로 돌아왔다. 통증은 전혀 느끼지도 못할 정도였다. 좀 뻐근하긴 했지만 이 정도는 참을 만했다. 영적 탐구를 떠난다는 생각에 마이크는 기분이 '최고조'가 되었고, 진통제로 이런 기분을 망치고 싶지 않았다. 시간이 지나자 상처와 멍 자국도 서서히 없어졌다. 모든 것이 너무 순식간에 일어나 마이크는 그저 놀라울 뿐이었다.

마이크는 전화로 회사를 관뒀다. 그러잖아도 그렇게 전화로 사표를 던지는 것을 마음속으로 상상하며 그동안 얼마나 많이 연습했는지 모른다. 끔찍한 회사를 그만두며 그는 묘한 짜릿함을 느꼈다. 친구 존에게 전화해서 자기가 긴 휴가를 냈고 아마 돌아오지 않을 거라고 최대한 잘 설명했다. 존은 잘 지내라고 하면서도 마이크의 비밀스런 계획에 대해 걱정스러워했다.

"친구." 존이 설득하듯 말했다. "나한테만 말해봐! 아무 짓도 안 할게. 도대체 무슨 일이야?" 천사가 나타나 뭔가를 지시한 게 있다고 말해도 존이 이해하지 못할 게 뻔했기에 마이크는 그냥 침묵했다.

"혼자 떠나야 할 여행이 있어." 존에게 말했다. "나에겐 아주 뜻 깊은 여행이지." 그렇게 그는 여운을 남기며 끝냈다.

그는 아파트에도 집을 비운다는 통지를 남기고 짐을 싸기 시작했다. 개인적인 용품으로는 옷가지와 가정용품 중에서 몇 가지만 신중하게 골라냈다. 별로 많지도 않았지만 가장 아끼는 사진들과 책 몇 권을 챙겨서 두 개의 특별한 가방에 담았다. 옷을 많이 가져갈 수 없었기에, 여행에 필요한 최소한의 옷가지만 챙겨 사진과 책이 든 가방 안에 넣었다.

마이크는 생명의 은인인 이웃 남자를 집으로 초대해 남은 옷과 텔레비전, 출퇴근할 때 타던 자전거, 지난 몇 년간 소장해 온 이런저런 물건들을 건네주었다.

"필요 없으면," 마이크가 말했다. "그냥 자선 단체에 주세요."

제스처로 보아 그 이웃은 꽤 좋아하는 것 같았다. 마이크의 손을 잡고 위아래로 흔드는데 얼굴엔 미소가 한 가득이었다. 그가 준 상당수 물건이 그 남자에겐 긴요한 것들임을 알 수 있었다. 물고기 '캣'은 그 이웃이 911에 전화한 뒤 바로 살려냈다. 이웃 남자의 수족관에서 노는 것을 보니 물고기도 그에게 가는 것이 맞는 것 같았다.

"잘 있어, 캣!" 이웃의 아파트에 들렀을 때 마이크가 미소를 지으며 말했다. "믿음을 잃지 마." 캣은 그를 쳐다보지도 않았다. 새로운 물고기 친구들과 노느라 정신이 없었다.

병원에서 퇴원한 지 5일째 되던 날, 마이크는 준비 기간이 서서히 끝나가고 있다는 걸 알았다. 정확히 어디서부터 시작해야 할지, 어디로 가야 할지는 몰랐지만 말이다. 모든 것이 고요한 저녁이었다. 그가 준비되면 천사도 이를 알 것이라 생각했다. 그는 바로 내일, 뭔가 새로 시작되리라는 걸 알았다. 마이크에겐 여행이 부정할 수 없는 현실로 다가왔다. 그는 앞으로 뭘 해야 할지 알게 될 거라는 믿음을 '가지고' 있었다. 지난주에 일어났던 모든 일이 그의 믿음이 타당하다고 확인시켜 주고 있었다. 그는 영적 여행에 끌고 갈 가방 안의 소중한 물건들을 다시 한 번 점검해 보기로 했다.

가방을 열고 꼭 가져가야만 할 것 같은 물건이 뭔지 고심하며 살펴보았다. 첫 번째 물건은 사진이었다. 앨범은 시간이 흘러 몹시 낡았고, 사진들도 대부분 오래된 것들로 원래는 1950년대식 구식 사진첩에 풀로 붙여져 있던 것이었다. 그는 낡아서 헤진 앨범 종이가 뜯기지 않도록 조심스레 사진첩을 열었다. 사진첩 맨 앞장의 부모님 결혼 사진을 보니 다시금 기분이 울적해졌다. 그는 결혼 사진을 비롯한 부모님 사진들을 사고 후에야 발견했다. 당시에는 차마 이 사진들을 볼 수가 없었다.

서로를 깊이 사랑했던 부모님이 함께 새로운 삶을 시작하며 카메라 앞에서 웃고 있었다. 마이크의 눈에는 부모님의 옷이 좀 촌스러워 보였다. 그가 기억하는 한 아버지가 넥타이를 매고 있는 유일한 모습이었다. 나중에 마이크는 다락방에서 엄마의 오래된 웨딩드레스를 찾았는데, 드레스를 보는 것이 너무 고통스러워 이웃 남자에게 대신 싸달라고 부탁했다. 그 사진을 찍을 당시만 해도 마이크는 이들 눈에 아직 어렴풋한 빛에 불과한 존재였고, 그들의 미래는 좋은 일로만 가득 차 보였다. 마이크는 한참 사진을 바라보다가 나직하게 말했다.

"엄마, 아빠, 전 두 분의 유일한 자식이에요. 제가 앞으로 하려는 일이 어떤 식으로건 두 분을 실망시키지 않았으면 좋겠어요. 두 분 다 사랑하고 곧 뵙길 빌어요."

그의 유년 시절이 담긴 사진들을 넘기자 소중했던 순간들이 주마등처럼 스쳐갔다. 그는 가끔씩 미소를 지었다. 옛날 농장도 보였고, 친구들 사진도 있었다. 여섯 살 때 트랙터 위에서 찍은 사진이 특히 마음에 들었다. 얼마나 소중한 앨범인가! 그가 특별한 여행에 사진을 가지고 다니며 부모님과 어린 시절을 자랑스러워한다면 신도 기뻐하시리라. 언젠가는 앨범도 잊히겠지만 적어도 이 순간만큼은 이 사진들을 놓고 갈 수가 없었다.

다음은 책이었다. 그는 갖고 있는 책들을 정말 좋아했다! 수도 없이 읽어서 닳아빠진 성경책은 그에게 정말 많은 위로가 되었다. 비록 내용은 다 이해할 수 없었지만 그는 성경책에서 영적인 에너지를 느끼곤 했다. 마이크는 성경책을 조심스럽게 쌌다. 이건 절대 놓고 가지 않을 것이다. 그리고 유년 시절 그에게 무척 소중했던 책, 《용감한 소년들》과 《샬롯의 거미줄》이 있었다. 이 책들은 그가 주기적으로 계속해서 읽고 있는 몇 안 되는 문고본들이었다. 매번 읽을 때마다 책 속의 멋진 이야기와 그 주인공들을 처음 접했던 때 자신의 모습이 어땠는지 떠올리곤 했었다. 마지막으로 좀 더 철이 들어 읽었던 《모비딕》의 위대한 모험, 《셜록 홈즈》 시리즈, 무명 작가들의 시집 몇 권이 있었다.

책과 사진이 모두 두 개의 손가방에 딱 맞게 들어갔고 들고 다니기에도 편했다. 게다가 간식거리 한두 개 넣을 수 있는 작은 배낭도 메고 다닐 수 있었다. 마이크는 이제 준비가 된 것 같았다. 텅 빈 아파트 마루에 마지막으로 한번 누워보았다. 베개 하나만 덩그러니 있었지만 그걸로 충분했다. 그는 다음날 떠날 예정이었다. 그동안 있었던 일을 돌이켜보고 앞으로 겪게 될 미래에 마음이 쏠리면서 영적 탐구를 시작한다는 설렘에 거의 잠을 이루지 못했다. 내일, 드디어 집으로 가는 여행이 시작된다.

4.
첫 번째 집: 지도의 집

다음날 아침, 날씨는 약간 을씨년스러웠지만 마이크의 기분은 최고였다. 그동안 모아둔 얼마 안 되는 돈으로 마이크는 아늑한 레스토랑의 테라스에 앉아 푸짐한 아침 식사를 주문해서 먹었다. 이 시간에 밖에 있으려니 기분이 좀 묘했다. 보통 이때쯤이면 회사에서 일을 하고 있을 시간이었다. 하루 종일 고되게 일하다가 책상에서 간단히 점심을 해결하고, 해가 져 시야에서 사라진 뒤까지도 그는 늘 건물에 갇혀 있곤 했다.

가방을 손에 들고 배낭은 어깨에 멘 채 마이크는 정확히 어디로 가야 할지 몰라 식당 밖에 서 있었다. 서쪽이 아니라는 것은 분명했다. 그쪽은 머잖아 바다가 나올 테니까. 다른 길이 나타날 때까지 일단 동쪽으로 가보기로 했다. 오직 믿음 하나로 여행을 시작하니 기분은 상당히 좋았지만, 마이크는 좀 더 명확한 목적지가 있었음 싶었다.

"내가 방향 감각이 좀 있거나, 지도, 아니 현재 위치가 어디인지만 알아도 좋을 텐데." 로스앤젤레스 교외를 천천히 지나서 끝도 없이 펼쳐지는 또 다른 동네의 산등성이를 향해 동쪽으로 터벅터벅 걸으며 마이크는 혼잣말을 했다. '걸어서 여길 벗어나려면 몇 주는 걸릴 거야.' 마이크는 생각했다.

어디로 가야 할지 전혀 감이 없었지만, 그는 일단 동쪽으로 계속 걸었다. 점심때가 되어 도로변에 앉아 아침에 남겨온 음식을 먹었다. 다시 한 번 자기가 길을 제대로 가고 있는지 의구심이 들었다.

"만약 거기에 계시다면 지금 당장 당신이 필요해요!" 하늘을 향해 마이크가 큰소리로 외쳤다. "길로 향하는 문이 어디에 있죠?"

"최신 지도가 나타날 거예요!" 마이크의 귀에 익숙한 목소리가 들렸다. 벌떡 일어나 주위를 살폈지만 아무도 보이지 않았다. 그것은 분명 천사의 목소리였다.

"정말로 들은 걸까, 아님 그냥 느낌일까?" 안도의 숨을 내쉬며 마이크가 중얼거렸다. 어쨌든 뭔가 소통이 있었다!

"왜 이제서야 나타난 거예요?" 마이크가 장난스럽게 물었다.

"방금 전에 도움을 요청했잖아요." 목소리가 대답했다.

"하지만 몇 시간째 헤매고 있었잖아요!"

"그건 당신의 선택이었죠." 목소리가 말했다. "왜 이제서야 우리에게 도와달라고 말했나요?" 장난기 묻어나는 목소리가 마이크에게 똑같은 질문을 했다.

"제가 요청할 때만 도움을 받을 수 있다는 뜻인가요?"

"네, 바로 그거예요!" 목소리가 대답했다. "당신은 존중받는 자유로운 영혼이에요. 원하면 얼마든지 혼자 헤쳐 나갈 수 있는 강력한 존재죠. 그게 지금까지 당신이 평생 해온 일이고요. 우리는 늘 여기에 있지만, 당신이 요청할 때만 움직여요. 그게 그리도 이상한가요?"

너무나도 논리정연한 천사의 말에 마이크는 순간 짜증이 났다.

"알았어요. 이제 어디로 가죠? 벌써 정오가 지났는데, 오전 내내 어느 쪽으로 걸어가야 할지 추측만 하면서 시간을 다 보낸 것 같아요."

"아주 잘 추측했어요." 목소리가 넌지시 윙크를 하는 것 같았다. "길로 향하는 문은 바로 앞에 있어요."

"그럼 제가 지금까지 계속 문을 향해 왔다는 말인가요?"

"계속 맞게 오고 있었다는 사실에 너무 놀라진 말아요. 당신은 전체의 일부예요, 순수한 의도의 마이클 토마스. 연습을 하면 당신의 직감이 꽤 도움이 될 거예요. 난 오늘 아주 살짝만 방향을 틀어 당신을 도와주려는 거예요." 목소리가 뜸을 들였다. "앞을 봐요, 당신은 이미 문 앞에 있어요!"

마이크는 거대한 울타리 앞에 서 있었다. 울타리는 협곡으로 이어졌고, 길 양쪽에는 집들이 죽 늘어서 있었다.

"아무것도 안 보이는데요."

"다시 한 번 봐요, 마이클 토마스."

마이크가 덤불 속을 응시하자 천천히 문의 윤곽이 드러났다. 문이 덤불 속에 묻혀 있고 꼭 나무들의 일부 같았기 때문에 그에게 보이지 않았던 것이다. 지금은 문을 안 볼래야 안 볼 수가 없었다. 너무 확연하게 문이 보였다! 그는 잠시 돌아서 있다가 다시 새로운 인식으로 문을 응시했다. 이제는 아까보다 더 선명하게 보였다.

"어떻게 된 거죠?" 자신의 인식이 변했다는 것을 의식하며 마이크가 물었다.

"보이지 않던 것이 보이게 되면," 온화한 목소리가 말했다. "다시 무지한 상태로 돌아갈 수 없게 되죠. 이 문을 한번 봤으니 이제부터는 모든 문이 선명하게 보일 거예요."

이 말이 얼마나 중요한 말인지 완벽하게 이해할 수는 없었지만, 마이크는 이제 여행의 중심 길로 온전히 들어설 준비가 되었다. 문처럼 보였던 울타리가 이제는 아예 문으로 변하고 있었다! 울타리가 마이크의 눈앞에서 점점 커지고 있었다.

"이건 기적이에요!" 높은 울타리가 실제 문으로 변하는 걸 보며 마이크가 속삭이듯 말했다. 변화가 계속 일어날 수 있도록 충분한 공간을 내주려고 그는 뒤로 약간 물러나기까지 했다.

"꼭 그렇지만은 않아요." 목소리가 대답했다. "당신의 영적 의도가 당신을 변화시키자, 당신의 새로운 의식 수준에서 진동하던 것들이 재빨리 시야로 들어온 거예요. 기적은 아니에요. 그냥 순리대로 작용하는 것뿐이에요."

"저의 의식이 현실을 바꾼다는 말이에요?" 마이크가 물었다.

"그런 셈이죠." 목소리가 대답했다. "현실reality은 신의 본질이고 항상 그대로예요. 하지만 인간의 의식은 자신이 경험하고 싶은 현실만 드러내 보이죠. 당신이 변해감에 따라서 새로운 현실이 계속 펼쳐질 거예요. 원한다면 예전엔 보이지 않던 것들이 더 많이 새롭게 드러나고 그걸 이용할 수도 있어요. 하지만 다시 예전의 상태로 돌아갈 수는 없어요."

마이크는 조금씩 이해가 되기 시작했다. 하지만 그 앞에 새롭게 드러난 문을 통과해 본격적으로 여행을 시작하기 전에 궁금한 것이 하나 더 있었다. 그는 진리를 배우기 위해서 의심나는 것은 뭐든 짚고 넘어가기로 했다. 심지어 내면에서 들리는 천사 목소리까지도. 마이크는 질문을 좀 정리해 본 다음 말했다.

"제가 자유로운 선택권이 있는 창조물이라고 하셨잖아요? 근데 제가 다시 돌아가기로 선택했는데 왜 돌아갈 수 없다는 거죠? 만약 제가 새로운 현실을 무시하고 예전의 상태로 돌아가고 싶다면요? 그건 자유로운 선택이 아닌가요?"

"영적 법칙상 더 낮은 자각의 상태로 돌아갈 수는 없어요." 목소리가 대답했다. "정말로 돌아가려고 애쓴다면 당신이 경험한 자각의 상태를 부인하는 것이고, 결국 균형이 깨지게 되죠. 사실 뒤로 돌아가려고 애써볼 수는 있어요. 그게 당신의 자유 의지니까요. 하지만 진리임을 알면서도 애써 무시하려고 하는 인간들을 보면 참 안타까워요. 두 가지 다른 진동 주파수로 계속 존재할 수는 없거든요."

목소리가 전하는 새로운 영적 정보를 모두 다 이해할 수는 없었지만, 어쨌든 질문에 대한 답변은 받았다. 그는 지금 돌아서서 다시 도시로 갈 수는 있었다. 이건 그의 선택이다. 하지만 이곳에 문이 있다는 것을 아는 이상, 여기에 서 있을 때마다 문이 보일 것이다. 하지만 새로운 현실을 무시하면 그는 균형을 잃게 되고 결국 병이 날 것이다. 어쩐지 모두 말이 되는 것 같았다. 당연히 그는 뒤가 아닌 앞으로 전진하고 싶었다. 마이크는 가방과 배낭을 들고 문을 통과해 여행이 시작되는 길로 들어섰다. 협곡의 길이 다 그렇듯 그냥 황량한 흙길이었다. 마이크는 재빨리 문에서 멀어지며 신나게 앞으로 걸어갔다.

마이크가 문을 막 통과한 순간 그 혼자서만 여행길에 들어선 것이 아니었다. 어둡고 진한 녹색의 형체도 함께 스르르 따라 들어왔다. '그것'이 지나간 자리로는 관목이 시들어갔다. 마이크가 계속 움직이지만 않았어도 악취 때문에 금방 '그것'의 존재를 알아챘을 것이다. '그것'은 기쁨에 겨운 마이크의 뒤에서 보이지 않을 정도의 거리를 유지한 채 바짝 따라붙고 있었다. 신이 나서 어쩔 줄 몰라 하는 마이크만큼이나 증오와 사악한 의도로 가득 차 있는 '그것'은 잽싸고 교활한 유령처럼 마이크의 여행에 어두운 그림자를 드리우며 따라오고 있었다. 마이크는 '그것'이 거기에 있는 줄은 꿈에도 알지 못했다.

길을 떠난 지 얼마 안 되어, 풍경뿐만 아니라 대지의 느낌까지 마이클 토마스를 위해 확연히 바뀌었다. 사방으로 뻗어나간 로스앤젤레스 도시와 그 수많던 교외 주택은 하나도 보이지 않았다. 문명의 흔적이라곤 전혀 찾아볼 수 없었다. 전신주도 없었고, 비행기와 고속도로도 없었다. 새로운 흙길이 나타나자 마이크는 크리스마스 선물을 열어보는 아이마냥 신이 나서 힘차게 발을 내디뎠다. 별 생각 없이 계속 앞으로 걷다가, 문득 한 걸음씩 내디딜 때마다 다른 세계로 점점 더 깊숙이 들어가고 있다는 것을 깨달았다. 여행은 마이크가 방금 경험한 세계와는 전혀 다른 곳으로 그를 이끌고 있었다. 자기가 지금 지상과 천국 사이의 어디쯤, 그러니까 영적 수업이 시작되는 곳에 있는 건 아닌지 궁금했다. 집으로 가는 과정을 준비시키는 영적 수업이 조만간 시작될 것 같았다. 오솔길 같던 길이 점점 넓어지더니 이제는 도로만큼이나 넓어져 있었다. 1미터 정도의 너비에, 다른 발자국은 하나도 없고 따라가기도 무척 쉬웠다.

갑자기 마이크가 휙 돌아섰다. 뭐지? 짙은 녹색의 어떤 형체 같은 것이 바위 뒤에서 왼쪽으로 휙 지나가는 것이 눈에 들어왔다. '야생동물인가?' 마이크는 생각했다. 뒤를 보니 그가 앞으로 걸어갈 길을 그대로 보여주는 것 같았다. 녹음이 무성한 시골 지역, 목초지, 바위투성이의 구불구불한 길이 저 멀리 언덕 너머로 사라졌다. 자연의 완벽한 캔버스에 그려진 풍경화처럼 형형색색의 수많은 꽃들이 정확하게 있어야 할 자리에 점으로 찍혀 있었다.

마이크는 잠시 쉬고 싶어 걸음을 멈췄다. 시계는 없었지만, 태양의 위치로 보아 오후 2시쯤 되는 것 같았다. 배가 출출했다. 길가에 자리를 잡고 앉아 스낵 두 개와 함께 먹다 남은 식사 부스러기를 꺼내 먹었다. 주위를 둘러보는데 적막감이 들었다.

'새가 없네.' 그는 생각했다. 발밑의 흙도 자세히 살펴봤다. 벌레 하나 보이지 않았다. 정말 이상한 곳이었다. 그는 왜 아무것도 없는지 헤아려보았다. 갑자기 머리카락 사이로 시원한 바람이 불어왔다. '최소한 공기는 있군!' 하늘을 올려다보니 상쾌하고 즐거운 날에 어울리는 맑은 푸른색이 보였다.

배낭 안에 더 이상 먹을거리는 없었지만, 그는 혼자가 아니며 어떤 식으로든 신이 먹을거리를 주시리란 걸 알았다. 40년 동안 이스라엘 부족과 광야를 떠돈 모세의 이야기가 기억났다. 유목민들이 하늘에서 내려준 양식을 먹고 살았다는 이야기를 골똘히 생각하면서 그 이야기가 사실인지 궁금했다. '모세를 따라간 가족에게도 요즘처럼 되바라진 십대들이 있었겠지.' 그는 생각했다. 그 아이들이 부모에게 "저기요, 어렸을 때부터 지금까지 이 똑같은 바위로 여덟 번이나 돌아온 거 알아요? 왜 저 모세라는 사람을 믿죠? 우리는 지금 계속 같은 자리만 맴돌고 있다고요! 사막은 크지 않아요! 알기나 해요?"

속으로 상상을 하며 마이크는 웃었다. 그 역시 같은 자리를 계속 맴돌아 조만간 똑같은 바위를 보게 되는 건 아닐지 궁금했다! 광야의 이스라엘 부족처럼 그 역시 어디로 가고 있는지 전혀 감이 없었다. 게다가 음식도 떨어졌다! 상황이 어찌나 비슷한지 마이크는 더 깔깔대고 웃었다.

그의 웃음이 통했는지, 아님 그냥 때가 된 건지, 점점 넓어지는 굽이진 흙길을 돌아서자 뭔가 눈에 띄었다. 그것은 첫 번째 집으로, 선명한 파란색 집이었다! '맙소사!' 마이크는 생각했다. '프랭크 로이드 라이트(미국의 건축가—옮긴이)가 이걸 봤다면 흥분해서 괴성을 지르겠군.' 마이크는 속으로 키득거렸다. '이게 불손한 행동이 아니길. 근데 난 정말 한 번도 파란 집을 본 적이 없어.' 그는 생각했다. 길이 곧장 파란 집으로 이어졌기 때문에, 이곳이 바로 첫 번째 들러야 할 곳이란 걸 알았다. 게다가 이 집 말고 다른 건물은 어디에도 없었다.

작은 오두막에 다가가자 색깔이 코발트블루에 더 가까워 보였다. 어쩐지 내부에서 은은한 빛이 나오는 것 같았다. 문 쪽으로 이어진 길을 따라 올라가자 '지도의 집House of Maps'이라고 쓰인 작은 푯말이 보였다. 바로 마이크가 원하던 것이었다! 이제야 비로소 그가 어딘가에 도착하고 있었다. 어쩌면 남은 여행은 헤매지 않아도 될 것 같았다. 이 이상한 나라에서 최신 지도는 굉장히 소중한 물건이 되리라.

갑자기 문이 열리더니, 집 색깔과 아주 잘 어울리는 아름답고 거대한 파란색 존재가 천천히 걸어 나왔다! 환영 속에서 본 천사처럼 과장된 몸짓과 인간보다 훨씬 큰 걸로 보아 분명 천사였다. 그의 존재만으로도 대기는 장엄함과 꽃향기로 가득했다. 이 존재의 향기도 마이크는 맡을 수 있었다! 거대한 푸른 존재가 그 앞에 섰다.

"반가워요, 순수한 의도의 마이클 토마스! 기다리고 있었어요."

환영 속에서 본 천사와 달리 이 천사는 얼굴이 선명하게 보였다. 이 존재는 무슨 말을 하든 표정이 편안하고 즐거워 보였다. 마이크는 천사와 함께 있다는 것이 감사했고 깍듯이 예의를 차렸다. 그도 천사에게 인사를 했다.

"저도 만나 뵙게 되어 기쁩니다, 위대한 푸른 존재여." 갑자기 마이클은 침을 꿀걱 삼켰다. '천사가 파란색으로 불리는 걸 싫어하면 어쩌지? 인간만 그를 푸르게 인식할 뿐 사실은 전혀 파랗지 않다면? 파란색을 좋아하지 않으면?' 그의 인간적인 마음을 어지럽히며 끊임없이 쏟아져 나오는 '만약의 문제들'에 마이크는 한숨을 쉬었다.

"모두에게 나는 파란색으로 보여요, 순수한 의도의 마이클 토마스." 천사가 웃음을 지었다. "당신의 환영 인사를 받으니 기쁘군요. 이제 '지도의 집'으로 들어가 짐을 풀까요?"

이번에는 천사가 그의 생각을 읽을 수 있다는 사실이 기뻤다. '아니, 예전의 천사가 뭐라고 했더라? 생각을 느낀다고 했던가?' 어쨌든 첫 번째 집 주인의 기분을 상하게 하지 않아서 다행이었다.

마이크와 파란 천사, 뭔가 잘 어울리지 않는 두 존재는 돌아서서 함께 파란 집으로 들어갔다. 둘이 집으로 들어가고 현관문은 닫혔지만, 출입구에서 약간 왼쪽으로 무성한 덤불 속에서는 거대하고 강렬하고 분노에 가득 찬 두 개의 새빨간 눈이 문 쪽을 응시하고 있었다. 상당히 기민한 눈빛이었다. 눈에는 지친 기색도 없었다. 그리고 조용하고 끈질겼다. 그 눈은 마이클 토마스가 다시 여행을 시작하는 걸 보기 전까진 절대 움직이거나 깜빡이기조차 않을 것이었다.

집에 들어서자 마이크는 앞에 펼쳐진 광경에 깜짝 놀랐다. 집의 내부가 엄청 컸다! 밖에서 봤을 때는 그냥 소박하고 수수해 보였는데, 내부는 도무지 끝이 안 보였다. 예전의 천사가 보이는 것이 전부가 아니라고 했던 말이 생각났다. 파란 집 역시 그가 자각하기 시작한 새롭고 이상한 현실 중 하나였다. 마이크는 이 새로운 인식이 새삼 궁금해졌다. 그 말에 뭔가 더 큰 의미가 있었나?

천사를 따라가며 마이크는 '지도의 집'의 거대한 복도를 이리저리 돌아다녔다. 실내 인테리어는 상류층의 도서관 모습과 아주 흡사했다. 유럽에 가면 볼 수 있는, 역사적으로 중요한 온갖 책들이 소장되어 있는 이름난 도서관 같았다. 하지만 이곳에는 서가의 책 대신, 수십만 개의 작은 칸들로 나누어진 목재 책장이 벽에 일렬로 걸려 있고, 각 칸에는 두루마리 같은 것이 놓여 있었다. 벽은 한없이 위로 올라가는 것처럼 보였다. 그들이 걸어 들어간 복도들에는 하나같이 양쪽으로 작은 칸들이 있었고, 높이가 몇 층은 되어 보였다. 가까이 다가가 책장 칸을 볼 수는 없었지만, 집 이름이 '지도의 집'이니 안에 든 것은 지도려니 생각했다. '그런데 지도가 왜 이렇게 많지?' 거대한 방들을 둘러보는 것 자체가 끝도 없는 여정이었다. 하지만 집을 둘러보는 내내 살아있는 영혼은 단 한 명도 마주치지 않았다.

"우리밖에 없나요?" 마이크가 물었다. 천사가 돌아서더니 키득거렸다.

"'우리'가 누구냐에 달렸죠. 당신이 보고 있는 것은 지구에 존재하는 모든 인간들의 계약서예요." 천사는 아무렇지도 않다는 듯 말하고 계속 앞으로 걸어갔다.

파란 존재의 말에 마이크는 너무 놀라서 순간 멈칫하고 벽을 쳐다보았다. 서 있는 마이크를 두고 천사가 계속 앞으로 걸어가는 바람에 둘 사이의 간격이 멀어졌다. 마이크가 따라오지 않고 있다는 걸 눈치 챈 천사가 멈춰 서서 차분히 마이크를 기다렸다. 그는 아무 말도 하지 않았다. 마이크는 높은 벽에 기대어 세워놓은 사다리들을 보았다. 목재 책장의 셀 수 없이 많은 칸마다 빠짐없이 두루마리가 있었다. 계약서…… 천사가 그렇게 불렀다. 무슨 뜻이지?

"도무지 이해가 안 가요!" 천사를 따라잡으며 마이크가 소리쳤다.

"여행이 끝나기 전에 다 알게 될 거예요." 안심시키는 목소리로 천사가 대답했다. "여기에 당신이 겁낼 건 하나도 없어요, 마이클. 모든 것이 질서정연하게 이루어지고 있어요. 당신의 방문은 이미 예정되어 있었고, 우리에겐 더할 나위 없는 영광이에요. 당신의 의도는 순수해요. 우리 모두 그걸 알고 있고요. 이제 긴장을 풀고 사랑받는 느낌을 만끽해 봐요."

파란 존재의 말은 정말 가슴에 와 닿았다. 우주를 통틀어 방금 들은 말보다 더 좋은 말은 없을 것이다. 그가 느낌에 더 예민해진 걸까? 예전의 천사와 함께 있을 때도 이런 사랑의 진동을 느꼈지만, 이번엔 느낌이 훨씬 강렬해서 감정이 울컥했다.

"사랑받는다는 건 참으로 멋진 느낌이에요. 그렇지 않나요, 마이클?" 파란 천사가 마이크 옆으로 다가와 높게 솟아 있었다.

"이게 무슨 느낌이죠?" 마이크가 나직하게 물었다. "눈물 날 것 같아요."

"지금 당신은 새로운 진동 주파수로 변하고 있어요, 마이클."

"무슨 뜻인지 모르겠어요. 근데…… 신사분의 이름은 뭔가요?" 파란 존재를 또 기분 나쁘게 한 건 아닌지 마이크는 걱정스러웠다. 만약 천사가 여자라면? 이런 방면으론 별로 아는 것이 없지만, 천사의 태도나 모습으로 봐서는 여자일 가능성이 충분히 있었다.

"그냥 블루Blue라고 부르면 돼요." 마이크에게 윙크를 하면서 천사가 말했다. "성별은 없지만, 크기나 목소리로 봐서 당신 마음속에 난 남성일 거예요. 그냥 '그He'라고 불러도 괜찮아요." 천사는 자기 말을 마이크가 다 소화할 수 있도록 잠시 멈췄다가 다시 말을 이었다. "인간의 세포 조직은 다양한 주파수로 진동할 수 있어요, 마이클. 당신이 지금까지 살아오며 익숙해진 주파수를 1이라고 칠게요. 당신은 그 진동 주파수에 익숙해져 있고, 지금까지는 도움이 됐어요. 하지만 이번 여행에서 목표를 향해 계속 나아가려면 진동 주파수를 6 또는 7까지 끌어올려야 해요. 지금 당신은, 굳이 이름을 붙이자면, 주파수 2로 올라가고 있는 거예요. 진동 주파수가 올라갈수록 신의 실체를 더 잘 알 수 있게 되죠. 지금 느끼는 것은 사랑에 대한 자각입니다. 사랑은 굉장히 강렬해요, 마이클. 물리적 속성이 있어서 실제로 감지할 수도 있고 아주 강력하죠. 당신의 새로운 진동 주파수 덕분에 이전보다 훨씬 더 강렬한 사랑을 느낄 수 있을 거예요. 사랑은 '집'의 본질이고 앞으로 다른 집들을 방문할 때마다 점점 더 강렬해질 거예요."

블루의 말을 듣는 게 마이크는 정말 좋았다. 지금까지 그가 한 말 중 가장 상세한 설명이었다.

"당신은 스승인가요?" 마이크가 물었다.

"네. 마지막 집을 제외한 모든 집의 천사들은 가르침을 전하기 위해 거기에 있어요. 전 이 집과 관련한 진리를 당신에게 전하고, 다른 천사들 역시 마찬가지예요. 수업이 모두 끝나면 우주의 섭리에 대해 지금보다 훨씬 광범위하게 이해할 수 있을 거예요. 당신이 의도를 명백하게 표현해서 얻은 것이 하나 있는데, 그걸 전해주는 게 제 역할이죠. 당신이 이곳에 온 목적은 당신의 계약서 지도를 받아가기 위해

서예요. 내일 아침 일찍 그것을 건네주고, 떠나기 전 당신의 질문들에 답변드릴 겁니다. 이 집이 첫 번째 집이란 게 중요해요. 지도가 여행에서 큰 도움이 될 테니까요. 지금은 당신을 위해 마련한 음식을 마음껏 즐기고 푹 쉬기만 하면 돼요."

마이크는 다시 블루를 따라갔다. 이제는 블루가 꽤 친한 친구처럼 느껴졌다. 친구치곤 너무 파랗긴 했지만 말이다. 따라간 곳은 멋진 실내 정원이었다. 거기엔 세상의 모든 과일과 채소가 일렬로 줄을 지어 정성스럽게 재배되고 있었다. 다른 방들처럼 이곳도 지붕을 통해 빛이 흘러 들어왔다. 각 구역마다 자연의 냄새가 가득했다. 단지 내 다른 구역에서 퍼져 나오는 빵 굽는 냄새도 맡을 수 있었다.

"누가 이 모든 것을 관리하나요?" 마이크가 물었다. "제 눈엔 당신밖에 안 보이는데요…… 당신도 음식을 먹나요?"

"모든 집에 이런 방들이 있어요, 마이클. 아니오. 전 먹지 않아요. 이 정원은 오로지 인간을 위해 만든 거예요. 당신과 같은 길을 걸으며, 배움을 위해 이곳에 잠시 들렀다 가는 인간들이요. 지금은 눈에 보이지 않겠지만, 사실 이 정원에는 많은 존재가 있어요. 앎의 길을 걷는 동안 언제나 먹을거리와 거처가 제공되고 건강을 유지할 수 있을 거예요. 그게 당신과 당신의 의도를 존중하는 우리의 방식이죠."

거대한 파란 존재와 그를 따라가는 한 인간이 계속해서 다른 방들로 옮겨갔다. 마이크는 자신이 엄청난 보살핌을 받고 있다고 느꼈다. 마침내 그들은 고풍스러운 침실에 도달했다. 지붕이 달린 근사한 침대와 깨끗한 흰색 레이스 시트가 녹초가 된 몸을 어서 눕히라며 마이크를 불렀고, 폭신한 베개가 편안히 숙면을 취하라라며 마이크에게 손짓했다. 이렇게까지 준비된 것을 보고 마이크는 깜짝 놀랐다.

"이게 다 저를 위한 거예요?" 마이크가 감동해서 물었다.

"당신과 또 다른 이들을 위해서예요. 당신과 같은 의도를 가진 모든 이들을 위해 준비한 거예요."

바로 옆방에는 뭐부터 먹어야 할지 모를 정도로 진수성찬이 차려져 있었다! 지금까지 이렇게 군침 도는 음식을 본 적이 없었다. 양도 한 사람이 먹기엔 너무 많았다.

"마음껏 먹어요, 마이클." 블루가 권했다. "음식을 남겨도 좋아요. 하지만 따로 챙기지는 마세요. 음식을 가져가고 싶은 유혹을 이겨내세요. 이건, 나중에 다 알게 되겠지만, 당신의 영적 진도를 알아보는 일종의 시험이에요."

블루는 마이크를 혼자 남겨놓고 방을 나갔다. 마이크는 가방을 내려놓자마자 자리에 앉아 마치 며칠 굶은 사람처럼 먹기 시작했다. 걸신들린 사람처럼 먹지는 않지만, 일품 요리들로 배를 가득 채웠다. 배가 차자 서서히 눈이 감겨왔다. 사랑하는 부모님이 보살펴주던 어린 시절 이후로 한 번도 느껴보지 못한 아늑한 느낌이었다.

'아, 이 느낌을 계속 유지할 수 있다면!' 마이크는 생각했다. '인간으로 사는 것도 그리 나쁘진 않을 텐데.' 설거지거리는 어쩐지 아침에 해결해야 할 것 같아 그는 자리에서 일어났다. 너무 피곤했다! 간신히 옷을 벗어 벽에 있는 옷걸이에 걸었다. 그는 곧장 침대로 쓰러졌고, 포근한 이불 속에서 금세 평화롭게 잠이 들었다.

고요한 아침, 마이크는 아주아주 상쾌한 기분으로 일어났다. 샤워를 하고 식당으로 향했다. 어젯밤의 접시는 모두 치워지고, 그 대신 잘 차려진 아침 식사가 펼쳐져 있었다! 사실 아침에 눈을 뜨게 된 이유 중 하나는 신선한 달걀, 감자, 맛있는 빵 냄새 때문이었다. 마이크는 혼자서 고독한 아침식사를 만끽했다. 혼자 있자니, 문득 집으로 가겠다고 한 것이 과연 적절한 요청이었는지 의문이 들었다.

'지구에서 그만 살고 싶은 게 잘못된 걸까?' 그는 자문해 보았다. '남은 사람들은? 그들은 내가 앞으로 경험할 더 높은 진동 주파수를 경험하지 못하겠지. 이게 과연 공평한 걸까?' 친구들과 직장 동료들을 생각하자 기분이 울적해졌다. 심지어 옛날 여자 친구까지 걱정이 되었다!

'이건 뭐지?' 마이크는 의아했다. '내가 모두에게 연민을 느끼고 있다니, 이건 정말 나답지 않아. 근데 정말 고통스럽네! 다른 사람들이 갖지 못한 걸 갖고 있다는 게 별로 즐겁지 않아. 내가 잘못하고 있다는 뜻일까? 다시 돌아가야 하나?'

"그런 생각을 하는 것은 당연해요, 마이클." 문에서 갑자기 블루가 나타나 마이크의 느낌에 집중하며 말했다. 깜짝 놀라긴 했지만, 블루를 보자 마이크는 반가운 마음에 고개를 끄덕여 인사했다.

"이게 뭔지 말해줘요, 블루." 마이크가 말했다. "솔직히 당신의 가르침이 필요해요. 제가 올바른 일을 하고 있는지 의구심이 들기 시작했어요."

"영Spirit이 일하는 방식은 실로 놀라워요, 순수한 의도의 마이클 토마스." 블루가 말했다. "인간이 깨달음을 얻는 데는 기본 원칙이 있지요. 우선 자신을 먼저 신경 쓰고, 그렇게 자신의 영적 여정을 존중하다 보면 주위 사람에게도 그런 일이 동시에 발생한다는 거예요. 한 사람의 의도는 항상 많은 이에게 영향을 미치니까요."

"전혀 이해가 안 돼요, 블루." 마이크가 혼란스러워하며 대답했다.

"지금 이 순간에는 이해가 안 되겠지만, 당신의 행동은 여러 사람에게 영향을 미칠 거예요. 그들 스스로 결정할 수 있는 기회를 주는 방식으로요. 당신이 여기에서, 지금 이 순간 내린 결정이 없었다면 그들에겐 그런 기회가 주어지지 않았을 거예요. 내 말을 믿고, 자신을 책망하지 말아요."

마이크는 마음의 짐이 덜어지는 것을 느꼈다. 블루의 설명만으로는 영이 일하는 방식을 완전히 이해할 수 없었지만, 그가 장담해 준 것만으로도 충분했다. 이제 훨씬 가벼운 마음으로 여행을 계속할 수 있을 것 같았다.

마이크는 물건을 챙겨 식당과 침실 밖으로 나왔다. 어제 들어온 문으로 이어지는 거대한 복도로 그는 발걸음을 옮겼다. 마이크가 집의 웅장함에 감탄하며 걷는데, 블루가 천천히 그의 뒤를 따라왔다. 마이크의 배낭 밖으로 베이글과 막대 모양의 빵이 불쑥 튀어나온 것이 눈에 띄었지만, 블루는 잠자코 있었다.

"어디로 가는 거죠?" 마이크가 물었다. "이 방향으로 계속 가면 되나요?" 그는 이제 곧 자신의 지도를 받게 되리란 걸 알았고, 블루가 앞장서 주기를 바랐다.

"그만 가도 돼요." 블루가 말했다. 화려하게 장식된 거대한 푸른 복도 중간에서 둘은 걸음을 멈췄다. 블루가 말없이 사다리가 있는 벽 쪽으로 걸어갔다. "이쪽으로 와봐요, 마이클."

그는 블루가 시키는 대로 했다. 블루는 마이크에게 엄청 높은 사다리를 타고 올라가 자신의 지도가 있는 칸을 찾으라고 했다. 간신히 사다리를 올라가면서 마이크는 각 칸마다 이름이 붙여져 있다는 걸 알았다. 가만 보니 이름이 두 개씩 있었다. 하나는 아랍 문자 같았고, 다른 하나는 로마 문자였다. 알파벳 순으로 이름이 붙여진 게 아니었다. 마이크로서는 알 수 없는 방식으로 정리가 되어 있었다. 물론 블루는 당연히 알고 있겠지만. 블루가 어디를 보면 되는지 그에게 정확히 알려주었다. 이제 조금만 더 가면 블루가 말한 곳이 나올 터였다.

마침내, 이름이 보였다. 칸에는 '마이클 토마스'라고 표시되어 있었다. 다른 칸들처럼 다른 이상한 글씨도 있었다. '천사의 언어일지도 몰라.' 마이크는 속으로 생각했다. 천사는 다른 곳은 보지 말고, 자기가 말한 칸에서 두루마리를 꺼내 내려오라고 했다. 두루마리를 꺼내서 사다리를 내려오는데 마이크의 눈에 다른 그룹의 이름이 들어왔다. 순간 그의 심장이 멈췄다. 그의 엄마와 아빠 이름이 거기에 있었다! 이름은 가족 그룹 단위로 정리된 것이었다! 이것이 바로 이 거대한 복도에서 사용되고 있는 영적인 체계였다. 다른 이의 두루마리는 절대 손대면 안 된다는 것을 알고 있었지만, 자신이 모르는 몇몇 이름들을 살펴보느라 시간이 약간 지체가 되었다. '왜 다른 이름들이 우리 가족과 함께 있지?' 그는 의아했다.

"마이클?" 아래에서 블루가 물었다.

"가고 있어요." 마이크가 당황해서 말했다. 블루는 그가 무슨 생각을 하고 있는지 알았다. 하지만 마이크는 이 신성한 장소의 규약을 위반하는 질문 같은 것은 하지 않을 것이다. 깊은 생각에 잠긴 채 마이크가 기나긴 푸른 사다리를 타고 내려와 블루에게 두루마리를 건네주었다. 블루는 한참 동안 마이크를 바라보았다. 강렬한 시선 속에 비밀 같은 것은 없었다. 그 대신 마이크가 이곳 체계의 신성한 방식을 존중해 준 것에 대한 블루의 감사가 전해졌고, 마이크는 신의 사랑이 온몸에 스며드는 것을 느꼈다. 마이크와 블루가 말없이 소통하며 함께 활짝 웃었다. 마이크는 이제 더 이상 언어가 필요 없을 것 같았다! 크게 말하지 않아도 그가 원하는 것은 모두 블루에게 전할 수 있는 것 같았다. '정말 이상하군!' 마이크는 생각했다.

"앞으로 보게 될 것보다 더 이상하진 않을 걸요." 블루가 마이크의 생각에 대답했다. '젠장!' 마이크는 생각했다. '여기선 뭐 하나 그냥 넘어가는 게 없군.' 블루는 마이크의 마지막 생각은 무시하며 작은 두루마리를 테이블 위에 놓았다. 그가 마이크 쪽으로 몸을 돌렸다.

"순수한 의도의 마이클 토마스." 블루가 정중하게 말했다. "이건 당신의 인생 지도예요. 어떤 형태로든, 지금 이 순간부터 당신은 이 지도와 함께할 겁니다. 이 지도는 사랑 안에서 주어진 것이며, 당신이 갖게 될 가장 소중한 물건 중 하나가 될 거예요." 문득 예전 천사가 현재에 더 잘 집중하는 새로운 존재 방식에 대해 했던 말이 떠올랐다. 마이크가 뻔한 질문을 했다.

"이거 최신 지도예요?"

"당신이 바라는 것 이상으로요." 거대하고 푸른 존재한테서 나온 엉뚱한 대답이었다. 마이크는 사실 블루의 킥킥거리는 웃음소리를 들은 것 같았다.

블루는 마이크에게 말없이 지도를 건네주며 마이크가 혼자 살펴보게 했다. 마이크는 아이가 선물을 받고 천천히 음미하듯 지도를 잠시 가슴에 대었다. 마이크는 이 순간이 신성함을 느끼며 마치 엄숙한 의식을 거행하듯 지도를 펼쳤고, 블루는 그런 마이크를 보며 미소를 지었다. 블루는 마이크가 어떻게 반응할지 알고 있었다.

마이크가 작은 두루마리를 푸는 순간 경이감과 기대감은 한 순간에 사라졌다. 두루마리는 텅 비어 있었다! 아니 비어 있다 나타났나? 두루마리 한가운데에, 정말 자세히 봐야만 보이는 글자와 상징 들이 한 무더기 있었다. 마이크는 몸을 굽혀 더 찬찬히 보았다. 화살표가 빨간 작은 점을 가리키고 있었다. 점 옆에는 "당신은 여기에 있습니다"라는 문구가 적혀 있었다. 그리고 '지도의 집'이라는 라벨이 붙은 오두막집을 상징하는 작은 기호도 보였다. 점 주위로 마이크가 걸어온 길을 포함해 2.5센티미터 정도의, 작지만 아주 세세한 지역이 그려져 있었다. 그리고 거기서 끝났다. 미완성인 채로! 지도에는 마이크의 현재 위치와 겨우 몇십 미터 사방으로 뻗어나간 작은 지역만 상세히 보여주고 있었다.

"이게 뭐예요?" 마이크가 삐딱하게 물었다. "천사들은 농담을 이런 식으로 하나요? 근사하고 신성한 두루마리를 받으려고 '지도의 집'까지 왔는데…… 겨우 내가 지도의 집에 있다는 걸 알려주는 게 다예요?"

"보이는 게 전부가 아니에요, 순수한 의도의 마이클 토마스. 이 선물을 받고 잘 간직하세요." 블루는 결국 마이크의 질문엔 하나도 답하지 않았다.

마이크는 직감적으로 더 물어봤자 좋을 것이 없다는 것을 알고, 별로 쓸모없어 보이는 지도를 둘둘 말아 배낭에 넣었다. 실망한 표정이 역력했다. 블루가 현관문으로 걸어가 신선한 공기가 있는 밖으로 나갔다. 마이크가 그 뒤를 따랐다. 천사가 마이크를 마주보았다.

"순수한 의도의 마이클 토마스, 집으로 가는 여행을 계속하기 전에 한 가지 물어볼 게 있어요."

"질문이 뭔가요, 파란 친구?" 마이크가 대답했다.

"순수한 의도의 마이클 토마스, 당신은 신을 사랑하나요?" 블루는 매우 진지했다.

예전 천사도 이상하게 거의 같은 톤으로 똑같이 물어본 적이 있었다. 그는 똑같은 질문을 하는 이유가 뭘까 궁금했다.

"사랑하는 위대한 푸른 스승이여, 당신은 저의 가슴을 볼 수 있으니, 제가 얼마나 신을 사랑하는지 알 수 있을 겁니다." 정직하게 대답하며 마이크는 천사 앞에 마주섰다.

"그렇군요." 블루가 말했다. 그러더니 작고 파란 오두막집으로 들어가 문을 굳게 닫았다. 마이클은 갑자기 단절감을 느꼈다. '이 친구들은 작별 인사도 안 하나?' 그는 의아했다.

날씨는 따사롭고 상쾌했다. 마이크는 파란 집에서 챙긴 빵 등 소지품이 담긴 가방과 배낭을 집어 들었다. 그는 흙길을 따라 한 방향으로 걸었고, 거기로 가면 다른 수업을 듣게 될 집이 나온다는 걸 알았다. '지도의 집'에서 일어난 사건의 코믹한 요소들을 돌이켜보기 시작했다. 현재 자신이 어디에 있는지만 알려주는 지도를 상상해 보시라! '그런 지도가 무슨 쓸모가 있담? 내가 어디에 있는지 당연히 알지! 정말 웃긴 곳이야.' 마이크는 생각했다.

자기 상황이 재미있어서 순수한 의도의 마이클 토마스가 '집'으로 가는 길을 걸으며 바위와 나무를 향해 큰소리로 떠들어대며 웃자 저 멀리 언덕에서도 웃음소리가 메아리 쳤다. 그의 웃음소리는 뒤로 1킬로미터 정도 떨어진 곳에 숨어 있던, 아주 어두운 존재의 사마귀로 뒤덮인 귀에까지 들렸다. 어두운 형체가 그가 다시 여행을 떠나기만을 끈질기게 기다렸다가 다시 따라붙고 있다는 사실을 마이크는 알 턱이 없었다. '그것'은 이 세계에 속한 존재가 아니었다. '그것'은 먹거나 잘 필요가 없었다. 기쁨이라곤 전혀 몰랐고, 오직 마이클 토마스가 절대, 절대로 마지막 집에 도달하지 못하도록 막는 것만이 '그것'의 유일한 목표였다. 이미 계획은 세워져 있었다. '그것'은 순수한 의도의 마이클 토마스와 자신의 거리를 서서히 좁혀갔다.

얼마 되지 않아 마이크는 여행 방식에 지금까지와는 다른 변화가
생겼다는 것을 알았다. 지금까지는 그냥 길 하나만 따라왔기 때문에
한 번도 어느 길로 가야 할지 스스로 선택해 본 적이 없었다. 그런데
다, 꺼림칙하게도 누군가 자신을 지켜보고 있다는 느낌이 들었다.

저 멀리 앞을 보니 골치 아픈 상황이 생겼음이 여실이 보였다. 갈
림길이 보였고, 다음번 집으로 이어지는 길을 스스로 선택해야 하는
상황이었다. 마이크는 어깨를 한 번 으쓱하며 가던 길을 멈추고 앞에
뭐가 있나 살폈다.

'이게 뭐지?' 그가 혼잣말을 했다. '집과 천사가 색깔별로 있는 이
상한 나라에서 어느 길이 맞는지 내가 어떻게 안담?' 속으로 자기 혼

자 한 말이었기에 천사들의 대답을 기대하진 않았지만, 내심 신경은 쓰였다. 그때 문득 지도가 생각났다.

길 가장자리에 앉았다. 지도는 빵이 들어 있는 배낭 안에 있었다. 지도를 꺼내려고 배낭을 연 순간 지독한 냄새가 훅 풍겨오는 바람에 그는 거의 쓰러질 뻔했다. '이 안에서 뭐가 죽은 거야?' 마이크는 속으로 크게 소리쳤다.

냄새가 너무 심해 냄새의 원인이 뭔지 알고 싶지도 않았다. 음식 썩은 냄새인 걸로 보아 빵이 원인인 것 같았다. 그의 추측이 맞았다.

마이크는 귀중한 선물을 다루듯 가방 안에서 살살 지도를 꺼냈다. 별 쓸모는 없어 보였지만 그래도 신성한 물건이 냄새 때문에 손상되지 않기를 바랐다. 지도는 원래 모습 그대로 나왔지만, 빵은 그렇지가 않았다. 그는 이맛살을 찡그리며 배낭 안에 들어 있는 것을 몽땅 털어냈다.

열대 우림에서 수개월은 뒹굴며 썩은 것 같은 베이글과 막대 모양의 빵 부스러기가 땅으로 떨어졌다. 심하게 악취가 나는 빵 조각은 곰팡이가 피어 새까맸다. 마이크는 이곳에서 처음이자 유일하게 곤충을 한 번 보았다. 그것도 수천 마리나. 마치 구더기가 득실거리는 도시 같았다! 손에서 가방을 떨어뜨리며 마이크가 재빨리 일어났다. '빵은 썩은 고기가 아니야!' 마이크는 속으로 생각했다. '여기엔 죽은 고기가 없다고! 어떻게 이럴 수가 있지? 파란 집을 떠난 지 얼마나 됐다고! 진짜 썩은 고기도 이렇게까진 될 수 없어. 어떻게 된 거지?'

마이크는 더 자세히 살펴보고 싶어 코를 막고 가까이 다가갔다. 구더기가 들끓는 새까만 빵 덩어리가 바로 눈앞에서 썩어가고 있었다. 작고 역겨운 생물들이 끔찍하게 부패된 빵 부스러기를 먹고 있었다. 그러더니 급기야는 자기들끼리 서로 잡아먹었다! 마이크가 혐오스러운 광경에 속이 메스꺼워 고개를 돌린 순간, 뒤쪽에서 뭔가 눈에 들어왔다.

'그래, 뭔가 있었어!' 녹색의 희미한 형체가 그의 눈을 피해 덤불 속에 숨는 것이 보였다. 그는 갑자기 등골이 오싹해졌다. 하지만 그게 뭔지 확인하려고 그쪽으로 가선 안 된다는 걸 그는 직관적으로 알았다. 그는 그 자리에 꼼짝 못하고 서 있었다. 갈림길? 그리고 동물인지 생물인지 뭔가가 나를 따라오고 있고? 신성한 장소에서 무슨 일이지? 썩은 빵은 또 뭐고?

마이크는 돌아서서 길에 쏟아져 있는 혐오스런 쓰레기를 넋 놓고 바라보았다. 쓰레기가 가루 더미로 변하고 있었다! 구더기도, 빵도, 냄새도 사라졌다. 완전히 미세한 물질이 되어 산들바람에 날리기 시작했다.

이게 무슨 뜻이지? 천사가 어떤 음식도 가져가지 말라고 충고했던 게 생각났다. 하지만 길에서 먹을 간식까지 거기에 포함되는지는 몰랐다! 그 집에 있는 물건들이 좀 유별나서 길에서는 오래가지 못하나? 그는 걱정스레 지도를 쳐다보았다. 그러곤 혹시나 붙어 있을지 모를 구더기를 만지지 않으려고 조심스레 지도를 집었다. 지도는 처음에 배낭에 넣었던 그대로 있었다. 도무지 이해가 안 됐다. 계속 빵과 함께 있었는데도 지도는 멀쩡했다. 마이크는 다른 것도 확인해 보왔다. 배낭을 열고 억지로 냄새를 맡아보았다. 불과 몇 분 전만 해도 코를 찌르던 지독한 냄새는 사라지고 없었다. 도대체 어떻게 된 영문인지는 몰랐지만, 값진 교훈 하나는 확실하게 배웠다. 절대 다시는 어느 집에서도 음식을 챙겨오지 않으리라.

갑자기 뒤쪽에서 뭔가가 다시 움직였다! 머릿속에서 경고 알람이 울려댔다. '움직여!' 마이크는 필사적이었다. 갈림길에서 어느 쪽으로 가야 할지 힌트라도 얻길 바라며 본능적으로 지도를 펼쳤다. '당신은 여기에 있습니다'라고 쓰인 빨간 점이 지도에 다시 보였다. 하지만 현재의 위치를 빼고는 아무것도 없었다. 갈림길조차도 보이지 않았다. 이런 쓸모없는 것 같으니라고!

"젠장할!" 화가 난 마이크가 큰소리로 내뱉었다.

욕설이 이곳과는 좀 안 어울리는 듯했지만, 그 말에는 마이크의 절박한 심정이 묻어났다.

"지도 좀 어떻게 해봐요, 블루!"

뒤쪽에서 다시 움직임이 포착됐다. 더 가까이 다가왔나? 왜 그동안은 보지 못했지? 어떻게 저렇게 빠를 수가 있지? 도대체 뭐지? 이제, 마이크의 두뇌 센서는 거의 공황 발작을 일으키고 있었다. 재빨리 자리에서 일어나 앞으로 내걷기 시작했다. 걸음을 내디딜 때마다 어깨 너머로 힐끗 뒤를 돌아봤다. 하지만 뒤를 돌아볼 때마다 형체는 금세 사라지고 없었다. 내가 언제 뒤를 돌아볼지 어떻게 저렇게 정확하게 알 수 있지? 앞으로 고개를 돌릴 때마다 마이크의 걸음이 빨라졌고, 급기야는 내달리다시피 하고 있었다. 뒤에 있는 존재 역시 그의 걸음 속도에 맞춰 따라왔다. 갈림길까지 400여 미터. 지금껏 이 수수께끼 같은 나라를 여행하면서 이렇게 빠른 속도로 걸어본 적이 없었다. 마이크는 두려웠다.

어찌나 빨리 걸었는지, 거칠게 숨을 몰아쉬며 순식간에 갈림길에 도착했다. 어느 방향인지, 어디로 가야 할지 감도 못 잡고, 제정신이 아니었다. 마이크는 극심한 공포를 느끼며 갈림길에서 꼼짝도 하지 않고 서 있었다. 그는 필사적인 심정으로 구름을 향해 소리쳤다.

"블루! 어느 쪽이요?"

블루에게 진짜로 대답을 들을 거라곤 기대하지 않았기에, 머릿속에서 울려 퍼지는 듯한 온화한 목소리에 깜짝 놀랐다.

"지도를 봐요, 마이클. 당장!"

좀 전에 이미 지도를 봤기 때문에, 이 지시가 이상하고 터무니없었지만 따지고 들 상황이 아니었다. 마이크는 재빠른 손놀림으로 다시 지도를 펼쳤다. '당신은 여기에 있습니다'라고 쓰인 빨간 점은 그 자리에 그대로 있는 것 같았다. 그 점은 지도 한가운데서 미동도 하지 않았다. '근데, 이건 뭐지?' 양피지에 땀방울을 떨어뜨리며, 마이크가 고개를 숙여 자세히 들여다봤다.

빨간 점이 갈림길을 가리키고 있었다! 사실 그가 줄곧 갈림길에 서 있었으니, '최신 지도'가 맞긴 맞았다. 마이크는 천사의 유머를 이제서야 이해할 수 있었다. 그는 지도를 더 자세히 살펴봤다. 거기엔 갈림길뿐만 아니라, 오른쪽을 명확하게 가리키는 화살표가 있었다!

마이크는 즉각 움직였다. 지도를 말면서 오른쪽 길로 잽싸게 뛰어나가 작은 언덕까지 올라갔다. 가까이 다가오는 추격자를 온몸으로 느끼며, 틈만 나면 뒤를 돌아보았다. 녹색의 흐릿한 형체는 바위와 덤불 사이를 이리저리 휙휙 날아다니며, 마이크의 빨라진 걸음 속도에 맞춰 따라왔다. 언덕 위에 오르자 마이크는 안도의 숨을 내쉬었다. 저 멀리 또 다른 집이 보였다! 구원이 코앞에 있었다. 눈으로는 계속 뒤를 돌아보며, 마이크는 안전하고 음식도 가득할 은신처를 향해 더 빨리 내달렸다.

마이크를 뒤쫓던 어둡고 사악한 존재는 미칠 듯이 화가 났다! 마이크가 갈림길에서 조금만 더 지체했어도, '그것'은 그를 잡을 수 있었다! 기회를 놓친 것이 너무 분해 속이 부글부글 끓었다. '그것'은 마이클 토마스가 들어간 화사한 주황색 집 밖에 있는 나무 꼭대기에 자리를 잡았다. 그 혐오스러운 존재는 거기에서 끈질기게 기다렸다. 이번엔 기나긴 기다림이 될 것이다. 하지만 '그것'은 개의치 않았다.

·◆·

주황색 집 문이 열리자, 안에는 예상했던 대로 천사가 있었다. 마이크는 그를 '오렌지'로 부르기로 했다. 오렌지가 처음 말을 걸었을 때 마이크는 제정신이 아니었다.

"반가워요, 순수한 의도의 마이클 토마스! 기다리고 있었어요."

"저도 반가워요!" 마이크는 안심이 되고 숨이 가빴지만 그렇게 보이지 않기를 바랐다. 그의 목소리가 떨렸다. 그 상태로는 앞에 있는 거대한 주황색 존재를 껴안을 수가 없었다. 그는 다시 안전한 곳에 있게 되어 무척 기뻤다.

"이쪽으로 와요." 주황색 집의 주인이 돌아서서 마이크를 '선물과 도구의 집House of Gifts and Tools'으로 안내하며 말했다. 마이크는 문이 잠겼는지 다시 한 번 확인했다. 방금 전의 경험으로 여전히 몸이 떨리고 숨을 가쁘게 내쉬며 그는 천사를 따라갔다. 그는 여전히 겁에 질려 있었다. 황당할 정도로 대조적인 상황이 펼쳐지는 이곳에 대해 그는 어느 때보다도 묻고 싶은 게 많았다.

이번 천사 역시 굉장히 아름다웠다. 천사의 장엄함과 친절함은 참으로 인상적이었다. 지금까지 만난 천사들처럼 이 존재 역시 함께 있으면 자신이 따뜻하게 환영받고 사랑받는 듯한 느낌이 들었다. '천사들은 모두 같은 물질로 만들어졌나봐.' 그는 속으로 생각했다.

"사실, 우리는 모두 한 가족이에요." 천사가 말했다.

어떻게 그렇게 빨리 이 영적 존재들의 소통 방식을 잊어버릴 수 있는지 마이크 자신도 어이가 없었다.

"죄송해요." 마이크가 무심결에 내뱉었다. 오렌지가 걸음을 멈추고 돌아섰다. 그는 의아하단 듯이 고개를 갸우뚱거렸다. 마이크가 그의 얼굴을 쳐다보았다.

"뭐가 미안하다는 거죠?" 천사는 잠시 말을 멈췄다 다시 말했다. "나의 아름다움을 칭찬한 거요? 사랑받는 느낌이요? 우리에 대해 궁금해 한 거요?" 천사가 미소를 지었다. "여긴 많은 인간들이 찾아와요, 마이클 토마스. 그런데 지금까지 온 손님 중 당신이 가장 말수가 적군요."

"아직 시간이 충분하니까요." 마이크가 한숨을 쉬며 대답했다. 그는 천사에게 방금 전 경험한 두려움과 극심한 공포에 대해 묻고 싶었다. '나를 따라오는 게 뭐지?' 천사는 그 질문이 나올 줄 알고 있었다.

"난 당신이 알고 싶은 걸 말해줄 수 없어요, 마이클." 천사가 말했다.

"안 하는 거예요, 아니면 못하는 거예요?" 공손하게 마이크가 물었다. 그는 뻔한 질문을 했다는 걸 알고, 다시 말했다. "당신이 안다는 걸 알아요." 마이크는 잠시 머뭇거리다 속사포처럼 질문을 퍼부어댔다.

"왜 말해줄 수 없다는 거죠?" 그가 물었다.

"'그것'에 대해선 당신이 나보다 더 많이 아니까요." 천사가 대답했다.

"어떻게 그래요?"

"보이는 것이 다가 아니에요."

"밖에 나가면 여전히 있을까요?"

"네."

"여기에 속한 존재예요? 이런 영적인 곳하고는 전혀 어울리지 않는데요."

"당신만큼이나 '그것'도 여기에 있을 권리가 있죠."

"저를 해칠 수도 있나요?"

"네."

"막을 수는 있나요?"

"네."

"도와주실 건가요?"

"그게 바로 내가 여기에 있는 이유죠." 마이크가 갑자기 질문을 멈추었고, 천사는 조용히 서 있었다.

마이크는 천사의 답변을 통해 그가 모든 것을 알고 있다는 걸 알았다. 그는 긴장이 풀리기 시작했다. '그가 모든 걸 알고 있다면, 나중에 더 많이 알게 되겠지.' 마이크는 속으로 생각했다. '참을성 있게 기다릴 거야. 앞으로 더 많은 것이 드러날 게 분명해. 그게 이곳의 방식인 것 같아.' 마이크는 불과 한 시간 전만 해도 쓸모없다고 생각했던 지도가 어떻게 가장 절실한 순간에 자기를 구했는지 떠올렸다.

"신은 언제나 지금 이 순간에 계시죠." 천사가 웃으며 말했다. 천사가 다시 한 번 마이클 토마스의 생각에 집중했다. 주황색 존재는 돌아서서 마이클을 집 안쪽으로 안내했다. 마이클은 천사를 따라갔다.

"지도에 익숙해지고 있어요." 마이크가 걸으면서 말했다. "정말 필요한 순간에만 지도가 필요한 거죠?"

"그런 셈이죠." 천사가 대답했다. "진동이 낮은 인간의 시간은 선형적으로 흘러요, 마이클." 이 천사 역시나 스승이었다. "하지만 천사의 시간은 그렇지 않아요."

"그럼 당신들은 시간을 어떻게 인식해요?" 대화를 하는 사이 마이클은 창고로 안내되었다. 이전 집과 마찬가지로 이 집의 내부 규모도 어마어마했다. 높이가 15미터 정도 되는 천장에, 수십 개의 대형 나무 상자들이 쌓인 방을 보고 마이크는 입이 쩍 벌어졌다.

"우리에겐 과거나 미래가 없어요." 천사가 대답했다. "당신에게 시간은 일직선으로 흐르죠. 우리에게 시간이란 중앙에 고정된 엔진의 작용으로 시계 방향으로 돌아가는 회전 테이블과 같아요. 회전 테이블이 우리 밑에 있기 때문에 우리는 늘 전체 시간대를 바라볼 수 있어요. 그러니 늘 '지금 이 순간'에 존재하는 거죠. 우리는 항상 절대 중심known center을 따라 움직여요. 그 반면 당신의 시간대는 직선이기 때문에 계속 앞으로 움직이죠. 그래서 현재의 순간을 오롯이 경험할 수가 없어요. 당신네는 뒤를 돌아보며 어디에 있었는지 확인하고, 앞을 보며 어디로 갈지 생각하죠. 그러면 순수히 존재하고 있을 수가 없어요. 늘 '무언가를 하며' 살아가죠. 이게 바로 낮은 진동 에너지의 특성이고, 당신네 차원에 적합한 존재 방식이에요."

"그게 지도에 대한 설명이 되겠네요." '당신은 여기에 있습니다'라고 쓰인 빨간 점이 늘 지도 한가운데에 있고 그의 새로운 위치가 점을 중심으로 표시됐던 것을 떠올리며 마이크가 말했다. '인간의 지도와는 완전 반대군.' 마이크가 속으로 생각했다.

"맞아요!" 오렌지가 계속해서 길을 안내하며 어깨 너머로 말했다. "당신의 시간대에서는 지도는 이미 정해져 있고 그걸 따라 인간이 움직이죠. 그건 당신네가 시간과 현실을 상수로 인식하고 인간을 변수로 보기 때문이에요. 하지만 우리의 진동 주파수와 시간대에 가까워지면 가까워질수록 인간이 절대 상수가 되고 지도 혹은 현실이 변수가 되죠."

마이크는 이 말을 계속 곱씹어보았다. 혼란스럽긴 했지만 왠지 익숙한 개념이었다. 갈림길에서 그가 겪은 경험은 자신의 영적 지도가 비록 기대한 것과는 달랐지만 얼마나 소중한지 보여주었다. 그는 다음번에는 지도를 언제 볼지 선택할 수 있다는 것을 알았다. 갈림길에 도착하기 전까지는 지도에 대해 걱정할 필요가 없었고, 실제로 갈림길에 도착하면 지도는 제 기능을 할 것이다.

블루와 마찬가지로 오렌지도 마이클을 먹고 자고 쉴 수 있는 곳으로 안내하면서 여기저기 아름답고 화려하게 장식된 곳들을 보여주었다. 다만 이 웅장한 집에는 지도의 집에서 보았던 책장 칸 대신 대형 나무 상자에 이름들이 붙어 있었다. 이곳 역시 이름이 대부분 이상한 아랍 글씨로 씌어 있어 마이크는 읽을 수가 없었다. 하지만 어딘가에 자신의 이름이 붙은 나무 상자가 있고 조만간 곧 보게 될 거라는 걸 알았다.

"여기가 당신의 숙소예요." 오렌지가 말했다. "수업은 내일 시작할 거예요. 왼쪽 방에서 식사를 할 수 있어요. 샤워는 오른쪽 방에서 할 수 있고요. 당신을 위해 식사를 준비했어요." 그 말과 함께 오렌지는 방문을 닫고 떠났다.

마이크는 닫힌 문을 바라보았다. '당신이 천사일지는 몰라도 사교성은 꽝이네요.' 천사가 작별 인사도 없이 떠나는 걸 보며 그는 속으로 생각했다. '인간의 본성을 이해할 거라 기대하는 내가 바보인가?'

이번에도 마이크는 호화찬란한 저녁 식사를 즐겼다. 그는 수공예로 만든 목재 식기에 감탄하며 맛있는 음식을 게걸스럽게 먹었다. 다 먹고 난 접시를 누군가 치우라고 두는 게 이상했지만, 자기가 얼마나 설거지를 싫어하는지 떠올렸다. 비록 자기 눈에는 보이지 않았지만 이런 일을 맡은 다른 존재들이 천사와 함께 산다는 것을 알았다. '참 묘한 조합이군.' 마이크는 생각했다. '천사의 집이지만, 진동 주파수가 낮은 인간을 대접하는 곳이라니.'

마이크는 문득 이곳의 하수도 시스템이 궁금해졌다. 그러다 기막힌 사실 하나를 알게 됐다. 요 며칠 동안 화장실에 한 번도 가질 않았다! 이곳엔 변기가 없었다! 샤워 공간 빼고는 아무것도 없었다. 맨처음 출입문에 들어선 이후로 '화장실에 가고 싶다는 생각'이 한 번도 들지 않았다는 걸 깨달았다! 이 놀라운 나라에서 그의 몸에 변화가 생긴 것이다. 대소변을 보는 거…… 아니, 배출을 하지 않아도 별 상관은 없지만, 사실 느낌이 좀 이상하긴 했다.

· ◆ ·

아침이 되자 마이크는 다시 기운이 났다. 그는 혼자 신선한 과일과 빵을 먹으며 그 기막힌 맛을 즐겼다. 천사의 음식을 자세히 살펴본 그는 음식이 뭔가 다르다는 걸 알았다. '오렌지한테 물어봐야겠어.' 그는 생각했다.

"그 음식은 우리의 시간대에 있어요." 오렌지가 방문을 열며 밝은 목소리로 말했다. 도착한 순간 마이크의 생각을 들은 것이다. 천사가 덧붙여서 말했다. "그 음식은 낮은 진동 주파수에선 존재할 수 없어요. 그 음식엔 간차원적인interdimensional 영적 속성이 있어요. 그래서 인간이 먹었을 때 용변으로 배출되지도 않고 저장도 안 되는 거예요. 그 음식은 미래나 과거를 몰라요. 당신이 먹기 바로 직전에 창조되었거든요. 그래서 여기서 음식을 챙겨 가면 오래 못 가요."

"그건 저도 잘 알아요." 주황색 집으로 오는 길에 그를 곤경에 빠뜨린 그 혐오스러운 빵 덩어리를 떠올리며 마이크가 말했다.

천사는 숙소에서 나와 불이 환하게 켜진 대형 원형 경기장으로 마이크를 안내했다. 나무 상자 몇 개가 열려 있었고, 인간이 쉴 수 있는 주황색 벤치도 서너 개 놓여 있었다. 다른 준비물도 있었다. 제단처럼 보이는 것, 향香 조금, 기묘하게 보이는 포장물 몇 개.

"선물과 도구의 집에 온 것을 환영해요, 순수한 의도의 마이클 토마스." 천사가 마이크를 마주보며 말했다. "자리에 앉아요. 여기에서 많은 시간을 보내게 될 거예요."

드디어 기나긴 교습 과정이 시작되었다. 이론 수업이 끝나고 실습과 시험이 훨씬 더 긴 시간 동안 이어졌다. 그는 선물과 도구를 새로운 영적 진동 주파수에서 어떻게 사용하는지 배웠다. 모든 과정이 끝나기까지 마이크는 주황색 집에서 3주 넘게 머물렀다.

"당신의 진동 주파수가 서서히 올라가고 있어요, 마이클 토마스." 교습 과정 내내 오렌지가 말했다. "임무를 완수하는 데 도움이 될 선물과 도구를 받게 될 거예요. 당신의 명확한 의도 때문에 받게 된 거죠. 선물과 도구의 원리를 알지 못하면 다음 집에 갈 수가 없어요. 그것들을 능숙하게 사용하지 못하면 '집'에 갈 수 없는 건 당연하고요."

마이크는 집중했다. 그는 이 모든 것이 집으로 가기 위한 준비 과정임을 알았다. 이런 훈련이 있을 거라고 들었던 게 기억났다. 마이클이 지켜보는 가운데 오렌지가 선물을 이것저것 풀었다. 일부는 근사한 수정으로 만들어진 것 같았다. 의식儀式과 의도를 통해서, 마이크의 영적인 힘을 보완하기 위한 선물들이 그의 몸에 멋들어지게 부착되었다. 천사는 각각의 선물에 대해 꼼꼼하게 설명했고, 마이크가 그 내용을 다 소화할 수 있도록 충분한 시간을 주었다. 그 다음 마이크는 각선물의 용도가 무엇인지 오렌지에게 다시 설명해야 했다. 개념과 단어가 너무 생소했기 때문에 마이크에겐 시험이 만만치 않았다.

오렌지는 인간이 어떻게 전생前生과 관련된 특정 속성들을 가지고 지구에 다시 태어나는지 설명했다. 전생에 대해 들어본 적은 있지만 천사에게 들을 줄은 미처 몰랐다! 머리가 긴 인도의 구루가 이런 주제를 꺼낸다면 모를까, 천사라니? 전생은 인간의 삶을 이루는 주된 요소라고 오렌지가 말했다. 전생에서 배운 것을 다시 한 번 경험함으로써 그것을 완전히 이해할 수 있도록 전생의 교훈이 현생으로 이어진다고 했다. 이러한 교훈을 '카르마karma', '기억' 혹은 '경험'이라고 불렀다. 카르마를 통해 인간이 성장할 수 있고, 행성에도 얼마간 도움이 된다고 했다. 이것이 생과 생에서 인간의 삶이 작용하는 방식이었다. 오렌지가 말하길, 진동 주파수를 끌어 올리려면 일부 오래된 속성들, 즉 마이크가 가지고 태어난 카르마를 소멸시켜야 한다고 했다. 오는 길에 빵이 썩었던 것처럼, 오래된 속성을 그대로 끌어안고 집으로 갈 수는 없었다.

그 말을 듣자마자 마이크는 자신을 길거리의 썩은 고기 덩어리로 상상해 보았다. 스승의 말을 듣지 않은 탓에 오래된 속성을 버리지 못하고 썩어버린 고기 덩어리. 하지만 수업에 점점 매료되고 있으니, 그런 상황은 절대 만들지 않을 것이다. 우웩!

마이크의 생각을 읽은 오렌지가 큰소리로 웃으며 마이크와 함께 즐거움을 나눴다. 오렌지가 무척 친근하게 느껴져 마이크는 깜짝 놀랐다. 그는 정말 훌륭한 스승이었다. 비록 만나고 헤어질 때 인사말은 할 줄 몰랐지만, 그는 멋진 친구였다.

천사는 생각—에너지를 실제로 창조해 내는—을 어떻게 다뤄야 하는지 설명했다. "생각을 통제하면 당신의 현실을 통제할 수 있어요." 오렌지가 말했다. "내면의 느낌과 앎knowingness을 이용해서, 당신에게 걸맞고 당신이 계획했던 상황으로 자신을 몰고 가세요." 그 말이 무슨 뜻인지 잘은 몰랐지만 마이크는 들은 대로 했고, 결국 모든 시험을 통과했다. 공동 창조를 위한 영적 힘을 강화하는 선물뿐만 아니라 전생에서 비롯된 카르마적 속성을 제거할 수 있는 선물까지, 천사가 준 선물들이 하나하나 그의 내면 깊숙이 저장되었다. 의식을 거행하고 말로 설명하면서 각 선물이 전해졌다. 위대한 주황색 천사의 지시와 신중한 감독 아래 각각의 선물이 마이크의 몸에 흡수되면서 물리적인 선물이 영적인 선물로 변형되는 것 같았다.

마이크는 자기가 마치 신성한 성직자가 되기 위한 공부를 하는 듯한 기분이 들었다! 그는 오렌지로부터 배운 내용을 다시 설명할 때마다, 오렌지가 실은 자신의 가슴을 보고 있다는 것을 알 수 있었다. 마이크가 서약을 하고 그의 영적 파워 센터로 이식될 이런저런 선물에 대한 자신의 의도를 말할 때마다, 오렌지가 아주 날카롭게 자기의 영혼을 읽는 것 같았다. 처음엔 몹시 불편했지만, 자기가 큰소리로 내뱉는 말이 진심인지 오렌지가 확인하고 있다는 사실을 알게 되었다. 마이크가 거짓으로 말했다면 오렌지는 즉각 이를 알아챘을 것이고, 마이크의 영적 수업은 더 이상 진행되지 않았을 것이다.

드디어 2주에 걸쳐 작은 선물들 포장이 모두 벗겨지고, 설명되고, 마이크의 영적인 존재와 통합되고, 그리고 시험이 치러졌다. 그 중 한 시험은 유난히 어려웠다. 마이크는 좁은 공간에 있는 것을 두려워했다. 이유는 잘 몰랐지만, 좁은 공간에 갇혀 있으면 공황 상태가 된다는 것을 일찌감치 알고 있었다. 오렌지가 준 선물 중 하나는 이 공포심을 극복하는 힘이었다. 마이크는 이를 극복하겠다는 의도를 가지고 의식을 거행했다. 오렌지에 따르면, 밀폐된 공간에 갇혔을 때 느끼는 공포는 마이크의 카르마에서 기인된 것이라고 했다. 이 공포심을 제거하면, 이와 관련해 현생의 삶에까지 영향을 미치고 있는 수많은 전생 경험들이 한꺼번에 지워진다고 했다.

며칠 후 훈련 도중 오렌지가 대형 나무 상자의 뚜껑을 열었다. 상자는 텅 비어 있었다. 사랑이 가득한 오렌지가 마이크에게 안으로 들어가라고 했다! 마이크가 상자 안에 쭈그리고 앉자 뚜껑이 닫히고 이내 어둠이 밀려왔다. 오렌지가 뚜껑을 고정하기 위해 못 박는 소리가 쾅쾅 들렸다. 그러곤 적막과 칠흑 같은 어둠이 밀려왔다.

밀폐된 공간에서는 숨소리까지 또렷하게 들렸다. 그는 웅크리고 있는 자신의 자세를 명징하게 의식하고 있었다. 심지어 자신의 심장 박동 소리까지 들릴 정도였다. 오렌지는 아무 설명도 하지 않았고,

그럴 필요도 없었다. 이건 마이크가 오렌지를 속일 수 없는 또 다른 시험이었다.

10초 정도 지나자 공황 장애 기억이 떠오르며 마이크는 심장이 마구 뛰기 시작했다. 예전의 마이크였다면 극심한 공포로 온몸이 흔들렸겠지만, 이번에는 밀실 공포증이 그 정도에서 흐지부지 끝이 났다. 긴장이 풀렸다. 마이크는 몹시 기뻤고, 선물이 효과가 있다는 걸 알았다. 처음엔 몸이 예전처럼 반응했지만, 그의 새로운 영spirit이 그것을 중단시킨 것이다. 마음에 평화가 밀려들었다. 마이크는 혼자 노래를 몇 곡이나 부르다 깜박 잠이 들었다. 한 시간 뒤 기쁨에 찬 오렌지가 상자 뚜껑을 열고 마이크를 밖으로 나오게 했다.

"정말 대단해요, 순수한 의도의 마이클 토마스." 천사가 활짝 웃으며 말했다. 오렌지의 눈을 통해 그가 마이크를 뿌듯해한다는 것을 알 수 있었다. "모두가 여기까지 오는 건 아니에요."

처음으로 마이크는 자기 말고도 집으로 가는 길을 선택한 사람이 많다는 것을 깨달았다. 이 사실은 전에도 몇 번 들었지만, 그 말이 무엇을 뜻하는지는 미처 생각하지 못했다. 오렌지가 마지막 선물을 풀고 커다란 도구들을 꺼낼 때까지 여러 밤 동안 마이크는 다른 여행자들에 대해 곰곰이 생각해 봤다. 훈련이 3주째 되던 어느 날, 오렌지는 커다란 가방을 가지고 왔다.

"여기엔 여행에 필요한 세 가지 도구가 있어요." 오렌지가 굉장히 강조해서 말했다. 그가 특별한 상자 하나로 가더니 뚜껑을 열었다. 오렌지가 포장물이나 상자를 열 때면, 마이크는 늘 벤치에 앉아서 이번에는 또 어떤 마술 용품이 나와 자신의 영적 자각이나 지식 혹은 힘을 증가시킬지 잔뜩 기대하며 기다리곤 했다. 하지만 이번에는 오렌지가 줄 도구를 받을 마음의 준비가 전혀 안 되어 있었다.

오렌지가 등을 돌리고 있어서 마이크는 천사가 상자에서 무엇을 꺼내는지 볼 수 없었다. 천사가 첫 번째 도구를 건네주려고 돌아서는데 뭔가가 은빛으로 번쩍였다. 설마, 그럴 리가! 천사는 거대한 검을 들고 있었다!

"진리의 검을 보세요." 주황색 천사가 마이클 토마스에게 검을 건네며 말했다. 천사가 들고 있을 때도 검이 꽤 커 보였는데, 마이크가 드니까 엄청 거대해 보였다. 검이 상상을 초월할 정도로 무거워 다루기가 어려웠다. 마이크는 도저히 믿을 수가 없었다.

"진짜 검이에요!" 마이크가 오렌지에게 외쳤다.

"다른 선물처럼 이 검도 진짜예요." 오렌지가 환기시켰다. "앞으로 네 개의 집을 여행하는 동안 몸에 지니고 다닐 세 가지 도구 중 하나예요."

마이크는 그 아름다움에 넋을 잃고 한참동안 검을 살폈다. 그렇다. 예상했던 대로 검에는 자기 이름이 새겨져 있었다. 무기에는 복잡한 디자인이 양각으로 새겨져 있었는데, 거기에는 위대한 영적 의미가 담겨 있었다. 커다란 손잡이는 밝은 코발트블루 빛깔의 원석으로 만들어져 있었다. 검은 숨이 막힐 정도로 아름다웠고, 양쪽 칼날은 몹시 날카로웠다.

"검을 휘둘러봐요." 천사가 뒤로 물러서며 말했다.

시킨 대로 하자 검이 저절로 휘둘러졌다! 마이크는 예상치 못한 그 강력한 힘에 밀려 뒤로 나자빠지고 말았다. 일어나 검을 다시 휘두르는 데 너무 바보 같고 어설프게만 느껴졌다. 오렌지가 마이크의 손을 붙잡고 그만 휘두르게 했다.

"이게 도움이 될지 한번 봐요." 천사가 상자로 다가가 뭔가를 또 꺼냈다. 은빛으로 번쩍이는 새로운 물체가 들려 나왔다. 거대한 방패였다! 도저히 믿기지 않아 마이크는 고개를 절레절레 흔들었다. 이게 다 뭐지? 정말 기묘했다. 영적 선물? 전쟁 무기? 전생의 카멜롯(아서 왕의 궁궐이 있었다는 전설의 마을—옮긴이)의 전사로 돌아가는 건가?

"보이는 것이 다가 아니에요, 순수한 의도의 마이클 토마스." 오렌지가 혼란스러워하는 제자의 생각에 대답하면서 방패를 손에 들고 마이크 앞에 서 있었다. "한번 해봐요."

오렌지가 어떻게 끈으로 방패를 팔에 묶는지 시범을 보였다. 그 다음, 방패와 검의 무게 중심을 잘 잡아서 넘어지지 않고 검을 휘두를 수 있는 법도 몇 가지 알려줬다. 그건 정말 유용한 팁이었다.

"마이클." 천사가 말했다. "방패는 영의 지식이에요. 진리와 함께 사용하면 강력한 힘을 발휘하죠! 지식이 있는 곳에는 어둠이 존재할 수 없어요. 빛이 있는 곳에 비밀은 있을 수 없고, 빛은 지식의 탐구를 통해 진리가 드러날 때 생겨나죠. 이보다 더 위대한 조합은 없어요. 진리와 지식은 함께 사용되어야 해요."

"상자에 다른 것은 없나요?" 검과 방패의 무게에 눌려 휘청거리며 마이크가 농담하듯 물었다.

"때마침 잘 물었어요!" 마이크는 어이없다는 듯, 상자로 걸어가는 오렌지를 쳐다보았다. 오렌지는 몸을 구부려 훨씬 더 큰 물체를 집어 들었다. 역시나 은빛 물체였다.

"갑옷을 봐요!" 주황색 천사가 신이 난 듯 외쳤다. 도저히 믿지 못하겠다는 마이크의 얼굴 표정을 보며 천사는 웃음을 터뜨렸다.

"이해가 안 가요!" 마이크가 맥없이 벤치에 주저앉았다. "어떻게 제가 이 모든 것을 차고 다니죠?"

"연습하면 돼요." 오렌지가 대답했다. "어떻게 하는지 보여줄게요."

오렌지가 검과 방패를 가져갔다. 그러곤 마이크가 무겁고 화려한 장식의 갑옷을 입도록 도와주었다. 갑옷은 조끼처럼 마이크의 상체를 가렸다. 하나씩 팔을 끼우자 금속 주형처럼 몸에 딱 들어맞았다! 오렌지는 갑옷을 찰칵 잠그고, 진리의 검이 들어간 칼집을 마이크의 허리에 묶었다. 그런 다음, 여행할 때 등 뒤에 부착된 특별 잠금 장치에 무거운 방패를 어떻게 걸고 다니는지 알려주었다. 모든 작업이 끝나자, 천사는 다시 뒤로 물러섰다.

"순수한 의도의 마이클 토마스, 이제 당신은 진동 주파수를 높일 수 있는 세 가지 도구를 갖게 되었어요. 진리의 검, 지식의 방패, 그리고 마침내 영의 갑옷까지. 갑옷은 '신의 망토'라고도 해요. 다른 두 가지 도구를 적절하게 사용하는 데 필요한 지혜를 상징하죠. 내일부터는 빛의 전사가 되는 훈련이 시작될 거예요. 세 가지 도구는 함께 사용될 때 가장 강력한 힘이 나와요. 절대, 따로 사용하지 말아요!"

오렌지는 무기를 가져간 다음, 마이클이 씻고 먹고 잠자는 방으로 그를 돌려보냈다. 그는 침대에 누워 이 멋진 나라에서 발견한 여러 가지 모순점에 대해 오랫동안 생각했다. 마음이 어지러운 상태로 꾸벅꾸벅 졸다가 잠이 들었다.

아침이 되어 마이크는 다시 훈련장으로 갔다. 며칠 동안 오렌지가 그 구식 무기들을 어떻게 요령 있게 사용하는지 시범을 보여주었다. 첫 번째 훈련은 균형 잡기였다. 그는 마이크가 전투복으로 완전 무장하고 계단을 오르락내리락하는 훈련을 시켰다. 칼과 방패는 언제든지 바로 사용할 수 있도록 양손에 들려 있었다. 넘어지는 법과 방패를 균형추삼아 재빨리 일어나는 법도 배웠다. 훈련을 받으면서 마이크는 도구들이 절대 더러워지지도 않고 찌그러지거나 흠집이 생기지도 않는다는 사실을 알았다.

그는 도구와 함께 달리고 걷고 회전도 했다. 도구를 가지고 싸우는 것만 빼고는 모든 걸 했다. 마이크는 서서히 균형 감각을 익혀갔다. 시간이 갈수록 이상한 현상이 일어났다. 밤이 되어 전투복을 벗을 때 더 이상 무거운 무기를 벗어던져서 홀가분하다는 느낌이 들지 않았다. 오히려 자신이 왜소하고 무방비 상태이며 너무 가볍다는 느낌이 들었다!

여러 날들이 지나고 마침내 오렌지는 실제로 검을 사용하는 법을 가르치기 시작했다. 마이크는 오렌지가 마스터 사무라이라도 되어 싸우는 법을 가르칠 거라 기대했다. 하지만 마이크는 전혀 뜻밖의 훈련을 받았다.

"이제 무기 사용법을 배울 때가 된 것 같군요, 마이클 토마스." 오렌지가 말했다. "검을 뽑아요."

자랑스러운 기사라도 된 듯 멋진 몸짓으로, 마이크는 길고 커다란 검을 가볍게 꺼냈다. 천사가 만족스러운 듯 바라보았다.

"이제 신을 향해 검을 들어요." 마이크는 시키는 대로 했다. "마이클 토마스, 당신의 진실을 말하기 전에, 검을 느껴봐요."

마이크는 오렌지가 무슨 말을 하는지 이해가 안 갔다. 검을 느껴보라니? 검이 이미 자신의 손에 있는데 어떻게 검을 느끼지 않을 수 있단 말인가?

"순수한 의도의 마이클 토마스." 주황색 존재가 진지하게 말했다. "검을 하늘 높이 쳐들고 당신의 진실을 말하세요. 당신은 신을 사랑하나요?"

마이클은 이제야 상황이 파악되었다. 또 똑같은 질문이었다! 이번에는 하늘을 향해 거대한 영적 무기를 손에 들고 있다는 점이 다를 뿐이었다. 무슨 연설이라도 해야 되나? 마이크는 이제 공식 답변이 되어버린 대답을 하기 시작했다.

"네, 그렇습니다. 당신은 저의 가슴을 들여다볼 수 있으니……" 마이크는 깜짝 놀라 말을 마칠 수가 없었다. 검이 진동하기 시작했다! 따뜻하고 강력한 진동이 그의 팔과 가슴을 휩쓸고 지나는데 검이 꼭 노래를 하는 것 같았다. 이에 화답하듯 방패 또한 윙윙거리며 콧노래를 부르는 것이 확실히 느껴졌다. 갑옷도 점점 더 따뜻해졌다! 이제는 완전히 몸에 익어 가뿐하게 들고 다닐 수 있는 도구들이 마이크의 의도가 더해지자 살아 숨쉬기 시작했다! 손에 든 검과, 착용한 방

패, 그리고 갑옷의 강력한 힘에 그는 완전히 압도되었다. 순간, 자신
이 대답을 하는 중이었다는 게 기억났다.

"저는 진실로 신을 사랑합니다!" 마이크는 검을 높이 쳐들었고, 그
의 진실된 의도에 검이 반응하며 진동하는 것을 느꼈다. 그는 자신이
강력한 존재가 된 것 같았고, 진리를 깨달은 것 같았다. 자신이 속한
'집'으로 반드시 가고야 말겠다는 확고한 일념 아래, 그는 이 무겁고
진동하는 무기를 몸에 지닌 채로 몇 시간은 더 서 있을 수 있을 것만
같았다. 그는 그의 가슴에서 공명하는 F(파) 음조로 이 세 가지 도구
가 함께 진동하고 노래하는 것을 느꼈다. 의식儀式의 진정한 의미가
가슴 깊이 느껴지며 얼굴에는 눈물이 주르륵 흘렀다. 도구들은 마이
크의 생물학적인 시스템과 융합되고 있었다. 무기들은 그의 영혼과
통합되고 있었고, 그의 진실한 의도는 의식을 거행하는 촉매제였다!
이래서 검, 방패, 갑옷이 필요했던 건가? 도구는 그냥 상징물이었다.
상징 말고 무엇이 더 있단 말인가? 그 정도 이해만으로도 마이클 토
마스에겐 충분했다. 마이크는 새로운 사실을 자각하며 여행에 대한
의지를 다졌다.

그날 밤, 오렌지와 마이클 토마스는 서로에게 애틋한 감정을 느꼈
다. 마이크는 자신이 떠날 때가 되었다는 걸 알았다. 오렌지가 마이
크에게 싸우는 법을 가르쳐주지는 않았지만, 그건 무기가 상징에 불
과하기 때문이란 걸 마이크는 알았다. 마이크는 오렌지에게 '집'과
여행길에 대해 물었다. 그는 신성하고 영적인 곳에서 왜 지구에서나
쓰는 전쟁 무기를 가르치는지 계속 의아했었다. 오렌지는 마이크에

게 답변해도 되는 질문 몇 개를 빼고는, 마이크의 질문을 요리조리 잘도 피했다. 그나마 해준 답변도 상당히 모호했다.

"오렌지, 지구에서 정치하면 꽤 성공하겠어요." 마이크가 농담했다.

"내가 뭘 어쨌다고 그런 식으로 모욕하죠?" 오렌지가 맞받아쳤다.

"당신이 정말 가깝게 느껴져요." 마이크는 목이 메어왔다. 이렇게 훌륭한 스승을 정말 떠나고 싶지 않았다.

"더 이상 말하지 말아요, 순수한 의도의 마이클 토마스. 천사 왕국의 비밀을 하나 알려줄게요." 오렌지는 마이크를 위해 '천사 왕국 angeldom'이란 단어를 만들어냈다. 그는 마이크와 눈높이가 같아지도록 몸을 굽힌 다음 계속 말했다. "당신과 나, 우리는 한 가족이에요. 서로가 절대 떨어지지 않기 때문에 우리는 작별 인사를 하지 않아요. 나는 늘 당신과 함께 있고 언제든지 소통할 수 있어요. 나중에 알게 될 거예요…… 이제, 잠자리에 들 시간인 것 같군요."

마이크는 오렌지와의 대화가 너무 솔직해서 깜짝 놀랐다. 같은 가족이라고? 어떻게 그럴 수가 있지? 그러곤 자신이 어리석게 느껴졌다. 첫날밤에 천사가 작별 인사를 하지 않은 것을 두고 그가 투덜거렸던 것을 오렌지가 들었다는 걸 알게 되었기 때문이다. 얼마나 근사한 답변인가! 이건 정말 새로운 사실이었다! 정말 멋진 생각이었다! 나를 절대 떠나지 않는다고?

처음으로 마이크는 그가 3주 전 갈림길에 이르렀을 때 블루가 지도를 어떻게 사용해야 할지 조언해 준 게 기억났다. 사실 그때 그는 머릿속에서 블루의 목소리를 들었다.

"블루를 아세요?" 마이크가 뜬금없이 물었다. "나만큼이나 잘 알죠." 주황색 존재가 대답했다.

마이크는 아무 말도 하지 않고 자신의 방으로 돌아갔다. 그가 그동안 먹고 잤던, 점점 더 애착이 가는 장소였다. 떠나는 것에 대해 아무런 말도 없었지만, 내일 아침 다시 시작될 여행을 준비하며 마이크는 한동안 거의 잊고 지내던 가방에 짐을 싸기 시작했다. 그러고는 책과 사진을 몇 차례나 쳐다봤다. 지구에서의 경험이 고스란히 담긴, 그가 소중히 여기는 몇 안 되는 소지품을 보며 마이크는 다시 한숨을 내쉬었다. 어쩐지, 이제는 이 물건들이 이곳과 어울리지 않는 것 같았다.

아침 식사를 마치고 마이클 토마스는 깊은 생각에 잠긴 채 주황색 집의 문으로 향했다. 오렌지가 조용히 문 쪽으로 안내했고, 마이클이 그 뒤를 따랐다. 마이크가 챙겨야 할 짐은 예전보다 더 많아졌다. 지도가 들어간 배낭, 걸을 때마다 흔들리고 철커덕거리는 새로운 도구들, 그리고 책과 사진이 담긴 두 개의 가방.

"마이클, 정말 이 짐을 모두 들고 갈 거예요?" 주황색 존재가 말했다. "짐이 없으면 훨씬 더 편할 텐데요."

"제 인생사가 담긴 물건이에요." 마이크가 대답했다. "전 이게 필요해요."

"왜 필요하죠?"

마이크는 그 질문에 대해 생각해 봤지만, 가방을 놓고 갈 생각은 전혀 없었다.

"지금까지의 제 삶을 기억하고 존중하기 위해서요." 마이크가 말했다.

"옛날 방식을 버리지 못하는 건 아니고요?"

이어지는 오렌지의 질문에 마이크는 짜증이 나기 시작했다. 천사가 다시 말했다.

"가방을 여기 두고 가는 건 어때요? 내가 안전하게 보관하고 있을게요. 다시 오게 되면 그때 가져가도 되잖아요."

"안 돼요!" 마이크는 더 이상 가방 얘기는 듣고 싶지 않았다. 이건 자신의 물건이고, 가능한 한 오래 간직하고 싶었다. 이 이상한 나라에서 자신이 정말 누구였는지 기억할 수 있는 뭔가가 필요했다.

천사가 고개를 끄덕였다. 지금까지 마이크는 항상 자기가 원하는 대로 해왔다. 그는 모든 천사들이 자신의 선택을 존중하고, 한번 결정을 내리면 더 이상 왈가왈부하지 않는다는 것을 알았다.

그날 아침은 마이크도 오렌지에게 작별 인사를 하지 않았다. 계단에 서서 몇 주간 함께 지냈던 천사를 바라보며, 마이크는 오렌지가 만나고 헤어지는 것에 대해 했던 말을 떠올렸다.

다시 보게 될 거라 믿지는 않지만, "조만간 또 봐요"라고 마이클은 말했다.

오렌지는 그냥 말없이 들어가 문을 닫았다. '어떻게 저럴 수 있지? 문만 닫혔을 뿐, 이게 끝은 아니야.' 마이크는 속으로 생각했다.

마이크는 내리막길을 따라 전혀 새로운 방향으로 향했다. 짐이 너무 많아 다 들고 가려면 내리막길이 상책이었다. 새로 생긴 검, 방패, 갑옷에다 손가방과 지도가 든 배낭까지 짐이 많아도 너무 많았다. 무거운 새 시대New Age의 상징물을 완전무장하고 다니게 될 줄 누가 상상이나 했겠는가! '이게 무슨 멍청한 짓이람.' 마이크는 속으로 생각했다. '아, 완전히 정신 나가 보이겠지. 무기가 정말 필요하긴 한가? 전투가 있다 한들 제대로 써보기나 하겠어? 난 싸울 줄도 모르는데! 오렌지는 한 번도 싸우는 법을 가르쳐준 적이 없어. 이건 그냥 모양새 좋은 의식 도구라고. 의식을 잘 치렀음 됐지, 꼭 이렇게까지 해야 하나?'

마이크는 새로운 장비와 오래된 가방에만 온통 신경 쓰느라, 오는 길에 봤던 그 정체 모를 형체는 까맣게 잊고 있었다. 뭔가가 그를 기다리고 있었다는 건 생각지도 못했다. 마이크가 도구를 챙겨들고 가방을 질질 끌며 요란한 소리를 내며 걸어가는 동안, 짙은 녹색의 불길한 존재가 나무 위에서 그를 지켜보고 있었다. '그것'은 호기심의 눈으로 마이크를 자세히 관찰했다. 더 이상 예전의 마이크가 아니었다. 무기와 힘을 겸비한, 전혀 딴사람이 되어 있었다! 더 이상 만만한 상대가 아니었다. 강력한 힘과 박력이 넘치는 마이클 토마스를 상대하려면 새로운 전략이 필요했다. 시간이 갈수록 상황은 꼬여갈 것이다. 하지만 그렇게 되기 전에, 그 어두운 존재는 공격 기회를 노리며 적당한 거리를 두고 마이클을 계속 뒤쫓을 것이다. 발견되지 않을 정도로만 거리를 유지하면서 '그것'은 순수한 의도의 마이클 토마스를 다시 추격하기 시작했다.

6.
시련의 폭풍

길을 떠난 지 두 시간쯤 되자 바람이 점차 거세지고 하늘이 흐려지기 시작했다. '정말 가지가지 하는군! 천국의 폭풍이라.' 마이크는 생각했다. 마이크는 주체할 수 없는 짐 때문에 막판에는 제대로 걷지도 못하고 갈수록 쉬는 때가 많아졌다. 짐이 무겁기도 했지만, 다 끌고 다니자니 너무 어색했다! 서서히 짜증이 치밀며 기분이 상하던 차에 이젠 폭풍까지 가세했다! 빨리 비를 피할 곳을 찾아야 했다. 가방이 비에 젖는 게 싫었고, 새로운 전투 장비가 녹이 슬지도 몰랐다.

그는 잠시 멈춰 서서 처음으로 뒤를 돌아보았다. 헉, '그것'이 보였다! 녹색의 희미한 형체가 울퉁불퉁한 바위들 너머로 쏜살같이 달려오고 있었다. 이번에는 확실히 보였다. 몸체도 보였는데 크기가 엄청났다! 주황색 집에 들어가 있는 동안에도 그 유령 같은 존재가 줄 곧 자신을 기다리고 있었다는 사실이 인식되자 불안감이 온몸을 엄습했다. 오렌지는 '그것'이 위험하고 마이크를 해칠 수도 있다고 했다. 마이크는 쉴 때도 뒤쪽으로 돌아 앉아 길 뒤쪽의 상황을 살폈다. 정신을 바짝 차려야 한다는 것을 알았지만 도무지 정신을 차릴 수가 없었다.

바람이 점점 더 거세어지자 걷기조차 힘들었다. 몸이 홀가분했다면 이 정도 바람은 아무것도 아니었다. 하지만 등에 동여맨 방패 때문에 꼭 역풍을 안고 항해하는 것 같았다. 가방과 배낭만 없었다면 그동안 연습한 대로 검과 방패를 손에 들고 균형 잡힌 자세로 바람을 막으면서 훨씬 빠르게 움직였을 것이다. 하지만 손에 가방을 든 상태로는 불가능했다. 마이크는 변덕스런 날씨가 잠잠해져 다시 평온해질 때까지 어서 몸을 피할 수 있는 곳을 찾아야 한다는 걸 알았다.

마이크는 지금껏 이렇게 이상한 날씨를 본 적이 없었다. 날씨가 순식간에 너무 급격하게 변했다! 마이크는 추격자를 계속 예의주시했다. 강풍과 폭우에도 불구하고 '그것'이 바짝 따라붙는 것을 보고 마이크는 경악했다. '그것'은 아주 빨랐다! '비바람을 뚫고 어떻게 저렇게 빨리 움직이지?'

비바람이 더 심하게 몰아쳤고, 마이크는 뭔가 조치를 취해야 했다. 상황이 시시각각 변하고 있었다! 마이크는 바람에 부딪히는 몸의 단면적을 줄이기 위해 몸을 한껏 구부리고 걸었다. 결국 더 이상 앞으로 나갈 수 없을 지경이 되자 마이크는 걸음을 멈추고 땅 위로 몸을 바짝 굽혔다.

바람의 세기가 점점 더 강해지면서 폭풍은 이제 광포한 성격을 드러내기 시작했다. 갑옷을 걸치지 않아 살갗이 드러난 부위는 거센 빗줄기가 내리치면서 마치 수백 개의 바늘로 찔러대는 것 같았다. 사태가 심각했다. 그는 길 뒤쪽을 슬쩍 훔쳐봤다. 폭우와 안개 때문에 사실상 어디가 어딘지 구분이 안 됐다. 하지만 빨간 눈을 이글거리며 당당하게 서 있는 짙은 녹색의 형체는 또렷이 보였다. '그것'이 다시 앞으로 움직이기 시작했다! '그것'은 폭풍이 몰아쳐도 끄떡없었다. '어떻게 저럴 수가 있지?' 마이크는 두려웠다.

그때 내면에서 다시 한 번 마이클을 재촉하는 블루의 목소리가 들렸다. "지도를 사용해요!"

'목소리가 너무 선명해. 그는 정말로 나와 함께 있는 거야!' 마이크는 생각했다. 미네소타에서 자라면서 폭풍이라면 꽤 이력이 났지만 이 광포한 폭풍에는 전혀 비할 바가 아니었다. 마이크는 회오리바람의 한가운데에 있는 것 같았다. 그는 땅에 바짝 엎드려 폭풍의 강력한 힘에 휩쓸려가지 않으려고 최대한 버텼다. 바짝 엎드리면 엎드릴수록 버티기가 한결 수월했다. 자연의 집중 포격 소리는 점점 커졌고, 그 소리가 하도 요란해 귀청이 떨어질 지경이었다! 평정심을 잃고 극심한 공포에 사로잡힐 법도 했건만 다행히도 마이크는 침착함을 유지했다. 아, 지도를 꺼낼 수만 있다면!

하지만 그는 지도를 꺼낼 만한 처지가 아니었다. 폭풍에서 살아남는 것이 더 급했다. 마이크는 폭풍우의 맹렬한 공격을 받으며, 한 손으로는 풀을 움켜잡고 다른 손으로는 소중한 책과 사진이 든 가방을 붙들고 있었다. 지도가 있는 배낭은 목에 걸린 채로 배 밑에 깔려 있어 안전했지만, 지도를 꺼내는 건 도저히 불가능했다. 세찬 바람이 휘몰아치자 등 뒤의 방패가 돛대처럼 바람에 내밀리면서 한순간 마이크의 몸이 공중에 붕 떴다. 약자를 괴롭히는 불량배마냥 광포한 폭풍이 마이크의 몸을 쿡쿡 찔러댔다. 그는 강한 의지로 몸을 더 바짝 땅에 붙였다. 그 다음 발가락을 진흙 속에 처박고 한 손으로는 억센 잡초를 움켜잡고서 몸을 단단히 고정시켰다.

하늘이 먹구름으로 뒤덮이더니 사방이 이내 칠흑같이 어두워졌다. 간신히 실눈을 뜨며 주위를 돌아봤지만 세찬 바람과 폭우 속에서 보이는 것이라곤 아무것도 없었다. 심지어 땅바닥도 보이지 않았다! 어두운 형체는 지금 어디쯤 있을까? 마이크를 계속 쫓아오고 있을까? 이 와중에도 감히 움직이고 있을까? 아님 폭풍우에 휩쓸려 죽었을까? 화재경보기의 경보음처럼, 이제껏 한 번도 경험하지 못한 경고음이 마이크의 모든 세포에서 울려댔다. 두려웠냐고? 절대 아니다! 그는 오히려 여기서 반드시 살아남고야 말겠다는 강력한 의지로 불타올랐다. 그는 절대 흔들리지 않았다. 어떻게든 지도를 꺼내야 했다!

때마침 머릿속에서 들리는 오렌지의 목소리가 그렇게 반가울 수가 없었다. '이렇게 요란한데 어떻게 그런 부드러운 목소리가 들리지?' 마이크는 생각했다.

"마이클 토마스, 짐을 버려요!"

마이크는 그렇게 하지 않으면 자신이 죽을 거라는 걸 알았다. 이제

옷은, 심지어 갑옷 안의 옷까지 완전히 젖었고, 그는 추위로 덜덜 떨기 시작했다. 매서운 바람의 비명 속에서도 어디선가 쿵쾅거리는 소리가 엄청 크게 들려왔다. 대체 이 소리는 또 무엇이란 말인가? 소리가 울려 퍼지며 대지가 진동하는 것이 느껴졌다. '그것'이 더 가까이 왔나? 그는 오렌지가 말한 대로 해야 했다. '그것'이 오고 있었다!

마이크는 조심스럽게 싼 추억의 물건이 담긴 가방을 천천히, 차근차근 버리기 시작했다. 첫 번째는 책이 든 가방이었다. 두 손가락을 펴서 첫 번째 가방의 손잡이를 놓았다. 폭풍은 가방을 갈기갈기 찢을 수 있기만을 기다리던 성난 전동 공구마냥 가방을 홱 낚아채 갔다. 가방을 손에서 놓자 가방이 꼭 손에서 찢겨져 나가는 것 같았다. 손가락이 부러졌나 싶을 정도였다. 바로 머리 위쪽에서 가방의 솔기가 찢기고, 수백 쪽에 이르는 책의 페이지들이 휙휙 넘어가며 잘게 찢어지는 소리가 들리자 마이크는 가슴이 찢어지는 듯했다. 지금껏 살면서 이렇게 무시무시한 소리는 처음이었다. 소중한 책들! 그러나 책에 대한 생각을 그만 털어버리고 엄지를 들어 다른 가방도 놓았다. 이번엔 더 나빴다! 폭풍은 승리에 눈이 먼 사나운 격투기 선수처럼 그 앞에 떡 하니 버티고 서더니, 마이크가 차마 놓지 못하는 가방을 손에서 확 떼어낸 다음 그를 주먹으로 계속 내리쳤다. 이때는 정말 어두운 형체가 와서 그를 제압하고 갈기갈기 찢는 줄 알았다. 폭풍이 어찌나 인정사정없이 때리는지 마치 훈련 교관들이 떼거지로 몰려와 그의 등을 짓밟는 것 같았다!

책과는 달리 사진은 소리도 없이 사라졌다. 너무 허무하게 사라져 마이클 토마스는 되레 화가 났다. 격노한 폭풍이 마이크를 구타하는 사이, 그의 인생사와 사랑하는 부모님에 대한 소중한 추억이 무정한 바람을 타고 사방으로 흩어져 날아갔다.

상황은 대혼란 그 자체였다. 이제 자유로워진 손으로 배 아래에 깔린 지도를 꺼내기 위해 마이크는 몸을 살짝 들어올렸다. 거센 바람과 등에 매달린 방패로 인해 몸이 붕 뜨는 바람에 하마터면 지도를 놓칠 뻔했지만, 적절한 타이밍에 손을 뻗어 간신히 지도를 손에 쥘 수 있었다. 빨간 점이 어디에 있는지 보려고 마이크는 엄지와 검지를 사용해 어렵사리 지도를 펼쳤다. 본능에만 의존해 양피지 두루마리를 가슴 쪽으로 천천히 끌어올리자, 갑옷의 금속이 젖은 땅에 스치면서 파인 흙까지 함께 따라 올라왔다. 몸을 가능한 한 땅에 바싹 붙이면서 손과 지도를 상체까지 올리기란 쉽지 않은 기술이었다. 지도를 눈높이까지 가져오느라 손이 땅에 쓸려 온통 상처투성이가 되었다.

하지만 그렇게 한들 칠흑 같은 어둠 속에서 어떻게 지도를 볼 수 있단 말인가? 그는 아무것도 볼 수 없었다! 설사 볼 수 있다 한들, 글씨가 빗물에 씻겨 지워지면 어쩔 것인가? 폭우와 세찬 바람에 죽기살기로 풀을 움켜쥐고 있던 손에 서서히 힘이 풀리기 시작했다. 팔도 점점 무감각해졌다. 손에서 힘이 빠지기 시작했다.

· ◆ ·

'그것'은 폭풍에도 끄떡없었다. 그 진절머리 나는 생물체는 이 나라의 높은 진동수와는 맞지 않는 어두운 존재였기 때문에 이곳의 강풍과 폭우에도 전혀 영향을 받지 않았다. '그것'은 어깨를 당당히 편 채로 음산하고 어두운 길을 헤치며 땅에 비굴하게 엎드려 있는 마이클 토마스 쪽으로 성큼성큼 걸어갔다. '그것'이 폭풍우를 뚫고 위풍당당하게 걸어가는 동안 마이크는 비바람에 맞서 힘겨운 사투를 벌이고 있었다.

'그것'은 휘몰아치는 돌풍에도 흔들리지 않았다. 사방이 보이지 않는 것 빼고는, 이 어두운 형체에게 문제될 것은 아무것도 없었다. 공원에서 산책하듯 느긋하게 걸으며 마이크에게 다가갔다. '그것'은 오늘 운명이 자기 편이란 것을 알았다. 하지만 칠흑 같은 어둠 속에서 '그것'도 보이지 않기는 마찬가지였다. 앞의 사냥감만큼이나 '그것' 역시 앞이 보이지 않았다. 그럼에도 불구하고 '그것'은 슬금슬금 마이클 토마스에게 다가가 이 기묘한 상황을 종결시킬 준비가 되어 있었다. '그것'은 마이크의 몸을 갈기갈기 찢어 자신이 혐오하는, 이 말도 안 되는 요정의 나라 곳곳에 뿌릴 각오가 되어 있었다.

마이크의 직감이 맞았다. '그것'은 아주 가까이 있었다. 요정 나라의 존재들이 개인용 눈가리개라도 요청한 듯 칠흑 같은 어둠이 몰려왔지만, '그것'은 본능적으로 마이크가 엎드려 있는 곳을 감지하고 가까이 다가왔다. '그것'은 최대한 집중해서 주먹으로 아래쪽을 강하게 내리쳤다. 하지만 땅만 파헤쳐졌을 뿐 마이크는 없었다. 그가 내리친 곳은 마이크로부터 아주 가까운 곳이었다. '그것'이 공격하는 소리가 마이크에게 들렸을 때, '그것'엔 뭔가 다른 소리가 들렸다.

마이크가 버린 책의 페이지가 휙휙 넘어가고 천이 찢어지는 소리였다. '그것'은 재빨리 소리가 나는 쪽으로 고개를 돌렸다. 마침내 마이크가 어디에 있는지 알게 된 '그것'은 아주 흡족해했다!

'그것'은 자신과는 상관없이 미친 듯 몰아치는 폭풍을 뚫고 마침내 마이크 옆으로 다가왔다. 한 손은 아래로 축 늘어져 있고 다른 한 손으로 억센 풀을 간신히 움켜쥐고 있는 마이클 토마스의 모습이 어둠 속에서 희미하게 보였다. '그것'이 미소를 지을 수 있는 존재라면, 바로 그 순간 회심의 미소를 지었을 것이다.

'그것'은 복수심에 불타올라서, 장정 열두 명을 합해놓은 듯한 힘으로 마이클 토마스의 등을 힘껏 내리쳤다. 그 순간 '그것'은 수백만 개의 다트 화살이 사마귀로 뒤덮인 자신의 살갗을 찌르는 것을 느꼈다. 순백색과 엷은 은색의 빛이 눈부시게 번쩍이는 것과 동시에 강력한 힘이 '그것'을 덮쳤다. 대포에라도 맞은 것처럼, '그것'은 긴 궤도를 그리며 처음에 있던 자리로 무참하게 나가떨어졌다. 무언가 엄청 뜨거운 것에 데기라도 한 것처럼 '그것'의 몸에서 연기가 피어올랐다. '그것'은 도대체 어찌된 영문인지 몰라 당황했다. 자신을 밀쳐낸 강력한 힘에 '그것'은 순간적으로 약해졌다.

마이클 토마스의 등에 단단히 고정되어 있던 방패는 그의 몸 대부분을 덮고 있었다. 가장 거추장스러운 물건이라고 생각했던 방패가 갑자기 가장 강력한 보호자가 되었다. 심지어 마이크의 지시 없이도 스스로 알아서 제 역할을 했다. 방패는 그의 존재의 일부분이었다. 어두운 생명체의 낮은 진동 주파수와 방패의 높은 주파수가 섞이면서 강력한 물리적 반응이 일어난 것이었다. 서로 다른 두 가지의 극단적인 힘이 서로를 밀어내듯 지식의 방패는 어두운 존재의 공격을 밀쳐냈다.

· ◆ ·

마이클 토마스는 간신히 지도를 목 쪽으로 가져왔다. 어둠 속에서 뭔가 보이길 바라며 지도를 내려다봤다. 갑자기 빛이 번쩍였다! 격렬한 돌풍이 그를 한바탕 내리치는 것 같더니, 순간 기적이 일어났다. 울부짖는 바람과 폭우 때문에 눈도 제대로 뜨지 못하고 있었는데, 빛은 눈이 부실 정도로 밝았다. 강렬한 빛이 사방을 환하게 밝혀준 덕분에 마이크는 실눈으로도 지도를 명확히 볼 수 있었다. 미친 듯이 폭풍이 몰아치는데도 지도는 물에 씻겨 지워지지 않고 그대로 있었다! 그는 눈으로 지도를 재빨리 훑어 '당신은 여기에 있습니다' 점을 찾아냈다. 갑자기 주변에서 매캐한 냄새가 나고 보호막 같은 연기가 이는 것이 보였지만, 지금 그런 것에 신경 쓸 때가 아니었다. 지도에 길이 나타났고, 바로 근처에 동굴이 있었다. 동쪽으로 몇 미터만 가면 안전한 곳이었다!

어쩌면 가장 적절한 순간에 신이 자기와 가까운 곳에 번개를 내리치신 것 같았다. 그에게 불빛이 가장 필요한 순간에, 기를 쓰고 그를 죽이려 했던 사악한 존재까지 기적을 일으키는 데 한몫 했다는 사실을 마이크는 전혀 몰랐다. 순수한 의도의 마이클 토마스는 난생처음 무언가를 공동으로 창조했지만, 그는 그 사실조차 모르고 있었다. 선물이 '적재적소'에서 도움이 될 거라고 오렌지한테 듣긴 했지만, 오늘이 바로 그날이 될지는 꿈에도 몰랐다.

마이크는 강한 의지로 있는 힘을 다해 풀과 바위를 움켜잡으며 달팽이처럼 느릿느릿 기어갔다. 넘어지지 않기 위해 발가락으로 땅을 파헤치며 몇 센티미터씩 동쪽으로 움직였다. 맹렬한 폭풍우에 휩쓸려가지 않도록 납작하게 엎드려 질척한 땅을 20분이나 기어갔다. 고작 몇 미터 가기 위해 사력을 다해야 했지만 마이크에겐 선택의 여지가 없었다. 칠흑 같은 어둠 속에서도 마침내 작은 동굴의 입구가 보였다. 이제 생명을 위협하는 비바람을 피해 한숨 돌릴 수 있게 되었다. 고통스럽게 몸을 질질 끌면서도, 어두운 형체가 더 이상 가까이 오지 못하게 해준 신께 감사 드렸다. 동굴 입구로 기어 들어가는 순간에도 폭풍은 더욱 거세어지고 있었다. 사방에서 들리는 요란한 소리에 그는 경악했다. '이렇게 마법 같은 곳에도 천재지변은 있구나.' 마이크는 생각했다.

동굴 안은 고요했지만, 마이크의 몸과 마음은 엉망진창이었다. 땅에 쓸린 손은 피투성이였다. 옷이 진흙에 흠뻑 젖었지만, 옷을 벗기엔 동굴 안이 너무 추웠다. 그는 천천히 일어나 사태를 가늠해 보았다.

사냥감을 포획하기 위해 끈질기게 쫓아온 정체 모를 적과 광포한 폭풍으로부터 살아남은 마이클 토마스. 이 시점에서 그가 감격의 눈물이라도 흘릴 거라고 예상했다면 그건 큰 오산이었다. 마이크는 되레 화가 났다! 그는 추위가 아니라 갑자기 솟구치는 분노로 치를 떨었다. 그의 소중한 물건들이 찢겨서 날아가고 없었다. 폭풍우를 누가 조작했는지 알고 난 그는 아예 대놓고 고함을 질러댔다.

"나를 잘도 속였네요!" 그는 동굴 입구로 가서 휘몰아치는 바람에 대고 소리쳤다. "내 말 듣고 있어요?" 얼굴은 분노로 일그러져 있었다. 천사들이 억지로 상황을 조작해 자신의 소중한 물건을 버릴 수밖에 없게 만들었다는 생각에 분노가 치밀었다. 그는 신성한 곳을 통제하는 존재들에 의해 희생양이 된 것이다.

"이제 일이 어떻게 돌아가는지 알겠네요!" 그는 계속해서 누군가 들으라는 듯 화를 내며 고함을 질렀다. "내가 당신네들 충고를 듣지 않으니까 이렇게 막 나가는 거죠!" 동굴 입구에서 계속 고함을 질러 대자니 추위와 분노로 몸이 덜덜 떨렸다. 잃어버린 부모님 사진을 생각하자 싸한 슬픔이 밀려왔다. 그는 감정이 격해져 눈물이 더 이상 나오지 않을 때까지 소리 내어 울었다. 천사들이 자신의 영역을 침범해 소중한 물건을 강탈한 것만 같았다.

문득 등 뒤로 따스한 온기가 느껴지며 동굴 벽에 모닥불 그림자가 희미하게 깜박거리는 게 보였다. 온화한 목소리가 들려오자 그는 뒤를 돌아보았다.

"나는 진심 어린 충고를 해준 것뿐이에요, 순수한 의도의 마이클 토마스."

오렌지가 동굴 안쪽에 있었다. 오렌지 앞에는 마이클이 몸을 녹일 수 있도록 작은 모닥불이 피워져 있었다. 좀 진정이 된 마이크는 불 가로 와서 고개를 푹 숙이고 앉았다. 마침내 그가 눈물이 그렁그렁한 눈으로 오렌지를 쳐다보며 물었다.

"꼭 그렇게 해야만 했나요?"

"아니요." 오렌지가 말했다. "바로 그 점이 중요해요."

"근데, 왜 내 물건을 모조리 뺏어갔죠?"

"여기는 자유로운 선택을 존중하는 곳이에요, 마이클 토마스. 당신이 어떻게 생각하든 여기에서는 인간이 중심이고 인간보다 더 귀하게 존중되는 생명체는 없어요."

"그놈의 자유로운 선택!" 마이크가 소리쳤다. "짐을 버리지 않았다면 난 죽었을 거라고요!"

"맞아요." 오렌지가 말했다. "가방을 놓고 갈 기회가 있었는데도 당신은 그냥 가지고 가기로 선택했어요. 내 제안을 받아들였다면 당신은 오늘 일어난 일에서 더 많은 것을 배웠을 거예요. 가방도 안전하게 보관되었을 거고요. 당신은 아직 이곳에 대해 잘 몰라요. 그래서 우리가 이곳에서 당신을 가르치기도 하고 새로운 선물과 도구도 주는 거예요."

"아직도 이해가 안 가요." 마이크가 맞받아쳤다. "아끼는 물건 몇 개 가지고 다닌다고 무슨 큰일이 나나요? 누구한테 해가 되는 것도 아니잖아요. 나한테는 정말 소중한 물건이었다고요!"

"당신 여행에는 맞지 않았어요, 마이클." 오렌지는 모닥불 건너편 바위에 걸터앉았다. "당신이 가지고 다니던 물건은 당신의 옛날 모습을 상징했어요. 그 옛날 모습은 새롭게 배우고 받아들이고 있는 당신의 새 진동 주파수와는 맞지 않아요. 옛날 모습이 자꾸 튀어나와 당신을 붙잡고 있기 때문에 마음이 불편한 거예요. 당신은 지금 모든 면에서 변하고 있어요, 마이클. 우리는 당신도 그걸 느끼고 있다는 걸 알아요."

"왜 진작 말해주지 않았어요? 그랬다면 이렇게 고생할 필요도 없었잖아요." 마이클은 피가 나는 손과 엉망이 된 옷을 바라보았다.

"당신은 기회가 왔을 때 받아들이지 않았어요, 마이클 토마스. 그래서 스스로 교훈을 배워야 했죠." 마이클은 오렌지의 말에 지혜가 담겨있다는 것을 알았다.

"만약 제가 짐을 버리지 않았다면 어떻게 됐죠?"

"옛 에너지를 상징하는 물건들을 짊어지고는 앞으로 계속 나아갈 수 없었을 거예요." 오렌지가 대답했다. "바람이 예전의 의식 상태와 상응하는 곳으로 데려갔겠죠. 목숨은 부지했겠지만, 지금까지 신성한 길에서 배우고 얻은 것을 모두 잃어버렸을 거예요. 새로운 마이클 토마스는 더 이상 없고, 결국엔 이곳을 떠났을 테죠." 오렌지는 중요한 말을 하기 전에 잠시 멈췄다.

"잘 들어요, 순수한 의도의 마이클 토마스. 아무리 소중한 물건일지라도, 옛 에너지를 끌어안고 새로운 세계로 나아갈 수는 없어요. 두 에너지는 서로 양립할 수 없어요. 사실 당신은 지금 새로운 차원으로 상승하고 있고, 오래된 물리적 속성과 새로운 속성은 서로 뒤섞일 수가 없어요. 하나만 물어볼게요." 오렌지가 마이크에게 가까이 다가왔다. "물건은 잃어버렸지만, 아직도 부모님을 사랑하고 기억하나요? 아니면 부모님에 대한 사랑과 추억까지 폭풍우에 모두 휩쓸려

갔나요?"

"아직도 그분들을 사랑하고 기억해요." 대화가 어떤 방향으로 흘러갈지 감을 잡으며 마이크가 대답했다.

"그럼 도대체 뭘 잃어버린 거죠?" 오렌지가 물었다.

마이크는 잠자코 있었다. 그는 오렌지가 무얼 말하려는지 알았다. 오렌지는 호기심이 많은 아이에게 간단한 지혜를 일깨워주는 사려 깊은 아버지 같았다.

"사랑하는 사람을 기억하는 건 그들과 함께한 순간의 에너지 때문이지 옛날의 물건 때문이 아니에요. 기억을 다시 떠올리고 싶을 때면, 그들에 대한 사랑과 함께 새로운 마이클 토마스에게 주어진 선물을 이용해 봐요. 그렇게 하다 보면 과거의 추억이 다르게 인식될 거예요. 당신은 부모님의 진정한 본질…… 그리고 당신의 참모습에 대해 새로이 알아가고 있어요. 사실 새로운 도구와 선물을 이용하면 훨씬 더 또렷하게 기억이 날 거예요. 옛날 소지품은 큰 그림을 볼 수 없던 시절로 당신을 끌어당기기만 할 뿐이랍니다."

마이클은 여전히 오렌지가 말하는 새로운 개념을 이해할 수 없었다. 오렌지는 그의 생각을 알아채고 다시 말했다.

"일곱 번째 집을 방문하고 나면 모두 이해하게 될 거예요." 오렌지가 미소를 지었다.

마이크는 오렌지가 말한 내용의 일부밖엔 이해할 수 없었지만, 상황은 대충 파악이 되었다. 파란 집에서 가져온 음식이 길에서 썩었던 것처럼, 옛 마이크의 어떤 것도 '집'으로 끌고 갈 수 없다는 것을 알았다. 여전히 물건을 잃어버린 것이 아쉽고 미리 모든 것을 말해주지 않은 천사들이 야속하기도 했지만, 이 길을 계속 가려면 자신이 변형되어야 한다는 것을 깨달았다. 그리고 지금까지 오는 길에 들었던 두 가지 충고도 떠올랐다. 하나는 음식을 가져가지 말라는 블루의 충고였고, 다른 하나는 짐을 두고 가라는 오렌지의 충고였다. 두 번 다 그는 충고를 무시했고, 결국 두 번 모두 곤경에 처했다.

그는 이제부터 천사들이 하는 말을 귀담아듣기로 다짐했다. 이곳은 여러 차원의 특성들이 공존하는 이상한 곳이었다. 그에겐 생물학적인 정보가 있고, 천사에겐 영적인 정보가 있었다. 천사들의 말을 귀담아듣고 자기 혼자서 멋대로 추측하지 않았다면 여행은 훨씬 더 수월했을 것이다. 영적 언어와 개념을 완전히 이해할 수는 없었지만, 그는 이곳을 잘 아는 천사들의 말을 믿어야 했고 여행을 하며 스스로 배워야 했다.

"오렌지!" 마이클이 오렌지의 주의를 돌렸다. "왜 폭풍이 몰아친 거죠?"

"순수한 의도의 마이클 토마스, 정답을 말해줘도 당신은 잘 모를 거예요." 오렌지가 동굴 입구 쪽으로 걸어가더니 돌아서서 말했다. "인간이 여기에 없으면 폭풍도 없어요." 왜 그런지는 알 수 없었지만 오렌지 말이 맞는 것 같았다. 마이크가 자신을 추격해 온 어두운 존재에 대해 물어보려고 일어섰을 때…… 오렌지는 이미 사라지고 없었다!

"잘 가요, 밝고 화사한 주황색 친구." 방금 전까지 오렌지가 머물렸던 허공에 대고 마이크가 말했다. 처음으로 그의 작별 인사에 대한 천사의 반응이 있었다. 그의 내면에서 차분하고 사랑이 가득하며 사려 깊은 오렌지의 목소리가 선명히 들렸다. "당신이 우리 차원의 일부란 걸 알게 될 쯤이면, 왜 우리가 절대 작별 인사를 하지 않는지도 알게 될 거예요."

'점점 더 헷갈리게 만드는군.' 마이크는 생각했다. 하지만 왠지 그 말을 들으니 위로가 되었다.

마이크는 옷을 벗어 활활 타오르는 모닥불 옆의 바위에 널었다. 갑옷과 방패도 벗어 조심스럽게 옷 옆에 놓으며 살펴봤지만 손상된 곳은 전혀 없었다. 그는 밖이 낮인지 밤인지도 모른 채 스르르 눈이 감겨 몇 시간을 푹 잤다. 폭풍이 한동안 더 몰아쳤지만 마이크가 깨어났을 때는 날씨가 말끔하게 개어 있었다.

동굴 밖을 내다보니 해가 서서히 지고 있었다. 폭풍이 몰아치는 오후 내내 자고 나서인지 다시 기운이 났다. 조심스럽게 전투 장비를 거둬서 오렌지가 가르쳐준 대로 입은 다음, 지도가 든 배낭을 목에 걸고 다시 길을 나섰다. 모든 것이 아주 평화로워 보였다! 뒤를 돌아봤으나 위험한 낌새도 없었고, 바위나 나무 뒤로 잽싸게 숨는 어두운 형체도 보이지 않았다. 마이크는 기분이 좋았다!

해가 저물어 어둑어둑해졌지만 다음번 집이 금방 나타날 것 같은 느낌이 들었다. 예감이 맞았다. 그는 저 멀리 언덕 위에 보이는 집을 향해 성큼성큼 걸어갔다. 몸도 마음도 가뿐했다! 두 손은 자유로웠고, 가방이 없으니 전투 장비가 철커덕거리며 짜증나게 하는 일도 없었다. 사실 언제 가방이 있었나 싶었다. 그의 발걸음은 가벼웠다. 여행을 하기엔 물건을 잃어버린 게 차라리 더 잘됐단 생각이 들면서 더 이상 그 일에 연연해하지도 않았다. 마음속으로 부모님 사진을 보는 연습을 하자 모든 기억이 새록새록 떠올랐다. 그는 여전히 부모님의 사랑을 느꼈고, 사진을 볼 때면 느꼈던 느낌도 고스란히 전해졌다. 오렌지 말이 맞았다. 부모님에 대한 사랑과 추억이 마음속에 그대로 간직되어 있었고 그것만으로도 충분했다.

• ◆ •

마이크 뒤로 몇백 미터 떨어진 곳에서는 혐오스러운 짙은 녹색의 형체가 고통에서 서서히 회복하는 중이었다. '그것'은 움직일 때마다 데인 곳이 쓰라리면서 아픈 기억이 떠올랐다. '그것'은 아직 모르고 있었지만, 그가 입은 상처는 영원히 아물지 않는 치명적인 것이었다. 약간 당황하긴 했지만, 마이클 토마스를 기필코 막고야 말겠다는 의지는 변함이 없었다. 이는 '그것'의 생사가 걸린 중대한 문제였고, 이번 싸움에서 이기려면 크나큰 희생을 감수해야 할지도 몰랐다. 하지만 '그것'은 마이클 토마스가 조만간 자신의 이글거리는 새빨간 눈을 마주보고 뜨거운 입김을 느끼며 진정한 두려움이 무엇인지 알게될 날이 오리란 걸 알았다.

7.
세 번째 집: 생물학의 집

마이크는 세 번째 집으로 들어가기 전에 집과 연결된 오솔길에서 잠시 멈췄다. 이번 집은 잔디밭에 '생물학의 집House of Biology'이라 쓰인 푯말이 있었다. 다른 집들과 마찬가지로 여기도 집과 푯말 모두 같은 색이었다. 화사한 녹색의 예쁜 오두막집은 주변의 무성한 풀과 나무들의 색깔과 잘 어우러졌다. 해가 지고 황혼이 깃들며 주위에 어둠이 깔리기 시작하자 집의 녹색도 약간 더 진해졌다. 마이크는 이제 곧 또 다른 천사를 만나고, 둘은 결국 친구가 되리라는 것을 알았다. 지금까지 있었던 일을 돌이켜보건대, 처음 두 집은 앞으로의 여행을 준비하는 과정이었다는 생각이 들었다. 그렇다면 이제부터가 본격적인 훈련의 시작인 셈이었다. '그동안 그렇게 고생을 했으니 여기서

부터는 좀 쉬워지겠지.' 마이크는 생각했다.

집으로 다가가자 거구의 녹색 천사가 현관문 밖에서 그를 지켜보다가 역시나 똑같은 인사말을 건넸다.

"반가워요, 순수한 의도의 마이클·토마스!" 마이크가 자동적으로 그린이라고 부르게 된 이 천사는 유난히 통통하고 얼굴에는 웃음기가 많았다. 마이크가 보기에 모든 천사가 나름 재미있는 구석이 있었지만, 그린은 특히나 얼굴에서 미소가 떠나질 않았다. 천사가 마이크를 위아래로 훑어보더니 윙크를 했다.

"검이 아주 멋진데요!"

"안녕하세요, 그린." 마이크는 검을 칭찬하는 천사의 말을 무시하고 대답했다. '영적 여행과 어울리지 않는 물건을 들고 다니니까 괜히 내가 어색해할까봐 하는 소리겠지.' 마이크는 생각했다.

"아니에요." 천사가 마이크의 생각을 읽으며 대답했다. "모든 검이 당신 것만큼 그렇게 훌륭하진 않아요."

"뭐가 다른 건데요?" 마이크가 물었다.

"당신의 이름은 그냥 지어진 게 아니에요, 마이클. 당신의 의도는 정말 순수하고, 가슴은 영적 탐구에 대한 열망으로 가득해요. 당신의 도구는 당신의 그러한 면을 여실히 보여주고 있죠. 안으로 들어와요." 마이크는 그린을 따라 집으로 들어가며 대화를 계속했다.

"그럼 제가 더 특별하거나 낫다는 뜻이에요?"

"당신의 잠재력이 아주 크다는 뜻이에요, 마이클! 인간에겐 늘 선택권이 있다는 점을 명심해요. 우리는 절대 인간을 등급을 매기거나 분류하지 않아요. 우리는 인간을 볼 때 그 사람의 잠재적인 에너지가 어느 정도인지를 봐요."

"어떤 잠재력이요?"

"변화할 가능성이요!" 그린이 외쳤다.

"왜죠?"

그린이 멈춰 서서 마이크를 마주보았다. 그들은 수십 개의 작은 녹색 방을 지나 이제 막 마이크의 임시 숙소 입구에 도착한 참이었다. 천사는 엄청난 인내심을 갖고 자기 앞에 있는 인간을 최대한 존중하며 부드럽게 말했다.

"여기에 온 이유가 뭐죠, 마이클 토마스?"

"집에 가려고요." 마이크가 재빨리 솔직하게 대답했다.

"집으로 가려면 어떻게 해야 하죠?" 천사는 마이크가 현재 상황에 대해 생각해 볼 수 있도록 차분히 기다렸다.

"일곱 개의 집으로 여행하는 거요?"

"그러고요?" 그린은 더 듣기를 원했다.

"다른 차원의 존재가 되는 거요?" 마이크가 미적거리며 오렌지가 했던 말을 그대로 따라했다. 그린은 만면에 미소를 지으며 말했다.

"순수한 의도의 마이클, 나중엔 당신이 지금 했던 말과 개념을 모두 이해하게 될 거예요. 오렌지가 그렇게 말하던가요?" 마이크는 천사가 이미 알고 있다는 것을 알았다.

"네. 근데 아직 무슨 뜻인지는 잘 모르겠어요."

"네, 그럴 거예요." 거대한 녹색 존재가 잠시 생각에 잠겼다. "다시 질문으로 돌아가서, 그래 집에 가기 위해 뭘 하고 있죠?"

"변하고 있어요!" 마이크가 의기양양하게 말했다.

"왜죠?" 그린이 물었다. 이제 질문이 한 바퀴를 뼁 돌아, 마이크가 애초에 물었던 질문에 스스로 대답해야 하는 상황이었다. "변하지 않으면 집에 갈 수 없으니까요?" 어리둥절해하며 마이크가 말했다.

"바로 그거예요! 인간 친구, 집으로 가는 여행에는 여러 가지 요소가 필요해요. 우선 집에 가겠다는 의도가 있어야 해요. 그 다음엔 준비 기간이 필요하고요. 그러고 나면 자기 탐구가 이어지고, 또 집에 가려면 반드시 변화를 겪어야 한다는 것을 알게 되죠. 그 점은 이미 당신도 느끼고 있고요. 마지막으로, 순리가 어떻게 작용하는지 알게 되면서 전체의 큰 그림을 보게 되죠. '집'의 마지막 문을 여는 건 졸업을 하는 것과 같아요, 마이클. 그것만큼 좋은 일도 없죠!"

여행의 목표와 마지막 문에 대해 천사와 얘기한 건 이번이 처음이었다. 마이크는 몹시 신이 났다.

"문을 열면 뭐가 있는지 말해줘요, 그린." 이것이야말로 마이크가 정말로 알고 싶은 것이었다.

"맨 처음 요청할 때, 당신 스스로 규정했잖아요." 그린이 대답했다.

"언제 뭘요?" 마이크는 기억이 나지 않았다.

"맨 처음 여행을 하겠다고 했을 때요." 그린이 대답했다.

문득 얼굴 없는 위대한 흰색 천사가 마이크에게 집에 가는 것이 무슨 뜻이냐고 물었던 것이 생각났다.

"그걸 알아요?" 마이크는 깜짝 놀랐다.

"우리는 모두 한 가족이에요, 마이클." 그린은 마이크가 머물게 될 방으로 안내했다. "이젠 이런 방이 익숙할 거예요." 그린이 말했다.

마이크는 방을 둘러보았다. 다른 집의 방들과 비슷했다. 그는 어서 그곳에서 푹 쉬고 싶었다. 바로 옆방에서 음식 냄새가 풍겨왔다.

"이번엔 옷도 준비되어 있어요, 마이클." 천사가 옷장을 가리켰다.

마이크는 이제야 자신의 몰골이 어떤 상태인지 깨달았다. 죽일 듯 몰아붙이는 폭풍 속에서 살아남느라 손에는 피범벅이고 찢어진 옷에는 진흙이 말라붙어 있었다. 마이크는 그린이 가리키는 곳을 쳐다봤다. 거기엔 진짜로 옷이 있었다! 자세히 살펴보니 사이즈가 딱 맞는 여행복과 근사한 녹색 가운이 있었다. 자기 사이즈를 어떻게 알았냐고 물으려고 고개를 돌렸지만, 그린은 벌써 사라지고 없었다. 마이크는 그린이 들을 거라는 걸 알고 웃으면서 큰소리로 말했다.

"잘 자요, 녹색 친구. 내일 아침에 봐요." 마이크는 저녁을 먹은 뒤 새벽 5시쯤 악몽을 꾸기 전까진 곤히 잤다. 꿈속에서 그가 폭풍 속에 속수무책으로 있는데 끔찍한 어두운 존재가 다가왔다. 마치 자신이 그 위험한 존재의 손에 죽게 된다는 걸 예고하는 것만 같아 잔뜩 겁이 났다. 마이크는 식은땀을 뻘뻘 흘리며 잠에서 깨어났다. 그린이 침대 옆에 서 있었다!

"준비됐어요?" 그가 물었다.

"당신들은 잠을 자기는 해요?" 눈을 비비며 마이크가 물었다.

"물론, 자지 않죠."

"아직 날이 밝지도 않았어요!" 잠을 몇 시간 못 잔데다가 악몽까지

꿔서인지 마이크는 몸이 노곤했다.

"생물학의 집에서는 일찍 일어나는 것에 익숙해져야 해요, 마이클 토마스." 그린은 다시 한 번 미소를 짓더니 가만히 서 있었다. "날마다 아침 5시 30분에 여기로 와서 수업을 시작할 거예요. 수업이 모두 끝날 때쯤이면 잠의 패턴과 생물학적인 에너지, 그리고 악몽까지도 모두 이해하게 될 거예요."

"제가 꿈꾼 것을 알아요?" 마이크는 깜짝 놀랐다.

"마이클, 우리가 얼마나 가깝게 연결되어 있는지 아직 모르는군요. 우리는 당신에 대해 모두 알고 있고, 당신의 학습 진도를 존중하고 있어요!" 그린이 침대에서 뒤로 몇 걸음 물러서더니 마이크에게 얼른 준비하고 따라오라는 제스처를 취했다. 마이크는 약간 창피했다.

"그린, 저 아직 옷을 입지 않았어요."

"그게 바로 수업의 시작이에요, 마이클. 부끄러워할 필요 없어요. 옷장에 있는 녹색 가운을 입어요."

마이크는 천사가 시키는 대로 가운을 입은 다음, 옆방으로 가서 아침 식사를 즐겼다. 그린은 마치 주인에게 착 달라붙어 있는 애완견 같았다! 그는 마이크 옆에 바싹 붙어서 마이크가 먹는 것을 유심히 관찰했다. 하지만 말은 하지 않았다. 천사 스승이 이렇게 세심한 관심을 보이는 건 이번이 처음이었다. 이 집은 뭔가 달랐다.

식사가 끝나자 그린은 특별 교습 장소로 마이크를 이끌었다. 다른 집들은 방도 크고 천장도 엄청 높았는데, 이 집은 방들이 모두 작고, 대부분의 수업도 방 하나에서만 이루어졌다. 그린은 바로 본론으로 들어갔다. 그는 마이크에게 가운을 벗으라고 했다.

"순수한 의도의 마이클 토마스, 당신 몸에서 각성된 부위를 가리켜보세요."

"무슨 말인지 모르겠어요." 마이크가 말했다.

"당신의 순수한 의도는 어디에 있지요? 사랑은 어디에 있나요? 신을 자각하는 신체 부위는요?" 그린은 매우 진지하게 말을 이어갔다. "어서요. 그런 속성을 가진 생물학적 부위를 가리켜봐요."

마이크는 깊게 생각할 필요가 없었다. 그린은 단지 순수한 의도나 사랑 같은 속성이 몸의 어느 부위에 있는지 보여달라는 것이었다.

"어떤 것은 여기에 있고요." 마이크는 이마를 가리켰다. "어떤 것은 여기에도 있어요." 마이크는 가슴에 손을 댔다. "이곳에서 그런 것들을 느껴요."

"틀렸어요!" 그린이 갑자기 큰소리로 외쳐 마이크는 깜짝 놀랐다. "다시 해볼래요?" 마이크는 천천히 몸 이곳저곳을 가리키며 자신이 가리킨 곳이 맞는지 그린에게 물었다. 그린은 매번 틀렸다고 했다.

"더 이상 못하겠어요, 그린." 거의 온몸 구석구석 다 가리키고 나자 마이크는 울화가 치밀었다. "도대체 어디에 있다는 거예요?"

"웃긴 얘기 하나 해줄게요, 마이클 토마스. 듣고 나서 다시 해봐요."

마이크는 이 상황이 너무 코믹하다고 생각했다. 예전엔 있는지조차 몰랐던 나라에서 알몸으로 녹색 천사 앞에 서 있는 것도 모자라, 이제는 천사가 웃긴 얘기를 해주겠단다! 과연 이걸 믿을 사람이 몇 명이나 될까? 이렇게 엉뚱한 곳이 또 있을까?

"옛날에 자신이 거의 깨달음에 이르렀다고 생각한 남자가 있었어요." 그린은 자기 혼자 신이 나서 얘기를 시작했다. "깨달음의 경지에 이르렀다고 생각하며 여행하던 그가 택시를 한 대 발견했어요." 그린은 만면에 미소를 지으며, 자신이 '택시'라는 단어를 아는 게 놀랍지 않느냐는 듯 마이클의 반응을 살폈다. 마이크는 그린이 원하는 놀라는 시늉 따윈 하고 싶지 않아 웃음이 터지려는 것을 꾹 참고, 그 대신 약간 능청맞게 웃었다. 어쨌든 그린은 얘기를 계속했다.

"남자가 택시를 발견하자, 머리를 택시 문에 들이밀고 운전사에게 말했어요. '준비됐어요. 이제 가죠!' 운전사는 그 말을 듣자마자 남자가 가자는 방향으로 쌩 하니 달렸어요. 머리만 태우고 말이죠!" 그린은 혼자 배꼽을 잡고 웃으면서 마이크의 반응을 살폈다. 무표정한 얼굴로 그린을 쳐다보던 마이크는 고개를 갸우뚱한 채 얼굴을 찡그리며 말했다. "그래서요?" 그린은 얘기의 요점을 말했다.

"갈 준비가 되었다고 말하기 전에 몸 전체를 택시 안에 밀어 넣는 자는 행복하리라!" 마이크의 썰렁한 반응에도 그린은 자신의 얘기에 도취되어 혼자 흐뭇해했다.

"하던 얘기나 계속 하시죠." 천사의 어이없는 모습에 웃음이 터지려는 걸 간신히 참으며 마이크가 말했다. "그래서 요지가 뭐예요, 그린?"

"순수한 의도의 마이클 토마스, 인체의 모든 세포에 신을 자각하는 의식이 있어요. 그래서 세포 하나하나가 깨달음과 사랑을 경험할 수 있고, 진동의 변화를 추구할 수 있는 거죠. 자 봐요. 내가 보여줄게요." 그러더니 그린이 갑자기 마이크가 깜짝 놀랄 행동을 했다. 잽싸게 다가오더니 눈 깜짝할 사이에 마이크의 발가락을 짓밟은 것이다!

"아야!" 믿는 도끼에 발등 찍힌다더니 바로 이런 경우를 두고 하는 말이었다. 화가 치민 마이크가 버럭 소리를 내질렀다. "지금 뭐하는 짓이죠?" 발가락이 통증으로 욱신거렸다. 마이크는 한 발로 껑충거리며 발가락을 붙잡고 통증을 가라앉히려 애썼다. "아프잖아요!" 마이크가 그린에게 고함을 쳤다. 발가락이 시커멓게 피멍이 들어 있었다. "진짜 아프단 말예요! 발가락이 부러진 것 같아요!"

"어디가 아프죠, 마이클?" 얼굴을 잔뜩 찡그린 채 방 안을 돌아다니는 마이크를 바라보며 그린이 태연하게 물었다.

"내 발가락이요!" 이런 끈적끈적한 사디스트(상대방에게 물리적·정신적인 학대를 하면서 희열을 느끼는 사람—옮긴이) 같으니라고! 마이크는 자기가 무슨 말을 하는지도 몰랐다. 어쨌든 그는 화가 단단히 났다. 그린은 마이크가 내뱉는 말에는 신경도 쓰지 않고 그에게 더 가까이 다가왔다.

"저리 비켜요!" 손짓으로 그린을 뿌리치며 마이크가 말했다. "천사의 발 마사지, 발 치료 요법, 뭐 그런 거라면 사양하겠어요. 더 이상 가까이 오지 말아요!"

"어디가 아픈가요, 마이클?" 그린이 다시 물었다. "당신은 지금 발가락이 아픈 게 아니에요."

"그게 아니라고요?" 마루에 양반다리로 앉아 발을 후후 불며 넘어지지 않으려 애쓰던 마이크가 믿을 수 없다는 듯 물었다. "그럼 말해봐요, 성스러운 녹색 양반. 도대체 어디가 아픈 거죠?" 마이크가 빈정거렸지만, 천사는 개의치 않았다.

"우리가 아파요, 마이클." 그린이 말했다. "지금 이 순간 신체의 모든 세포가 당신의 불편한 심기를 느끼고 있어요. 따라해 봐요, 마이클. '우리가 아파요.'" 마이크는 시키는 대로 했다.

"우리가 아파요." 마이크가 시큰둥하게 반복했다.

"발가락을 치유해도 되겠어요?" 그린이 물었다.

"네." 마이크는 이제서야 흥미가 생겼다.

"그럼 허락한다고 말해요." 그린이 말했다.

"당신이 내 발가락을 치유하는 것을 허락합니다." 마이크가 말했다.

"틀렸어요!" 그린이 다시 큰소리로 외쳤다. 마이크는 어디가 틀렸는지 금방 알아챘다. 그는 다시 말했다.

"당신이 치유하도록 허락할게요……" 마이크가 잠시 머뭇거렸다. "우리가…… 그러니까 제 말은…… 우리 모두를요." 그린은 여전히 뭔가 못마땅했다.

"마이클, 내가 치유하도록 허락하지 말고, 치유 자체가 이루어지도록 허용해 봐요." 마이크는 이 말을 깊이 생각해 본 뒤 문장을 고쳐 다시 말했다.

"나는 치유를 허용합니다. 우리 모두가 아픕니다. 치유가 되면 우리 모두에게 도움이 될 겁니다."

"그럼요, 그렇고말고요!" 그린이 신나게 손뼉을 치며 열정적으로 외쳤다. "잘했어요, 순수한 의도의 마이클 토마스! 방금 당신의 발이 치유됐어요!"

갑자기 발가락이 더 이상 욱신거리지 않았다. 피멍이 들었던 발가락은 다시 원래의 분홍빛으로 돌아왔고, 온몸에서 느껴지던 통증도 사라졌다. 그린이 마이크에게 가까이 다가왔고, 이번에는 그도 그린을 저지하지 않았다.

"마이클, 방금 무슨 일이 일어났는지 알아요?" 그린의 목소리는 온화하고 다정했다. "그런 것 같아요. 하지만 좀 더 자세히 설명해 주세요." 마이크는 방금 전 경험으로 기운이 쭉 빠져 있었다. 통증 때문에 완전히 지쳐버렸다. 그린이 계속 말했다.

"다시는 당신을 고통스럽게 하지 않을게요, 사랑하는 친구여. 약속해요. 통증 말고도 당신이 방금 경험한 것들을 이제 설명할 거예요. 당신은 방금 신체의 일부가 아프면 다른 부분까지 영향을 미친다는 것을 배웠어요. 일종의 총체적인 경험이죠. 지금 많이 피곤할 거예요, 그렇죠? 이게 단순히 발가락만 관련된 문제였다면 왜 얼굴 전체가 일그러졌겠어요? 화는 왜 났고요? 발가락이 나한테 소릴 질렀나요? 아뇨. 몸 전체가 나한테 고함을 질렀어요! 발가락이 고통을 느끼긴 했지만 온몸으로 반응한 거죠. 발가락이 문제의 원인이긴 했지만, 장담컨대 모든 세포가 그 사건을 인지하고 있었어요. 기쁨, 즐거움, 열정, 진리에 대한 자부심도 모두 마찬가지예요. 세포 하나하나가 모든 것을 느끼고 전체를 자각해요." 그린은 강조하기 위해 잠시 말을 멈췄다. "영적 깨달음과 신에 대한 탐구도 마찬가지고요."

"그럼 정확히 어디에서 깨달음을 얻게 되는 거죠, 그린?" 이번엔 농담이나 발을 짓밟은 방식 말고 직접적인 대답을 듣고 싶었다.

"몸의 모든 세포에서요, 마이클 토마스. 세포 하나하나가 전체를 인식하고 있어요. 각 세포가 다른 세포들을 인지하는 건 당연하고요. 한 인간을 구성하는 세포가 다 함께 진동해요." 그린이 잠시 가만히 있다가 다시 한 번 강조할 셈으로 마이크를 마주보고 앉았다. "당신이 여기에 온 이유는 진동 주파수가 증가할 때 어떤 현상이 일어나는지 배우기 위해서예요. 수업을 본격적으로 시작하기 전에—신체의 일부분을 따로따로 분리해서 보는 게 아니라—당신 자신을 모든 것을 인식하고 있는 하나의 세포 집단으로 볼 수 있어야 해요."

"그렇게 할 수 있을 것 같아요." 마이클이 강한 의지를 내비쳤다.

"그럼요." 그린이 활짝 웃으며 자리에서 일어났다. "준비됐어요?" 발가락 부상의 충격이 아직 가시지 않은 듯 마이크는 대답하면서 자기도 모르게 발에 손이 갔다.

"네."

그때부터 인체 해부학과 건강에 대한 강의가 몇 시간 동안 이어졌다. 의과 대학에서 하는 수업 같은 건 아니고, 간소한 생활이라든지 건강 유지를 위한 실질적인 조언이었다. 하지만 다양한 분야에 걸쳐 심도 있는 정보가 끊임없이 흘러나왔다! 무엇을 먹어야 할지, 어떻게 에너지를 유지해야 할지, 언제 그리고 왜 운동을 해야 하는지, 운동을 해야 할 때를 어떻게 아는지도 알려주었다. 수업 내내 그린은 마이크가 자신을 '우리'로 인식하는지 계속 확인했다. 마이크는 더 이상 신체를 따로 분리해 보아서는 안 될 것 같았다. 그린은 그래야 한다고 고개를 끄덕였다.

그날 밤 마이크는 깊은 숙면을 취했고 악몽도 꾸지 않았다. 아침이 되자 그린은 다시 그의 침대 곁에 나타나 그가 아침을 먹는 것을 지켜보았다. 이번에는 그린이 마이크가 먹는 음식의 종류를 일일이 설명했다. 마이크가 어떤 음식을 먹든 개의치 않았지만, 마이크가 음식을 씹을 때마다 그 음식이 어떤 식품군에 속하는지 설명했다. 마이크는 그린이 하는 말을 하나도 빼놓지 않고 귀담아들었다.

그 다음 며칠 동안 마이크는 운동을 했다. 어떤 날은 전투 장비의 감각을 잊지 않기 위해 검과 방패를 차고 갑옷을 다시 입기도 했다. 마이크는 전투복 입는 날이 가장 좋았다. 전투복을 입고 몸에 딱 맞는 장비들에 감탄하면서 그동안 자기가 검과 방패 그리고 갑옷을 얼마나 그리워했는지 새삼 깨달았다.

그린은 마이크에게 음식, 식물, 약초에 대해서는 물론 어떻게 몸이 스스로 균형을 유지하는지도 가르쳐주었다. 마이크는 자신도 모르는 것을 세포들이 알고 서로 협력해서 일하는 방식에 혀를 내둘렀다. 모든 것이 놀라웠다! 그린은 각각의 신체 기관과 세포에는 미세한 자기磁氣 극성이 있고, 세포들이 애초의 완벽한 상태를 '알기' 때문에 스스로 균형을 찾아나간다고 했다. 몸이 균형을 이루면 모든 세포는 스스로 완벽하게 재생된다고 했다. 마이크는 몸이 어떻게 끊임없이 재생되는지도 배웠다. 그러다 마이크는 그린에게 흥미로운 질문을 던졌다. "나의 세포들, 아니 '우리'가 생물학적인 균형에 관해서는 상당히 똑똑한 것 같아요. 그런데 제가 이 과정에 대해 아무것도 모르면 어떻게 되죠? 균형이 잘 유지되도록 제가 할 수 있는 일은 없나요? 저는 정말 세포들이 아는 지식을 하나도 모르거든요. 여기서

128

저의 역할은 무엇인가요?"

"그런 질문을 하다니 재미있군요, 순수한 의도의 마이클 토마스!"
그린은 유난히 '순수한 의도'라는 말을 강조했고, 마이크는 이제 그
린의 강의가 시작되리란 것을 알았다.

그린이 말했다. "당신은 그냥 좋은 환경에서 적절한 음식을 먹고 적
당한 운동을 함으로써 몸을 소중히 여기기만 하면 돼요. 그러면 나머
지는 몸이 다 알아서 할 거예요. 그렇게만 해도 당신의 생물학적 시스
템이 몹시 행복해하며 바쁘게 움직일 거예요. 이제 당신의 영이 시험
을 받을 때가 된 것 같군요. 몸이 결코 스스로 할 수 없는 게 하나 있
는데, 그것은 당신이 직접 해야 하는 거예요. 그게 뭔지 알아요?"

마이크는 알 것 같았다.

"네, 알아요, 그린." 마이크는 지금까지 살면서 자신이 이렇게 건강
하다고 느낀 적이 없었다. 그는 이제 알몸으로 있는 게 창피하지 않
았다. 특히 그린 앞에서는. 그린은 천천히 변하는 마이크의 모습이
감탄스럽다며 칭찬을 아끼지 않았다. 그린은 최고의 스승인 동시에
자상한 아버지 같았다. "이제 선택할 때가 된 것 같아요." 마이크가
뜬금없이 말을 뱉었다.

그린은 기쁨에 겨워 어쩔 줄 몰라 했다. "지금껏 이렇게 빨리 깨달
은 인간은 없었어요!"

마이크는 그린의 반응에 놀라며, 마침내 자기가 뭔가 옳은 말을 했
다는 걸 알았다. 갑자기 그린이 방 안을 휙휙 날아다니면서 중력을
거슬러 형체를 바꿀 수 있는 자신의 능력을 뽐내기 시작했다. 자기만

을 위한 그린의 쇼라는 걸 알지 못했다면 그 광경은 약간 무서웠을 것이다. 흥분이 좀 가라앉자 그린은 다시 마이크 앞에 마주섰다. 그는 다시 녹색의 천사 모습으로 돌아왔지만, 여전히 흥분과 기쁨을 감추지 못하며 눈을 크게 뜨고 마이크를 응시했다.

그가 미소를 지으며 물었다. "순수한 의도의 마이클 토마스, 어떤 선택을 했나요?"

"영의 새로운 선물을 이용해 저의 진동 주파수를 늘리기로 했어요." 이번에도 자신이 제대로 말했다는 것을 마이크는 알 수 있었다. 마이크의 지혜가 점점 몸 밖으로 확장되기라도 하듯 그린이 몇 걸음 뒤로 물러났다. 그린은 완전히 감동받은 얼굴이었다.

"꼭 그렇게 될 거예요, 마이클 토마스!" 그린이 외쳤다. "바로 그거예요. 당신의 세포는 스스로 깨어날 수가 없어요. 오직 당신 안에 있는 신, 곧 영만이 할 수 있죠. 당신의 영이 깨어나기로 선택하면 모든 세포가 그 선택을 알고 반응해요. 발가락을 다쳤을 때 당신의 영이 다친 사실을 알고 있었던 것처럼요. 당신이 진동 주파수를 올리기로 선택한 순간 당신의 발가락도 그 선택을 알게 되죠. 당신의 모든 세포가 지금 이 순간을 축하하고 있어요, 마이클. 오늘 당신이 어떤 결심을 했는지 모두 알고 있죠. 오늘은 이제 그만 쉬어도 될 것 같군요."

오늘은 정말 근사한 날이었다. 마이크는 영적인 개념들을 훨씬 더 이해한 기분이었다. 사실 오늘 그가 내린 선택은 아주 특별한 선택이었다. 그린은 침실로 오는 길에 지금까지 마이크가 원한 것 중에서 가장 중요하고 신성한 것을 선택했다고 말했다. 그린은 영적 단계로 더 나아갈 때마다 마이크 자신의 허락을 통해 몸이 생물학적으로 균형을 이루도록 해야 한다고 말했다. 그린은 마이크가 자랑스러워 평상시보다 더 정중하게 대했다. 침실 문 앞에 이르러 그린은 마이크를 다시 한 번 바라보며 말했다.

"순수한 의도의 마이클 토마스, 지금까지는 내가 이쪽에서 사라졌다가 아침이 되면 돌아오곤 했어요. 그게 우리의 일과였고요. 내가 당신을 정말이지 가슴 깊이 사랑한다는 걸 말해주고 싶군요. 이제 당신은 진동 주파수가 변하면 어떤 현상이 일어나는지 배우고 거기에 익숙해져야 해요. 내가 일전에 절대 당신을 아프게 하지 않을 거라고 약속했지요. 앞으로도 난 그럴 거예요. 이제부터 당신이 감당할 만한 속도 안에서 많은 일들이 벌어질 거예요. 마음의 상처는 외적인 요인 때문이 아니라 내적인 요인 때문에 입게 되는 거예요. 앞으로 모든 것이 달라질 거예요. 오늘밤은 그냥 평범한 한 인간으로 잠자리에 들겠지만, 내일이면 전혀 다른 존재가 되어 있을 거예요. 앞으로 당신의 진동 주파수가 바뀌면서 많은 변화를 겪게 될 것이고 시험에도 들게 될 거예요."

그린은 오랫동안 마이크를 응시했고, 마이크는 자신을 극진히 아끼고 존중하는 그린의 마음을 느낄 수 있었다. 마이크는 지금 이 상황이 뭔가 평상시와 아주 다르다는 걸 알았다. 그는 그린이 좀 더 자세히 설명해 주길 원했다. '도대체 뭐가 달라진다는 거지? 내일이면 알 수 있으려나? 내일 수업 내용은 뭐지? 지금 당장 말해줘요!'

마이크는 그 질문을 입 밖으로 내뱉지 않았고, 그린 역시 마이크의 생각을 못 들은 척했다. 그 대신 그린은 아주 천천히 방에서 멀어져 갔다. 전혀 그린답지 않은 행동이었다. 뭔가 변하고 있었고, 마이크는 불길한 예감이 들었다. 그는 벽에다 대고 큰소리로 외쳤다.

"베일의 저편에 있는 '집'으로 가려면 꽤 극적인 변화가 필요한가 보군요." 마이크는 침대에 걸터앉았다. "설마 집에 도착하기 전에 제가 천사가 되거나, 당신네들처럼 몸 색깔이 완전히 변하는 건 아니겠죠!" 이런 생각을 하자 마이크는 실실 웃음이 나왔다. 예전에 그랬던 것처럼, 천사 중 한 명이 이 말을 듣고 대꾸를 할 거라 예상했지만 돌아오는 것은 침묵뿐이었다. 몸 안에서 벌써 뭔가 변화가 시작되고 있었다. 명치 쪽에서 진동이 느껴지며 으슬으슬 추웠다. 그는 빨리 잠자리에 들어야 한다는 것을 알았다.

그날 밤 마이크는 잠을 설쳤다. 그는 그린이 보고 싶고 또 그가 필요했기 때문에 어서 5시 30분이 되기만 기다렸다. 그는 갑자기 불안해졌다. 깼다 다시 잠이 들 때마다 똑같은 꿈이 반복되었다. '그것'이 그를 노려보고 있었고, 매번 소름 끼치는 무언가에 붙잡혀 죽는 꿈이었다! 사체가 절단되는 순간 자신의 비명 소리에 놀라 땀과 두려움이 범벅이 된 상태로 깨곤 했다. 깨어서 보면 적막만이 감돌았다. 다시 잠이 들면 또 같은 꿈을 꾸었다. 꿈속에서 몇 번이나 그가 죽었을까? 다섯 번? 여섯 번? 도대체가 끝이 없었다. 그는 계속해서 죽는 꿈을 꾸었다. 죽는 방식은 매번 조금씩 달랐다. 꿈을 꿀수록 내용이 점점 생생해졌다. 더 이상 감당할 수 없을 정도가 되자 그는 흐느껴 울기 시작했다. 베개에 머리를 파묻고 흐느끼는데 마치 자신의 영혼을 모두 비워내는 것 같았다. 지금껏 살면서 그렇게 깊은 슬픔을 느껴본 적이 없었다! 부모님이 돌아가셨을 때도 이렇게까지 슬프지는 않았다. 그는 소리 내 엉엉 울다가 급기야 대성통곡을 하기 시작했다.

마이크는 자신과 부모님을 생각하며 울었다. 실연失戀과 자신이 놓친 기회를 떠올리며 울었다. '그것'이 실제로 자기를 죽인 것만 같았고, 결국엔 자신의 죽음을 애도하며 울었다. 울면 울수록 마음의 상처와 고통스런 기억이 표면으로 떠올랐다. 그는 격한 슬픔과 비탄에 휩싸여 몸도 제대로 가누지 못하고 통곡했다.

마이크는 울다가 완전히 지친 상태로 잠이 들었다가 몇 시간 후 깨어났다. 뭔가 이상했다. 날이 환하게 밝아 있었다. '그린이 어디에 있지? 왜 내가 늦잠을 자도록 내버려뒀지?' 마이크는 일어나자마자 간밤의 오열로 배 근육이 땅기는 것을 느꼈다. 그는 옆구리를 만지며 "이런, 우리가 아프군!" 하고 자신의 몸에 대고 말했다.

마이크는 늘 식사가 차려져 있던 방으로 갔다. 하지만 거기엔 음식이 없었다. 그는 녹색 가운을 입고 그린을 찾기 시작했다. 지금껏 익숙했던 방들이 약간 갈색 빛이 도는 칙칙한 녹색으로 변해 있었다. 채광 때문인가? 그러고 보니 빛도 잘 들어오지 않았다. '그린은 어디에 있지? 여기가 왜 이러지?'

"그린, 어디에 있어요?" 아무런 반응이 없었다.

집안 곳곳을 둘러봤지만 녹색 천사는 어디에도 없었다. 결국 배고프고 지친 상태로 마이크는 그린이 강의하던 방에 들어가 혼자 앉았다. 당혹스러웠고, 눈앞이 깜깜해지는 것 같았다. 영적 여행과는 전혀 어울리지 않는 느낌이었다. 그는 그 느낌이 뭔지 알아냈다. 이 모든 일들이 벌어지기 전, 로스앤젤레스에서 살던 때 오래토록 시달렸던 우울증의 느낌이었다.

"도대체 어떻게 된 거죠?" 그가 큰소리로 물었다. 하지만 오직 적막만이 감돌았다. "다들 대체 어디에 있는 거예요? 블루? 오렌지? 그린? 이봐요, 당신들이 필요하다고요!" 여전히 침묵만 이어졌다.

마이크는 우울증이 재발하고 있다는 것을 알았다. 무슨 일이 생기든 누가 뭘 하든 상관치 않던 예전의 상태로 다시 돌아갈 것만 같았다. 하지만 자신이 그렇게 되도록 넋 놓고 있을 수만은 없었다.

"좋아요, 당신들이 도와주지 않으면 내 맘대로 할 거예요!" 뭘 해보겠다는 건지 자신도 알지 못했지만, 마이크는 지푸라기라도 잡는 심정으로 외쳤다! 그는 침실로 돌아가 방을 둘러보았다. 옷장을 여는 순간 지도가 생각났다! 지도가 도움이 될지도 몰랐다. '시시각각 변하는' 영적인 나라에서 뭔가 일이 꼬일 때마다 지도가 큰 도움이 됐었다. 마이크는 금방 두루마리를 찾아 펼쳤다.

마이크는 자신이 본 것을 믿을 수가 없었다. 지도를 보며 너무 기가 막혀 슬그머니 옆으로 지도를 치웠다. 그는 가운을 입은 채 다시 침대 속으로 들어가 이불을 뒤집어썼다. 시간은 이제 겨우 오후 1시였다. 지금이 몇시든 마이크는 개의치 않았다. 그는 벽을 응시했다.

항상 '당신은 여기에 있습니다'라는 표시가 있던 양피지에 글씨는 온데간데없고 검정 얼룩만 남아 있었다. 지도엔 아무런 표시도 없었다. 지도가 죽은 것이다. 지도는 더 이상 마법을 부리지 않았다.

지난밤 진짜로 '그것'이 집에 침입해 마이크를 죽인 것일까? 잠자면서 마이크가 경험한 것은 꿈이었을까 아니면 진짜였을까? '그것'이 천사들도 모두 죽인 것일까? 어떻게 이럴 수가 있지? 마이크는 암담함과 우울증에 맞서 싸웠다. 모든 것을 하나씩 따져보면서 좀 더 느긋한 마음으로 그린이 한 말을 기억해 보려고 애썼다. 정신이 조금씩 맑아지며 그린이 했던 말이 떠올랐다. "이제부터 겪게 될 고통은 스스로 만들어낸 거예요. 앞으로 모든 것이 달라질 거예요. 당신을 아주 많이 사랑해요." 이게 그린의 작별 인사였나? 마이크는 처음의 그 장엄한 흰색 존재가 했던 말도 떠올렸다. "보이는 것이 전부가 아니에요……" 마이크는 그 말들을 계속 곱씹어보았다. 그는 신을 믿었다. 결국 이 모든 것은 자신을 시험하는 속임수였다!

마이크가 지금 상황에서 할 수 있는 것이 딱 하나 있었다. 그는 침대에서 벌떡 일어나 얼른 갑옷을 입었다. 갑옷의 느낌이 별로 좋지 않았다. 생각했던 것보다 훨씬 무거웠고, 검을 들고 있자니 꼭 얼간이가 된 기분이었다. 하지만 상관없었다. 마이크는 자랑스럽게 갑옷을 입은 다음 큰소리로 외쳤다. "그 무엇도 나의 영을 좌절시키지는 못하리라! 나는 우울증을 극복했노라!"

침묵과 공허한 말만 있을 뿐 아무런 반응이 없었다. 사랑이나 존중을 받는 느낌도 들지 않았다. 마이클 토마스를 신경 쓰는 것은 아무도, 아무것도 없었다. 이상한 나라는 완전히 텅텅 비고, 오직 있는 것이라곤 마이클 토마스뿐이었다.

마이크는 정신을 똑바로 차리려고 애를 썼다. 절대 포기할 수 없었다! 그는 전투복을 갖춰 입은 채로 교실로 가서 학생 의자에 앉았다. 개미 소리 하나 안 나는 완전한 침묵 속에서 그는 해가 질 때까지 의자에 앉아 기다리며 관찰했다. 해가 지고 나서도, 촉각을 곤두세우고 앉아 기다리고 또 기다렸다. 뭘 기다리는지 자신도 몰랐지만, 어쨌든 그는 아름다운 나라에 들어오기 전 완전히 극복했던 우울증에는 절대 굴복하지 않았다.

마침내 깜깜해진 방에서 그는 꾸벅꾸벅 졸기 시작했다. 이번엔 자다 깨다를 반복하지 않았다. 어지럽던 마음에 평화가 찾아오기 시작했다. 어떤 상황에서도 마음의 평화를 얻을 수 있는 내면의 힘이 발휘되기 시작했다. 잠을 자고 있을 때, 검이 마이크의 새롭게 변화된 진동 주파수에 반응해 부드럽게 진동하며 '노래'를 불렀지만, 마이클 토마스는 이 사실을 전혀 알지 못했다. 새롭게 변한 그의 생물학적 시스템에 반응하여 방패가 은은하게 빛나고 있었지만, 마이클 토마스는 이 사실을 전혀 알지 못했다. 마이클의 DNA에서 새롭게 깨어난 근원source의 영적 지시에 화답하며 갑옷이 그를 따뜻하게 감싸 안았지만, 마이클 토마스는 이 사실을 전혀 알지 못했다. 마이클 토마스의 모든 세포가 변하는 중이었고, 변형의 과정은 거의 끝나가고 있었다. 사실 마이크는 아주 깊은 단잠을 자고 있었다.

· ◆ ·

다음날 아침 마이크가 일어났을 때는 뭔가 달라져 있었다. 그는 여전히 밤새 앉아 있던 의자에 있었지만, 어쩐지 방이 더 밝고 쾌적해 보였다. 의자에서 일어나며 자신의 마음속을 들여다보았다. 이상하게도 그가 제일 먼저 확인한 것은 '아직도 혼자인가'가 아니라 자기가 '지금 괜찮은가'였다. 그의 우울증이 말끔히 사라진 것이다! 마이크는 여전히 전투복을 입고 있었지만, 입었다는 느낌이 전혀 없었다. 그는 오늘도 굶게 될지 궁금해 하면서 음식이 늘 차려져 있던 방으로 활기차게 걸어갔다. 복도 중간쯤 걸어가자 더할 나위 없이 맛있는 음식 냄새가 그를 반겼다. 마이크는 모든 것이 다시 좋아지리라는 걸 알았다.

마이크는 음식을 처음 먹어보는 사람처럼 게걸스럽게 먹었다. 거의 아사할 지경이었고, 앞에 차려진 음식을 보자마자 입으로 들어가는지 코로 들어가는지도 모르게 정신없이 먹어댔다. 입에 음식을 한 가득 쑤셔 넣고 큰소리로 노래까지 불렀다!

"엄마, 지금 제 모습을 한번 봐야 해요!" 계란 노른자를 입가로 흘리면서 마이크가 외쳤다. "이런 매너 없는 모습을 보면 되게 창피해 하실 거야."

"어머니는 지금 당신을 굉장히 자랑스러워하고 있어요, 마이크." 그린이 출입구에 서 있었다. "우리 모두도 그렇고요."

마이크는 자리에서 일어나 자신의 녹색 친구에게 예의를 차렸다. 천사를 보자 그는 뛸 듯이 기뻤다.

"그린!" 마이크가 기쁨에 겨워 소리쳤다. "다시는 못 보는 줄 알았어요. 여기 와서 저랑 같이 앉아요!" 마이크는 자리에 앉아서 먹던 음식을 마저 먹었다.

거구의 천사가 식탁으로 와서 마이크 앞에 앉았다. 하지만 그는 마이크가 먼저 말을 꺼내기만 잠자코 기다렸다. 자신의 인간 친구가 지난밤 일에 대해 물어볼 것이 많다는 것을 알았지만, 그린은 마이크가 언제쯤 질문을 할지 궁금했다. 마이크는 아무 말 없이 계속 흥얼거리며 먹기만 했다. 그는 바보처럼 실실 웃으면서 반짝이는 눈으로 그린을 쳐다봤다. 그린은 마이크의 몸을 훑어보며 전투복에 변화가 생겼음을 눈치 챘다. 그는 더 이상 입 다물고 있을 수가 없었다.

"검이 멋지네요." 짐짓 능청을 떨며 그린이 말했다.

자기가 맨 처음 이곳에 왔을 때 그린이 내뱉은 첫마디가 그 말이었다는 게 떠올라 마이크는 웃음을 터뜨렸다. 그 바람에 입안에 있던 음식이 사방으로 튀자, 위대한 녹색의 존재도 함께 웃기 시작했다. 둘은 처음으로 다정하게 서로를 껴안았다. 천사의 몸에 손을 대는 것이 처음이었지만, 지금이 포옹을 해야 할 순간이란 걸 직감적으로 알았다. 웃음도 멈춰지지 않았다. 이제 마이클은 자신의 영혼에서 흘러나오는 음악에 맞추어 장엄한 녹색 천사와 춤을 추고 있었다. 한바탕 소란으로 식탁에서 굴러 떨어진 베이글과 빵을 짓밟으며 둘은 느릿느릿 스텝을 밟았다. 블루베리 머핀 조각이 발가락 사이에 끼고 방이 난장판이 되었지만 그는 개의치 않았다.

여흥이 가라앉고 다시 자리에 앉으면서도 마이크는 숨도 못 쉬고 웃느라 가슴이 들썩였다. 마침내 그는 앞에 서 있는 그린에게 말했다.

"당신이 다시 돌아올 줄 알았어요."

"어떻게요?"

"나를 사랑한다고 했으니까요."

"맞아요." 그린이 미소를 지으며 대답했다. 마이크는 다 식어버린 음식을 다시 먹기 시작했다. 그가 잠시 먹는 걸 멈추고 물었다.

"정말 제 엄마 아빠가 저를 볼 수 있나요, 그린?" 이건 그에게 가장 중요한 질문이었다. 그는 방금 전 그린이 방에 들어오면서 했던 말을 기억했다.

"그 질문을 가장 먼저 하다니 상당히 흥미롭네요. 사실, 변화를 겪고 나서 가장 먼저 던지는 질문이 무엇이냐에 따라 그 사람의 새로운 각성 수준을 측정할 수 있거든요. 가끔 여기 천사들은 변화를 겪고 난 인간이 어떤 질문을 가장 먼저 할지 서로 내기를 하곤 해요. 일반적으로 가장 먼저 물어보는 게 있는데, 당신은 그 얘기를 아직 꺼내지도 않았어요. 우리가 이 방에 꽤 오래 있었는데도 말이죠. 그런데 당신은 부모님에 대해 먼저 묻네요. 참으로 당신은 특별한 인간이에요!"

확실하진 않았지만 마이크는 그린이 부쩍 감정이 풍부해졌다는 생각이 들었다. 천사도 그럴 수 있는지는 모르겠지만 말이다. 그린은 잠자코 있다가 다시 말했다.

"그래요, 마이클 토마스. 당신 부모님은 당신을 볼 수 있고, 지금 당신을 무척 자랑스러워하고 있어요." 그린은 다음 질문을 기다렸다.

마이크는 그린이 한 말을 곰곰이 생각했다. 마이크가 다시 말했다. "어제 무슨 일이 있었는지 알 것 같아요."

그린이 고개를 옆으로 갸웃하며 말했다. "그래요? 말해봐요, 그럼." 그린이 귀를 쫑긋 세웠다. 일반적으로 이때쯤이면 모든 것이 사라져버린 전날의 경험으로 아직 얼떨떨해하는 인간에게, 왜 그렇게 끔찍하고 외로운 여행을 하며 영혼의 어두운 밤을 견뎌내야 했는지 하루 종일 설명하는 것이 관례였다.

"전 변했어요, 그린. 당신이 말한 대로요. 뭔가 달라진 걸 느껴요. 그러니까……" 마이크는 잠시 말을 멈췄다. "'우리'가 좀 더 강력해진 것 같아요. 전 예전과는 다른 방식으로 당신의 존재를 자각하고 있어요. 뭐랄까 단순히 스승의 역할을 하는 존재가 아니라……" 마이크는 적합한 단어를 찾아내느라 약간 길게 뜸을 들였다. 기다리다 못한 그린이 끼어들었다.

"가족이요?"

"맞아요!" 마이크가 재빨리 맞장구를 쳤다. 잠시 생각을 정리하더니 그가 계속 말했다. "어제 일은…… 처음엔 저를 시험하는 건 줄 알았어요. 근데 시험이 아니었어요." 마이크가 자기 생각을 스스럼없이 털어놓도록 그린은 잠자코 듣기만 했다. "어제 일에 대해 당신이 나중에 더 자세하게 설명해 줄 거라는 거 알아요. 그런데 그 이유가 뭔지는 알 것 같아요." 마이크는 마치 학생에게 강의를 하듯 천천히 또박또박 말했다. "그린, 제 몸의 모든 세포가 갑자기 반응을 멈춘 것 같았어요. 스위치를 끄고 서서히 죽어가는 것 같았죠. 어디에도 위로해 주는 사람 하나 없고, 심지어 제가 살아야 할 이유도 모르겠더라고요. 전 그때 아무런 느낌이 없었어요. 그런데 지도를 보고 나서야 무슨 일이 벌어지는지 알았어요. 지도를 보자 감이 왔고, 비로소 상황 파악이 되기 시작했어요."

그린은 마이크의 깊은 통찰력에 탄복했다. 지금까지 그린의 집에서 많은 학생이 수업을 받았지만, 이렇게 정확하게 진동의 변화 과정을 인식한 사람이 없었다. 보통 이 과정을 설명하려면 상당한 시간이 필요했다. 그린은 마이클 토마스가 매우 특별한 존재임을 알아챘다. 그린은 자신의 학생이 무척 자랑스러웠고 사랑스러웠다. 마이크가 계속 말했다.

"지도 역시 죽어 있었어요. 전 이도저도 아닌 상태였고. 그때서야 감이 왔어요. 이번 영적 선물을 받으려면 저는 다시 태어나야만 했던 거예요. 하루 종일 몸의 전원이 나갔다가 새로운 회로에 전류가 다시 흐르는 것처럼요. 이 과정이 진행되는 동안 정신을 잘 차리고만 있으면 결국엔 모든 게 괜찮아질 거라는 걸 알았어요. 당신이 저에게 사랑한다고 말하던 모습을 마음속으로 그려봤어요. 시각화만이 유일하게 효과가 있었으니까요. 당신을 떠올리며 제가 이곳에 온 이유에만 집중했죠." 마이크는 그린을 쳐다보았고, 그린은 미소로 화답했다. 그는 눈물이 나려는 걸 애써 참았다. "제가 맞나요?"

"더 이상 설명할 게 없군요, 순수한 의도의 마이클 토마스." 자신의 말을 좀 더 강조하려고 그린은 자리에서 일어섰다. "이거 하나만 더 알려줄게요. 당신에 대한 나의 사랑을 생각했을 때 당신은 나만 떠올린 게 아니에요. 나는 전체의 일부예요, 마이클. 당신이 나에게 말을 할 때 당신은 전체에게 말하는 거예요. 당신 또한 전체의 일부지만, 아직 나만큼 그걸 느끼진 못해요. 당신이 더 높은 주파수로 진동하면 이러한 사실을 잘 자각할 수 있을 거예요. 당신이 그린이라 부르는 존재의 사랑을 느꼈을 때, 사실 당신은 블루, 오렌지, 부모님, 그리고 앞으로 여행길에서 만나게 될 존재들의 사랑까지 느꼈던 거예요. 아직 당신은 그들이 누구인지 모르지만, 그들은 당신을 잘 알고 있어요. 우리는 모두 한 가족이에요, 마이클. 가장 필요한 순간에 당신은 우리가 하나라는 걸 느꼈고요. 당신의 직감이 맞았어요! 훌륭한 재능을 타고났군요!"

마이크는 그린의 말이 아직 끝나지 않았다는 것을 알았다. 그린이 생각을 정리하길 기다리며 잠자코 기다렸다. 이윽고 그린이 말을 계속했다.

"당신이 한 말이 모두 맞아요, 현명한 인간 친구. 더 높은 차원으로 상승하려면 힘든 시기를 겪어야 될 때가 있어요. 그때는 당신이 변할 수 있도록 우리 모두 뒤로 한 발짝 물러서야 돼요. 그때 우리가 당신을 위해 해줄 수 있는 건 아무것도 없어요. 오히려 우리의 에너지가 당신의 영적 진도에 방해가 되죠. 당신한텐 이미 그러한 과정을 이겨낼 수 있는 영적인 힘이 내재되어 있어요. 당신은 가족을 잃어버렸다고 느꼈어요, 마이클. 잠시 혼자 있게 되었을 때 공허하고 버림받은 듯한 기분을 느꼈죠. 그럴 때 당신이 중심을 잃지 않고 버틸 수 있게 해주는 힘은 오직 사랑뿐이에요. 이 집의 교사로서 나는 당신에게 해결책을 알려줄 수가 없었어요. 하지만 당신은 어둠 속에서도 스스로 해답을 찾아냈어요. 이곳에서 새롭게 각성되고 성숙해진 것을 축하해요." 그린은 잠시 말을 멈추고 마이크가 자신의 칭찬을 받아들이도록 시간을 주었다. "다른 질문이 또 있나요?"

"네, 있어요. 그런 일이 또 일어날까요?"

"네, 새로운 진동 주파수로 올라갈 때마다 어려운 시기가 닥칠 거예요."

"다음번에도 잘 이겨내려면 어떻게 해야 하죠?"

그린이 마이크의 얼굴을 똑바로 쳐다보며 진지하게 물었다. "우선, 당신의 마음을 어지럽히는 것이 무엇인지 파악하세요. 하지만 거기에만 매달리지 말고, 좀 더 유익한 것에 집중하세요. 어려운 시기는 일시적일 뿐 언젠가는 지나간다는 걸 잊지 말고요. 오히려 신성한 의식을 거행한다고 생각하세요! 가장 어두운 시기에 일어나는 변화 과정을 존중하세요. 이번에 했던 대로만 하면 돼요, 순수한 의도의 마이클 토마스. 선물과 연관된 존재의 사랑을 고스란히 느끼세요!"

마이크는 무슨 말인지 알아들었다.

• ◆ •

그 다음에도 며칠간 수업이 계속 이어졌다. 마이크의 새로워진 진동 주파수 덕분에 더 많은 정보가 주어졌다. 몸의 미묘한 진동 에너지를 자각하는 법을 배웠고, 몸의 균형이 깨졌을 때 어떻게 알아챌 수 있는지도 배웠다. 그린은 진동 주파수가 변할 때마다 어떻게 수면 형태가 바뀌고 어떤 음식이 더 당기는지 알려줬다. 기억해야 할 게 너무 많았다!

녹색 집에서의 수업이 거의 끝나갈 무렵, 그린은 지금까지 아무도 건드리지 않았던 새로운 주제를 꺼냈다. "이제 성性에 대해 얘기해 볼까요?" 그린이 물었다.

그 말을 듣고 마이크는 놀라 자빠질 뻔했다. 그린이 농담하는가 싶어 그린의 눈을 똑바로 쳐다봤다. "에이, 장난하지 마세요!" 마이크는 당혹스러웠다.

"장난 아닌데요." 그린이 말했다.

누군가 엿듣기라도 할까봐 마이크는 목소리를 낮추며 속삭였다. "그린, 그건 천사들이 할 얘기가 아니에요. 그건 인간들이나 하는 아주 추잡한 거예요. 아주 저급한 욕망이죠. 그런 말을 입에 담다니 놀랐잖아요!" 마이크는 고개를 돌리며 방구석을 향해 말했다. "이런 신성한 곳에서 그런 얘길 하고 싶진 않아요."

그린은 고집을 부렸다. "당신이 생각하는 것과는 달라요, 마이클. 당신은 인간들이 만들어낸 성의 관념에 반응하는 것뿐이에요. 이건 생물학적인 주제이고, 당신이 여기에서 꼭 배워야 할 내용이에요." 그린은 마이크가 방금 자신이 한 말을 생각할 수 있게끔 한동안 조용히 있었다.

마이크는 단념했다. 그는 그린이 가르쳐야 하는 수업 내용은 피해갈 수 없다는 걸 알았다. 그는 고등학생 시절 성교육 시간을 떠올렸다. 어쩌다 운이 나빠 수업을 맡게 된 남자 선생님이 이미 알 만큼 아는 남학생들에게 성에 대해 설명하던. 수업 시간 내내 그들은 계집애들처럼 키득거리며 서로 의미심장한 눈빛을 보냈었다. 마음은 이미 딴 곳에 있었고, 이건 정말 너무 사적인 얘기였다.

"그린, 꼭 해야만 돼요?"

"네."

그러나 그린으로부터 들은 이야기는 인간의 육체적 관계에 대한 마이클 토마스의 관점을 영원히 바꾸어놓았다. 그린은 마치 개인 경험담을 얘기하듯 아주 능숙하게 설명을 했다. 하지만 천사는 성별이 없는 존재가 아닌가! 그는 마이크에게 성관계는 생물학적 시스템의 가장 영적인 측면 중 하나라고 했다. 그린은 충격에 빠진 마이크에게 성관계의 본래 목적과, 아이를 갖는 것 외에 남녀가 그 경험으로부터 무엇을 얻을 수 있는지 설명했다. 두 사람이 함께 특정 방식으로 감정을 이끌어냄으로써 둘이 동시에 의식을 상승시키는 것이 얼마나 멋진 일인지에 대해서도 설명했다. 심지어 욕정을 통제하여 특정 방식으로 승화시켰을 때 신체의 영적인 영역에서 어떤 일이 일어나는지도 예를 들어 설명해 주었다. 사실 성관계는 깨달음을 촉진시키는 촉매제였던 것이다! 강의가 끝나자 마이크는 숙연해졌다.

"정말 믿겨지지가 않아요." 마이크가 두 손에 얼굴을 파묻으며 말했다. "전 지금까지 성관계를 추잡하게만 여겼어요. 뭔가 추하고 어두운 것이요. 인간이 진화하면서 생겨난 육체적 욕망인 줄로만 알았는데, 그게 영적인 행위라고요? 와, 정말 새로운 개념이네요. 성직자들이 이 말을 들으면 뭐라고 할까요?" 마이크가 우스갯소리를 했다. 동물이 교미하는 장면이나 사춘기 때 또래 친구들에게 주워들은 얘기로만 성에 대해 알았던 시골 청년에겐 너무나도 충격적인 정보였다. 마이크는 불현듯 뭔가 떠올라 고개를 들었다.

"그린, 전 놓친 게 너무 많아요! 제가 사랑했던 여자와 이런 경험을 할 수 있었다면 얼마나 좋았을까요? 이젠 너무 늦었지만요."

"과거의 선택을 섣불리 판단하지 말아요, 마이클. 보이는 게 전부가 아니에요. 이 정보를 늦게 접하긴 했지만, 그런 데는 다 나름의 이유가 있는 거예요. 앞으로 여행하면서 이 정보를 실제로 적용해 볼 기회는 없겠지만, 정보 자체는 굉장히 중요해요. 가장 중요한 건 성에 대한 당신의 태도를 바꾸는 거예요. 성관계를 신성한 행위로 보세요. 그러면 당신의 생물학적 시스템을 지금보다 훨씬 더 존중하게 될 거예요."

그린의 말이 맞았다. 남자 인간으로서 마이크 역시 여전히 성에 대한 환상을 품고 있었다. 이렇게 신성한 장소에서도 말이다. 그는 그런 성적 환상을 부적절하거나 불결하다고 느끼는 대신, 있는 그대로 받아들이고 존중해야 했다. 이는 마이크에게 아주 의미 있는 일이었다. 마이크는 어떻게 퍼즐 한 조각이 끼워져 전체 그림이 완성되는지 이해가 되었다. 그러자 그는 자신이 좀 더 완전해진 것 같았다. 이제 자신의 몸에서 가장 은밀한 부위까지 '우리'에 합류돼 존중받게 된 것이다! 마이크는 그런 생각을 하며 깔깔대고 웃었다. 그린도 마이크의 인식이 변하는 것을 보며 활짝 웃었다.

다음날이 되자 마이크는 떠날 때가 되었음을 알았다. 그는 녹색 집의 보이지 않는 존재들이 만들어준 환상적인 새 옷을 입었다. 녹색의 집에서 일어난 일들은 그의 인생에서 가장 심오한 경험이었다. 그는 무슨 말을 해야 할지 모른 채로 따사로운 햇살을 받으며 그린과 함께 녹색 오두막집의 문간에 서 있었다. 마이크는 기분이 좋았다. 새 옷 위에 걸친 전투 장비는 더없이 훌륭해 보였고, 옷감이 몸에 닿는 촉감도 정말 좋았다. 모든 것이 몸에 딱 맞았다. 지난 몇 주간 훈련을 받고 운동을 해서 몸의 치수가 달라졌는데, 어떻게 이렇게 딱 맞게 옷을 재단했는지 그저 놀라울 따름이었다.

그린이 그를 면밀히 살피다가 마이크의 무기에 시선이 멈추더니 무슨 말인가 하려고 했다. 그 순간 마이크가 재빨리 끼어들었다.

"알아요, 알아. 검이 멋지다고요?"

이번엔 그린이 먼저 웃음을 터트렸다. "감히 녹색 천사의 말을 가로채다니, 대단한 걸요." 따사로운 햇살을 받으며 서 있는 동안 둘 사이에 어색한 침묵이 이어졌다. 마이크가 먼저 말을 꺼냈다.

"당신을 다시 보게 될 거라고 약속해 줘요."

"약속해요." 그린은 주저함 없이 즉각 대답했다.

"저에게 물어볼 게 있나요?" 지금까지 다른 집에서 떠나기 전에 늘 들었던 질문, 일종의 외교 의례를 떠올리며 마이크가 말했다.

"네, 있어요. 당신은 이미 그게 무엇인지 알고 있고요." 그린이 마이크를 강렬한 눈빛으로 쳐다보며 말했다. "내가 묻기 전에 대답하겠어요?"

"네, 그럴게요." 경건한 의식을 치르듯 마이클 토마스가 말했다. "나는 진심으로 신을 사랑합니다. 나의 의도는 순수하며, 나의 육체는 당신들 모두의 영Spirit과 함께합니다. 그 어느 때보다 당신들의 진동을 가깝게 느끼며, 그런 친밀함 속에서 목적 의식과 신성함 그리고 소속감을 느낍니다. 나는 집에 가고 있습니다."

그린은 더 이상 할 말이 없었다. 예전 같았으면 천사가 먼저 말 한 마디 없이 집 안으로 들어갔겠지만, 이번엔 마이크가 먼저 작별 인사 없이 떠났다. 그는 다음 집이 나오게 될 북쪽을 향해 성큼성큼 걸어갔다. 그린은 현관문에서 마이크가 더 이상 보이지 않을 때까지 서 있었다. 그러곤 마치 자신에게 말하듯 큰소리로 외쳤다.

"순수한 의도의 마이클 토마스, 만약 다음 집에서도 무사히 살아남으면 그대는 내가 생각하는 전사가 되어 있을 거예요." 그린은 뭔가를 기다리며 여전히 현관문 앞에 서 있었다.

얼마 되지 않아 혐오스럽고 추한 녹색의 생물체가 슬그머니 녹색 집을 지나쳐갔다. '그것'은 그린을 똑바로 쳐다보더니 자신의 사악한 목표를 달성하기 위해 마이크를 뒤쫓아갔다. 천사는 아무 말도 하지 않았다. '그것'을 아는 척하거나 인사도 하지 않았다. 그린은 '그것'에 대해 훤히 알고 있었다. 그는 마이크도 조만간 그렇게 되리란 걸 알았다. 그 생각을 하며 그린은 미소를 지었다.

"이 둘의 맞대결은 정말 볼 만하겠군!" 그가 말했다. 그러곤 돌아서서 녹색 집으로 들어갔다.

8.
네 번째 집: 책임의 집

마이크는 여행을 시작한 이래 가장 상쾌한 기분으로 별 생각 없이 길을 걸어 나갔다. 새로운 맞춤옷과 전투 장비는 마치 한 벌인 것마냥 딱 들어맞았고 이곳과도 잘 어울렸다. 그는 이상하리만치 주변 환경이 익숙하게 느껴졌다. 그가 실제로 시간을 보낸 곳은 대부분 다양한 집들이었지만, 늘상 걸었던 것처럼 길이 무척 익숙했다. 주변의 풍경도 서서히 눈에 들어오고 냄새도 맡기 시작했다. 지구에서의 삶에 대한 기억은 희미해지고, 새로운 나라의 특이한 환경이 내 집처럼 편하게 느껴졌다. 게다가 이곳이 처음인데도 자꾸만 예전에 봤던 것들이 다시 '기억나는' 듯한 느낌이 들었다.

마이크는 자신의 새로운 힘을 예민하게 느꼈다. 그는 사실 자신이 원래부터 이곳에 있었던 것만 같았다. 최근에 생물학의 집에서 겪은 사건들 때문에 이런 느낌이 더 강하게 드는 것 같았다. 그는 그린을 떠올릴 때마다 웃음이 나왔다. 그는 걸어가면서 그린의 집에 머문 동안 자신이 정말로 한 차원 더 상승했다고 생각했다. 앞으로 뭐가 더 남았을까? 그는 일곱 개의 집 중에서 이제 겨우 세 곳만 찾아갔을 뿐이다. 그는 앞으로 어떤 수업들을 듣게 될지 궁금했다.

갑자기, 뒤쪽에서 무슨 소리가 들렸다.

마이크는 번개 같은 속도로 휙 돌아서서 기민한 방어 자세를 취했다. 본능적으로 민첩하게 반응하는 자신을 보고 스스로도 놀랄 지경이었다. 몸은 앞으로 숙이고, 손은 진실의 검의 화려한 손잡이를 잡고 있었다. 그냥 상상일지도 모르지만 손잡이가 진동하는 것 같았다. 그는 귀에 온 정신을 집중하고 언제든 행동을 개시할 준비가 된 조각상처럼 서 있었다.

아무것도 없었다.

어쩌면 바람 소리였는지도 몰랐다. 하지만 마이크는 주변의 나뭇잎들이 전혀 움직이지 않는다는 사실을 알아챘다. 몸은 꿈쩍도 하지 않고 눈으로만 주변을 훑었다. 모든 것이 굉장히 선명하게 보였다. 여행을 하면서 이렇게 시력이 예민했던 적이 없었다. 마치 누군가 어두운 방에 들어와 환하게 불을 켠 것만 같았다.

마이크는 이제 눈에 의식을 최대한 집중하며 앞에 보이는 거대한 바위와 절벽을 천천히 훑어봤다.

역시, 아무것도 없었다.

마이크는 최근에 경험한 다채로운 색깔의 집들이 있는 이곳이 편하게 느껴지기도 했지만, 그만큼 위험한 장소라는 걸 깨닫기 시작했다. 생물학의 집에 있는 동안 꿈속에서 생생하게 본 어두운 형체가 아직도 이곳에 있을지 몰랐다. 조심해야 했다. 하지만 이상하게도 두렵지는 않았다. 그는 긴장을 늦추지 않고 부동의 자세로 주위를 계속 지켜보았다.

극도로 주의가 집중된 상태에서 마이크는 자신의 새로운 능력을 발견했다. 수상한 것을 듣거나 보지는 못했지만 무언가 이상한 낌새가 느껴졌다. 영혼 깊은 곳에서 뭔가 꺼림칙한 느낌이 들었다. 위험이 다가오고 있다는 경고였다. 하지만……

여전히 아무것도 없었다.

그는 천천히 돌아서서 햇살 가득한 길을 다시 걷기 시작했다. 뒤쪽에서 수상한 소리가 들리는지 확인하기 위해 바짝 긴장하며 고개를 살짝씩 좌우로 돌리곤 했다. 그는 수수께끼 같은 존재에 대해 곰곰이 생각해 보았다. '도대체 그게 뭘까? 이렇게나 사랑이 가득하고 영적 탐구가 가득한 곳에, 어떻게 그렇게 어두운 존재가 있을 수 있을까? 왜 나를 쫓아오는 걸까? 왜 천사들은 그것에 대해 말해주지 않는 걸까?' 정말 이상한 게 한두 가지가 아니었지만, 어쨌든 경고는 미리 받은 것 같았다. 이번에는 사악한 존재가 자신에게 몰래 다가오도록 가만히 있지 않을 작정이었다. 언제든 닥칠 수 있는 위험에 대비해 그는 경계 태세를 풀지 않았다.

오후 내내 별 다른 문제 없이 마이크는 계속 걸었다. 해가 져서 어둑어둑해질 때까지 다음 집이 보이질 않자, 마이크는 잰걸음을 멈추고 뒤를 돌아보며 천천히 지도를 꺼냈다. 그는 수상한 움직임이나 소리가 없는지 주변을 훑어보는 걸 멈추지 않았다. 그의 소중한 지도가 다시 살아난 걸 확인하자 안심이 되었다. 지도엔 다시 현재 위치에 대한 '최신 정보'가 표시되어 있었다. '당신은 여기에 있습니다' 점이 예전처럼 나타났고, 점 주변 작은 지역의 가장자리에 다음 집이 있었다. 집은 아주 가까이에 있었다. 마이크는 미소를 지으며 지도를 집어넣고 다시 걷기 시작했다.

다음 집에 도착하기까지 꼬박 하루가 걸렸다. 마이크는 집들이 꽤 멀리 떨어져 있어서 상당한 시간과 노력을 들여야 다음 집에 도착할 수 있다는 걸 깨달았다. 하지만 저번에 폭풍 속에서 고생했던 것에 비하면 오늘은 아무것도 아니었다. 이번에는 그런 일이 없어서 마이크는 감사했다. 약간 피곤했지만 이것이 단순한 육체적 피곤함이 아니란 걸 그는 알았다. 오랜 시간 바짝 긴장해서 에너지가 많이 소모된 탓이었다.

황혼이 져 온 세상이 따사로운 색깔로 신비스럽게 변해갈 무렵 마이크가 커브 길을 한 번 돌자 다음 집이 보였다. 집 주변의 모든 것이 저녁 노을에 붉게 물들었지만, 오두막집은 주위 환경에 전혀 영향을 받지 않는 듯 유독 보랏빛으로 밝게 빛나고 있었다. 마이크는 걸음을 멈추고 경외심에 가득 차 집을 바라보았다. 입을 다물 수 없었다. 지금까지 이렇게 아름다운 빛깔을 본 적이 없었다! 보라색은 강렬하면서도 차분했고 동시에 강력했다. 반투명한 집의 내부에서 불빛이 새어 나오는 것 같았다. 그는 얼른 집으로 향했다. 아무리 집과 가까운 거리라고 해도 그렇게 오랫동안 길 위에 서 있는 건 별로 신중하지 못한 행동이었다.

천사가 그를 맞이하기 위해 밖으로 나온 순간 마이크는 할 말을 잃고 말았다. 앞으로 벌어질 일들의 맛만 겨우 봤을 뿐 그는 이곳에서 장차 무엇을 보게 될지 전혀 상상도 하지 못하고 있었다. 지금까지 이렇게 아름다운 창조물을 본 적이 없었다! 천사에게 예우를 갖추기 위해 무릎이라도 꿇어야 할 것만 같았다. 도대체 무슨 일이지? 눈의 색깔 수용체가 증가하기라도 한 건가? 그가 기억하는 한 그는 한 번도 이런 색을 본 적이 없었다! 난생처음 일몰을 보며 마법이 펼쳐진다고 생각하는 아이처럼, 그는 그저 경외감에 사로잡힌 채로 숨죽이고 있을 수밖에 없었다. 천사의 목소리가 들렸다. 오, 이렇게 감미로울 수가!

대기를 차분히 가라앉히는 비단결같이 부드러운 목소리가 심연 속에서 울려 퍼지는 것 같았다. 게다가 그건 여성의 목소리였다!

"반가워요, 순수한 의도의 마이클 토마스." 천사가 차분한 목소리로 말했다. "당신을 기다리고 있었어요."

마이크는 너무 놀라 아무 말도 할 수가 없었다. 천사가 그의 생각을 읽어낼 수 없을 정도로 머릿속은 완전히 뒤죽박죽이었다! 넋이 나가버린 듯했다. 그는 자신이 숨도 못 쉬고 있다는 걸 깨달았다. 그녀가 미소를 지으며 말했다.

"나는 그런보다 더 여성스럽거나 하지 않아요, 마이클. 천사들은 성별이 없지만, 인간의 생물학적인 성의 특성은 모두 가지고 있어요. 당신이 이 집에 편하게 머물 수 있도록 이런 목소리와 모습으로 나타난 거예요."

마이크는 바이올렛이 무슨 말을 하는지 알아들을 수가 없었다. 겨우 숨은 쉴 수 있었지만 자기가 무슨 말을 해야 할지 몰랐다. 말을 꺼내려는 순간 뜬금없이 목소리가 갈라져 당혹스럽기까지 했다.

"아주 보기 좋네요!" 목소리가 갈라진 것도 모자라 정말 어처구니없는, 바보 같은 인사말이었다. 이렇게 아름다운 존재에게 도대체 무슨 말을 한단 말인가! 어른 앞에서 뭔가 똑똑한 말을 했어야 하는데 그러지 못한 소년처럼 마이크는 몹시 어색한 기분이 들었다. 마이크가 정신을 못 차린 이유 중 하나는 천사의 모습이 뭔가 조화롭지 않은 것도 있었다. 천사의 얼굴은 분명 온화한 여성의 모습인데 몸은 다른 천사들과 별반 차이가 없었기 때문이다. 모두 하나같이 성별을 숨기거나 가장한 채 각자의 집에 어울리는 색으로 희미하게 흘러내리는 옷을 입고 있었다. 그리고 하나같이 체구도 컸다. 하지만 얼굴만큼은 확실히 달랐다! 바이올렛은 분명 여자의 얼굴이었다. 그녀의 얼굴엔 자신의 엄마와 할머니에게서 보던 온화함과 성녀聖女의 아름다움이 함께 깃들어 있었다.

마이크는 한숨을 내쉬며 다시 말을 꺼냈다. "죄송해요…… 어…… 바이올렛." 그녀의 색깔로 이름을 부르자니 상당히 친한 여자의 이름을 부르는 것 같아서 자신이 또 한 번 예의에 어긋난 행동을 했구나 싶었다. 그가 말을 덧붙였다. "여자 천사를 만나게 될 줄은…… 아니, 천사가 여자일 수도 있다는 건 미처 몰랐어요." 말을 꺼내자마자 입을 연 것이 급 후회되었다. 정말 한심하기 짝이 없었다! 당연히 천사가 여자일 수도 있지! 지금까지 본 천사 그림마다 대부분 여자가 아니었나? 바이올렛은 그냥 잠자코 있었다. 마이크는 실수를 만회하려고 애썼다.

"그러니까 제 말은…… 지금까지 만난 천사들 중 아무도……다들 사내로 보였거든요…… 아니, 남자…… 어, 남성이요." 마이크는 모든 것을 없었던 일로 하고 처음부터 다시 시작하고 싶었다. 그의 유창한 말솜씨와 유려한 표현력은 온데간데없고, 보기에도 안타까울 정도로 더듬어대는 말투로 천사와 첫인사를 나누고 있었다. 그는 다시 한숨을 내쉬며 어깨를 으쓱거렸다. 바이올렛은 마이크에게 미소를 지어보였다.

"충분히 이해해요, 마이클 토마스."

마이크를 바라보는 그녀의 표정에는 갑옷도 녹아들 것 같았다. 그건 남녀 간의 로맨틱한 감정이 아니었다. 그보다는 어머니의 순수하고 무한한 사랑 같은 느낌이었다. 예상 밖의 느낌에 마이크는 깜짝 놀랐다. 그는 갑자기 엄마를 다시 만난 것만 같았다. 오랫동안 헤어져 있던 가족과 재회한 듯 기쁘면서도 이 상황이 도저히 믿기지 않았다. 누군가 그를 이렇게 자애로운 모습으로 바라봐 준 게 도대체 얼마 만인지! 그는 천사의 품으로 달려가 꼭 안기고 싶었다. 이런 생각이 들자 순간 당황스러웠다. 바이올렛도 자신의 생각을 어느 정도는 느끼고 있다는 것을 알기 때문이었다. 그녀가 말을 계속했다.

"금방 익숙해질 거예요, 마이클. 이런 모습으로 당신에게 나타난 데는 다 이유가 있어요. 이곳을 여행하는 모든 이에게 늘 이런 모습으로 나타나는 건 아니지만, 당신에겐 이 모습이 적합했어요."

마이크는 무슨 말인지 이해했다. 바이올렛은 자신을 돕기 위해 그런 외모와 태도로 나타난 것이었다. 이해는 갔지만, 왜 자신이 어머니 같은 천사를 '봐야' 하는지 이유가 궁금했다.

"당신은 그럴만한 자격이 되니까요!" 현명한 바이올렛이 말했다. "여기에서 꼭 수업만 받는 건 아니에요, 마이클. 많은 것들이 당신의 성장을 위해 선물의 형태로 전해지죠. 이제 겨우 세 개의 집만 거쳤는데도 당신은 이미 가장 특별한 인간 중 한 명으로 두각을 나타내고 있어요."

마이클은 잠자코 듣고만 있었다. 천사의 극찬에 뭐라고 대답해야 할지 생각해 보기도 전에 바이올렛은 그가 평생 잊지 못할 말을 했다. "순수한 의도의 마이클 토마스." 그녀가 나직하게 말했다. "신발을 벗으세요."

마이크는 시키는 대로 했다. 문 앞에 신발 한 짝을 놓을 만한 공간이 보였고, 그는 거기에 신발을 두었다. 신발이 딱 맞게 들어갔다.

"마이클, 내가 왜 신발을 벗으라고 했는지 알아요?" 바이올렛이 물었다.

마이클은 잠시 생각해 보았다. "안이 신성한 곳이라서요?" 그는 모세와 불타는 떨기나무를 떠올리며, 모세와 하나님이 했던 대화를 생각했다.

"만약에 그랬다면 다른 천사들은 왜 신발을 벗으라고 하지 않았을까요?"

마이크는 다시 곰곰이 생각해 본 후 대답했다. "당신이 매우 특별한 천사라서요?"

바이올렛은 질문하고 답하는 게 재미있었는지 키득거리며 웃었다. 마이크는 당황스러웠다. 그는 자신의 대답이 틀렸다는 것을 알았다.

"안으로 들어와요." 바이올렛이 돌아서며 집으로 들어갔다.

마이크는 그녀를 따라가긴 했지만, 대화가 중간에서 끊긴 것이 신경이 쓰였다. 그는 그녀를 따라가면서 말을 걸었다.

"바이올렛, 말해줘요. 왜 신발을 벗으라고 했어요?"

"이곳을 떠나기 전에 당신이 먼저 나한테 말하게 될 거예요."

바이올렛이 길을 안내하며 말했다. 마이크는 천사들이 답을 즉시 해주지 않고 기다리라고 하는 게 너무 싫었다. 특히 스스로 답을 찾아보라고 할 때는 더더욱 싫었다. '이곳은 해야 할 게 너무 많아.' 마이크가 속으로 생각했다.

"당신이 이곳에 온 이유이기도 하죠." 바이올렛이 보라색 집 안쪽으로 더 깊숙이 안내하며 말했다. 마이크는 자신이 참 어리석게 느껴졌다.

보라색 집은 주인과는 다르게 매우 평범했다. 그가 넋을 잃고 천사의 외모에 감탄하느라 집의 이름이 쓰인 팻말을 확인하는 걸 깜박했다는 사실을 깨달았다.

"바이올렛, 집의 이름이 뭐예요?" 마이크가 물었다. 바이올렛이 멈춰서 돌아서더니 마이크를 바라보며 말했다.

"'책임의 집House of Responsibility'이에요, 마이클 토마스." 그녀는 뭔가를 기대하는 아름다운 표정으로 마이클의 반응을 기다렸다. 하지만 마이크는 그 말을 듣자마자 앞으로 어려움이 닥칠 거라는 직감이 들었다.

"아, 네." 거의 무표정한 얼굴로 그가 말했다. 그는 바이올렛이 원하는 대로 반응하지 않았다. 그녀는 돌아서서 계속 걸어갔다.

마이크는 집의 이름이 계속 신경 쓰였다. 그는 속으로 이곳에서 일어날 수 있는 모든 시나리오를 생각해 보았다. 부모님이 늘 이것도 해라 저것도 해라 귀에 못이 박히도록 얘기했기 때문에, 책임이란 단어는 언제 들어도 달갑지 않은 단어였다. 부모님은 그를 비난할 때도 그 단어를 자주 썼다. 나중에는, 사귄 여자들도 하나같이 그의 행동에 불만을 토로하면서 그 단어를 사용하곤 했다. '왜 여자들은 늘 나를 고치려 드는 걸까?' 마이크는 생각했다. 그러곤 끔찍한 생각이 하나 더 떠올랐다. 어쩌면 바이올렛이 여성으로 나타난 것도 똑같은 이유 때문일지도 모른다. '신이 보낸 또 다른 여자가 나를 바꾼다? 만약 신이 여자라면? 아우, 생각만 해도 진절머리가 나는군!' 마이크는 순전히 남자 인간의 입장에서 떠오르는 생각들이 너무 우스워 미소를 지었다. 그는 그런 생각들이 진실이 아니라는 것을 알고 있었다. 신은 남성도 여성도 아니라는 것을 알고 있었지만, 이런저런 시나리오들을 상상하자니 좀 웃겼다. '책임의 집'은 도대체 뭘 하는 곳일까?

바이올렛은 미로처럼 복잡하게 연결된 자그마한 방들을 지나 마이크가 저녁 식사를 할 곳으로 안내했다.

"저기엔 뭐가 있어요?" 커다란 이중문이 보이자 마이크가 물었다.

"극장이요." 바이올렛이 지체 없이 말했다.

'극장?' 그는 바이올렛을 따라가면서도 생각이 끊이질 않았다. '천사들이 사는 곳에 웬 극장? 연극이 있으려나? 아, 여기서 천사들이 영화를 보나 보다! 내일 바이올렛이랑 같이 영화를 보면 얼마나 좋을까? 어쩌면 요즘 흥행하는 천사 영화를 보게 될지도 몰라.' 그는 하마터면 크게 웃을 뻔했다. 마이크의 생각을 정확하게 꿰뚫고 있는 바이올렛 역시 매우 재미있었다. 비록 즐거워하는 이유는 달랐지만 말이다.

마침내 그들은 목적지에 도착했다. 식당과 숙소는 다른 집과 비슷했다. 옷장에는 맨발의 마이크를 위한 슬리퍼와 그가 머무는 동안 입을 옷이 있었다. 딱 보기에도 그를 위해 특별히 제작된 아름다운 보라색 옷이었다. 어디에선가 음식 냄새가 났다. 그는 진수성찬이 차려진 식당으로 안내되었다. 그가 도착할 시간을 어떻게 그리도 정확하게 알았을까? 그러고 보니 마이크는 한 번도 요리사나 음식을 치우는 존재를 본 적이 없었다. 그린과 함께 한바탕 소란을 떨며 즐겁게 논 뒤 식당이 얼마나 난장판이 되었는지 기억났고, 발가락에 블루베리 물이 들어 며칠 동안이나 얼룩이 져 있던 것도 기억이 났다. 땅속 요정처럼 누군가 음식을 차리고는 쥐도 새도 모르게 사라졌다. 정말 희한한 곳이었다!

마이크는 다른 천사들이 그랬던 것처럼 바이올렛도 이미 갔을 거라고 예상하며 뒤를 돌아보았다. 뜻밖에도 그녀는 여전히 그곳에 있었다.

"모든 게 마음에 드나요, 마이클?" 그녀가 물었다. 바이올렛은 참으로 아름다운 존재였다. 엄마같이 자상한 그녀의 성품에 마음이 편안하고 안정이 되었다.

"네, 고마워요." 마이크는 머리를 숙이며 깍듯이 예의를 차렸다.

"아침에 수업을 시작할 거예요. 잘 자요, 순수한 의도의 마이클 토마스." 말을 마치고 바이올렛은 방을 나갔다.

무언가 달랐다. 마이크가 생물학의 집을 떠난 후에도 그린이 예전의 천사들과 달리 현관에 계속 남아 있더니, 바이올렛 역시 뜻밖의 행동을 했다. 천사들이 더 친절해졌나? 이제 인간들의 에티켓을 받아들이기로 한 건가? 분명 뭔가 달라지긴 했지만 그게 뭔지는 물어보지 않기로 했다.

그는 식사를 마친 다음 침대로 들어가 곧장 잠이 들었다. 안전하고, 따뜻하고, 사랑받는 느낌이 들었다. 다음날이면 또 다른 모험이 시작되고, 바이올렛의 수업이 뭔지도 알게 되리라. 꿈속에서 유년 시절의 모습과 부모님의 모습이 보여 마이크는 기분이 좋았다.

• ◆ •

집 밖에는 어둡고 눈에 잘 띄지도 않는데다 불쾌하기 짝이 없는 형체가 경계 태세를 하고 숨어 있었다. '그것'은 극도로 분개한 상태로 무언가를 골똘히 생각하고 있었다. 마이클이 길을 나서려고 녹색 집 밖으로 나왔을 때 '그것'은 확연히 변화된 그의 모습에 충격을 받았다. 힘이 더욱 강력해진데다가 그놈의 빌어먹을 무기까지 지니고 있었다! 마이클의 기민함은 이제 전사 수준이었다. 게다가 이제는 두려워하지도 않았다! 도대체 녹색의 집에서 무슨 일이 있었길래 그렇게 확 변한 것일까? 폭풍 속에서 마이크를 박살낼 기회를 무참하게 놓친 게 너무 화가 나 속이 부글부글 끓었다.

'그것'은 사냥감을 포획할 더 나은 계획을 세우기 시작했다. '그것'은 마이클 토마스가 교활한 전사라면 익숙한 길이 아니라 좀 더 낯선 길을 택할 거라 판단했다. '그것'은 마이클이 늘 길을 따라 움직인다는 걸 알았다. 다음 집이 어디에 있는지 모르기 때문에 그럴 수밖에 없었다. 그래서 '그것'은 미리 사냥감을 앞질러 간 다음, 사냥감이 함정에 걸려들 때까지 기다리기로 했다. 누군가 '그것'에게 미소를 지어 보라고 했다면, 바로 이 순간 미소를 지었을 것이다. '그것'은 잠도 자지 않고, 순수한 의도의 마이클 토마스의 임박한 죽음을 상상했다.

• ♦ •

다음날 아침, 여느 때와 마찬가지로 맛있는 아침을 먹으며 하루가 시작되었다. 눈부시게 아름다운 날이었다! 식사는 더없이 훌륭했고, 마이크는 자기가 가장 좋아하는 블루베리 머핀으로 식사를 마무리 지었다. 어떻게 이렇게 신선하고 맛있을 수가 있는지, 마이크는 도저히 믿겨지지 않는다는 듯 연신 고개를 흔들었다.

"머핀이 발가락 사이에 끼었을 때는 이렇게까지 맛있진 않았는데 말이야." 녹색의 집에서 그린과 함께 식당을 난장판으로 만들며 놀던 때를 떠올리며 그가 큰소리로 웃었다.

새로 받은 옷을 막 입자마자 방문에서 노크 소리가 들렸다. '웬 노크? 천사들이 언제부터 노크를 했다고?'

"들어오세요." 마이크가 정중하게 말했다. 바이올렛이 공중에 떠서 미끄러지듯 다가왔고, 마이크는 그런 그녀를 보며 미소를 지었다. "인간을 위해 훌륭한 아침을 차려준 분들께 감사하다고 전해주세요."

"천만에요." 바이올렛이 말했다.

"당신이 만들었어요?"

"우리 모두가 한 거예요." 그녀가 대답했다. "우리는 서로 분리되어 있지 않아요."

"네, 예전에 들은 적이 있어요. 언젠가는 저도 그 말을 이해할 날이 오겠죠. 그때까지는 당신들 모두에게 감사드려요." 마이크가 말했다.

"준비됐나요?" 바이올렛이 물었다.

"네."

바이올렛이 돌아서서 전날 지나쳤던 극장으로 마이크를 안내했다. 이번에는 이중문이 열려 있었다. 마이크는 그녀를 따라 아름답게 꾸며진 보랏빛 극장 안으로 들어갔다! 그는 자기 앞에 펼쳐진 광경이 도저히 믿겨지지 않아 걸음을 멈추었다. 입을 헤 벌리고 있는 마이크를 보며 바이올렛이 싱긋 웃었다.

그들 앞에는 오목하게 휘어진 대형 스크린이 있었다. 극장 뒤쪽에는 현대식 영사기가 있었고, 수많은 필름 릴들이 바로 상영될 수 있도록 거대한 금속 상자에 쌓여져 있었다. 필름 릴이 수백 개는 되는 것 같았다!

"우리가 뭘 할지 맞춰봐요, 마이클 토마스." 바이올렛이 질문과 동시에 답을 했다. "같이 영화를 볼 거예요!"

"설마요!" 마이크가 외쳤다. "농담이겠죠."

그러자 얼굴에서 미소가 사라지면서 바이올렛이 마이크를 진지한 눈빛으로 바라보았다.

"농담이 아니에요, 마이클. 난 지금 진지하게 말하는 거예요. 맨 앞줄로 가서 자리에 앉아요."

바이올렛은 방 뒤쪽에서 장비를 작동시킬 준비를 했다. 마이크는 전혀 뜻밖의 광경에 어안이 벙벙하기만 했다. 그는 이렇게 신성한 곳에 정말 영화관이 있을 거라곤 상상도 하지 못했다. '천사들이 필름을 영사기에 끼우다니, 정말 어이가 없군. 이곳은 정말 기상천외한 곳이야.' 어쨌든 그는 시키는 대로 맨 앞줄 중간쯤으로 가서 자리를 잡았다. 지구의 영화관과는 달리 이곳에선 방의 한가운데서 맨 앞줄이 시작되었다. 이상한 점이 또 하나 있었다. 맨 앞줄의 가운데 의자 딱 하나만 안락하고 푹신했다. 다른 의자들은 그냥 구색만 갖추려고 가져다놓은 것 같았다. 마이크는 안락한 보라색 의자에 앉아 거대한 흰색 스크린을 바라보았다.

"어떤 영화를 보는데요, 바이올렛?" 마이크는 왠지 걱정이 되었다.

"홈비디오예요, 마이클." 첫 번째 필름 릴을 준비하면서 그녀가 그를 처다보지 않고 대답했다. 마이크는 그녀의 대답이 썩 마음에 들지 않았다. 속이 뒤틀리는 것 같았다. 뭔가 불길한 느낌이 또다시 엄습했다! 그의 새로운 직관이 앞으로 보게 될 영화가 불쾌한 내용일지도 모른다는 걸 알려주었다. 팝콘이라도 달라고 해볼까? 농담을 해보려고 했지만 그럴 기회조차 없었다. 영화관 불빛이 서서히 어두워지면서 영사기가 돌아가는 소리가 들렸다. 스크린에 영상이 나타나기 시작했다.

마이크는 영상에서 눈을 뗄 수가 없었다. 첫 번째 영상이 비춰지자 그는 뜨끔했다. 이날 상영된 영화의 화질은 지금까지 마이크가 본 영화 중 최상이었다. 화면이 깜박거리지도 않고, 영상은 3D로 비춰졌지만 멍청해 보이는 두꺼운 3D 안경을 쓸 필요도 없었다! 바로 눈앞의 대형 스크린에서 등장 인물들이 움직였고, 정확하게 소리 날 곳에서 소리가 나와 음향도 아주 자연스러웠다. 스크린과 거리가 너무 가까워 마이크는 영화가 너무 사실적이지 않기를 바랐다. 장면이 바뀔때마다 그는 오목하게 휜 스크린 속에 들어가 있는 듯했다. 뒤로 물러나고 싶었지만 그럴 수가 없었다.

스크린 속에서 연기하고 있는 사람은 다름 아닌 마이클 토마스였다! 이 홈비디오에 제목을 붙인다면 '내 인생에서 일어난 최악의 사건들'이 제격이지 싶었다. 영화는 그가 어린아이일 때부터 시작되었는데 그 모습이 꼭 진짜 같았다! 엄마는 꽤 젊어 보였고, 아빠는 굉장한 미남이었다. 사랑하는 부모님 모습을 보자 감동의 물결이 물밀듯이 밀려왔다. 보라색 극장의 상영작은 그의 가슴을 촉촉이 적시고도 남았다. 꼭 그 시절로 돌아간 것만 같았다! 필름 한 개당 하나의 에피소드가 담겨 있었다. 영화는 편집 없이 사건이 실제 일어난 순서 그대로 상영되었다. 다만 그의 인생에서 일어난 최악의 사건들만 골라서 보여주고 있었다.

처음에 상영된 필름 몇 편은 사실 재미있었다. 마이크는 금발 머리를 한 귀여운 세 살짜리 아이였고, 엄마의 화장품을 뒤지고 있었다. 어린 마이크는 화장품을 쏟으며 화장실을 엉망으로 만들다가 엄마에게 붙잡혔고, 몹시 화가 난 엄마는 처음으로 마이크의 엉덩이를 찰싹 때렸다. 객석에 앉아 그 장면을 보던 성인 마이크는 태어나 처음으로 엉덩이를 맞으며 받았던 마음의 상처를 고스란히 느끼며 몸을 움찔했다. 그는 일련의 사건들을 겪을 때마다 느꼈던 과거의 감정들을 다시 느껴야만 했다! 말 그대로 진짜 생생한 홈비디오였다! 그 말은 영화 속 그가 성장해 갈수록 영화의 장르가 공포 영화로 바뀔 가능성이 다분하다는 말이었다. 마이크는 철로에 묶여 있는 자신을 향해 화물 열차가 점점 다가오는 기분이었다.

어렸을 적의 에피소드 몇 편이 더 상영되었고, 그때마다 마이크는 오랫동안 잊고 있던 사건을 다시 생생하게 경험해야만 했다. 이번에는 여섯 살 된 마이크가 화장실에 갇혀 있었다. 그는 당시의 느낌이 어땠는지 기억이 났다. 억울했다! 어쩌다 보니 손잡이가 돌아가 문이 잠긴 건데, 문짝을 뜯어내려고 농장에서 일하다 불려 들어온 아빠가 무진장 화를 내며 또 그를 때렸다. 마이크는 오래 전 일들로 인해 다시 한 번 믿었던 사람들에게 배신당하는 느낌을 받았다. 그는 아무 잘못도 하지 않았다! 아빠는 화가 치밀어 커다란 가죽 벨트로 그를 마구 때렸다. 잠긴 문을 뜯어내느라 그날 하루 아버지는 일을 공쳐야 했고 그 바람에 수확에도 지장이 생겼다. 어른 마이크는 우울해지기 시작했다.

필름은 계속 돌아갔고 이제 마이크는 열 살이 되었다. 그는 버스를 타고 시내에 있는 학교에 다녔다. 그는 매번 학기가 시작될 때마다 그를 괴롭히러 오던 학교 불량배, 헨리의 얼굴을 기억했다. 아이들 모두 이 덩치 큰 녀석을 싫어했지만, 아무도 그에게 뭐라고 하지는 못했다. 아이들 모두 헨리를 무서워했다. 이름도 웃긴 블루어스Blue Earth라는 시골 마을 출신이라는 이유로, 다른 아이들도 마이크를 놀리긴 마찬가지였다. 하지만 그 불량배는 훨씬 무자비한 놈이었다. 아이들의 가정 환경은 다양했지만 당시 농부는 극소수였다. 그는 엄마가 만든 옷만 입고 다닌 탓에 더 튀어 보였고, 그래서 그 불량배 녀석은 늘 마이크의 옷을 물고 늘어졌다. 불량배 녀석과 아이들은 마이크의 옷, 농장 냄새, 심지어 부모님의 직업까지 놀려댔다.

영사기가 돌아가면서 마이크는 아이들 여러 명이 자기한테 같이 놀자고 부르는 것을 보았다. 어린 마이크는 기분이 좋았다. 그들은 사실 마이크와 놀고 싶었던 것이다! 하지만 비참하게도 그건 속임수였다. 아이들은 그를 놀이에 끼워주는 대신 놀림감으로 삼았다. 한 아이가 뒤쪽에서 무릎을 꿇고 엎드려 있으면 다른 아이들은 마이크를 그 아이 쪽으로 몰고 갔고, 다음 순간 마이크를 뒤로 밀어버렸다.

마이크는 뒤에 웅크리고 있던 아이 쪽으로 넘어지고 말았다. 그들은 넘어진 마이크를 보며 배꼽을 잡고 웃어댔다. 그들 장난에 함께 끼고 싶은 마음에 마이크도 따라 웃었지만, 그들은 볼일이 끝났다는 듯 마이크만 쏙 빼놓고 자기들끼리 가버렸다.

마이크는 너무도 고통스러웠다. 더 이상 영화를 보고 싶지 않았다. 도대체 뭐가 좋다고 이런걸 보여주지? 이런 식으로 자신의 개인사가 적나라하게 드러나는 건 둘째 치고, 당시에 느꼈던 감정들을 또다시 생생하게 느껴야 한다는 게 너무 화가 났다. 한 번이면 됐지 뭐 하러 또 경험한단 말인가?

필름이 계속 돌아가 이제 그는 열네 살이 되었다. 그날은 그가 하지도 않은 부정 행위를 했다고 비난을 받은 아주 재수 사나운 날이었다. 한 학생이 선생님의 책상에서 시험지를 훔쳤다가 어설프게 갖다놓은 바람에 선생님이 이를 눈치 채게 되었다. 시험지를 훔친 소년은 마이크를 가리키며 그가 훔치는 걸 봤다고 말했다. 선생님은 그 아이의 말을 믿었다. 비록 학교 성적은 뛰어났지만, 어쨌거나 마이크는 여전히 웃긴 옷을 입고 다니는 가련한 시골 아이였던 것이다. 그는 선생님께 한바탕 혼이 났고, 그날 하루 학교에서 쫓겨나 집으로 돌아가야 했다. 버스를 타고 집으로 가면서 어떻게 이 일을 부모님께 설명해야 할지 생각에 잠겼다. 부모님이 자신을 믿어주리라는 생각에 약간 안심은 되었다. 하지만 부모님은 믿어주지 않았다. 마이크는 또다시 세상에 혼자 남겨진 기분이었다. 부모님이 자신을 사랑하는 건 알았지만, 그가 가장 필요로 할 때 자신의 말을 믿어주지 않았다.

그는 너무 외로웠다.

마이크가 의자에 앉은 지 몇 시간이나 지났지만 영화 속 마이크는 아직도 어른이 아니었다. 그는 얼마나 더 오랫동안 이 고문을 견뎌야 하는지 생각해 보았다. 영적 수업을 받기는커녕 흠씬 두들겨 맞는 것 같았다! 영화 내용은 정확해도 너무 정확했다. 마이크는 영상에서 눈을 떼거나 딴 생각을 할 수조차 없었다. 모든 사건이 너무 세세하게 담겨 있었고, 목소리와 사람들도 옛날 그대로였다. 어떻게 만들었는지 놀라웠지만 주제는 형편없었다!

드디어 데이트 장면이 시작되었고, 볼거리가 굉장히 많아졌다! 하지만 옷차림은 여전히 이상했다. 가게에서 산 옷을 입기는 했지만, 엄마는 패션 감각이 떨어져 서로 어울리지도 않고 옷감도 이상한 옷만 사왔다. 학교에서나 교회에서 여자애들은 마이크가 멋지다고 생각했다. 하지만 그는 여자애들이 자기 옷에 대해 수군대는 걸 들었다. 그는 머리를 한 대 쿵하고 얻어맞은 것 같았다! 당시 열여섯 살이던 마이크는 그때부터 용돈을 모아 스스로 옷을 사 입기 시작했다. 마이크는 자기한테 어떤 옷이 잘 어울리는지 알았고, 그 무렵부터 조금씩 자신감이 생겼다. 그는 패션에 대해 공부도 하고, 쇼핑하러 갈 때는 아는 여자애들 한두 명씩 데리고 가 조언을 구하기도 했다. 여자애들은 마이크와 함께 쇼핑하는 것을 아주 좋아했다! 쇼핑 좋아하는 남자를 누가 마다하겠는가! 이때부터 그는 어수룩하고 촌스러운 십대 소년에서 잘생기고 호감 가는 청년으로 180도 변했다. 외모가 바뀌자 성격도 차츰 변해갔고 자신감도 더 커졌다. 학교 성적은 늘

상위권을 유지했고, 학교 활동에도 적극적으로 참여했다.

하지만 탄탄대로를 달리던 그에게 또 한 번의 시련이 찾아왔다. 3학년이 되어 학생회장 후보로 출마했을 때, 마이크를 질투한 누군가의 인신 공격으로 결국 선거에서 크게 패하고 만 것이다. 그들은 마이크가 여자 화장실에서 음란한 짓을 하다가 걸렸다고 소문을 냈다. 모두가 그 소문을 믿고 싶어 했다. 말도 안 되는 거짓말이었지만 그 소문은 큰 파장을 일으켰다. 마이크는 1, 2학년 때도 학급 반장을 했기 때문에 이번 학생회장직은 따 놓은 당상이나 다름없었다. 하지만 소문의 진원지였던 상대 후보가 이기고 마이크는 크게 패했다. 게다가 그는 난생처음 그의 가슴을 설레게 했던 캐롤에 대한 마음도 접어야 했다. 그녀는 그에게 말도 걸지 않았다.

그는 이 일로 몇 주간이나 고통을 겪다가, 결국 모든 학교 활동에서 손을 떼었다. 그는 다시 희생자가 되었다! 바로 앞의 스크린에서 모든 사건이 '하나하나 차례차례' 매우 상세하게 그려지고 있었다. 영화는 그의 삶 속의 이 끔찍한 단면들을 일일이 순서대로 보여주면서 시간을 질질 끌었다. 그 사건을 계기로 마이크는 변했고, 그 과거를 다시금 경험하면서 마이크의 마음은 더욱더 무겁게 가라앉았다.

영화는 끝없이 계속 돌아갔다. 방 뒤쪽에 있는 위대한 천사는 마이크가 지금 이 시점에서 배가 고프지 않을 거라는 걸 알고 점심을 건너뛰었다. 그녀의 짐작이 맞았다. 영화 한 편이 끝날 때마다 잠시 필름 릴 돌아가는 소리가 들렸고, 방은 다시 어두워졌다. 레버를 당기고 영사기의 스위치를 껐다 켰다 하는 소리만 들릴 뿐 어색한 침묵이 이어졌다. 마이클과 바이올렛 둘 다 아무 말도 하지 않았다. 다시 스크린에 영상이 비춰졌고, 마이크의 인생에서 최악의 순간들이 펼쳐지기 시작했다. 영화가 넘어가면서 그는 평생 잊지 못할 '대사건'이 다가오리란 것을 알았다. 드디어 그 사건이 바로 눈앞에서 펼쳐지고 있었다. 바로 부모님이 돌아가시던 날이었다.

정말로 원한다면 그는 자리에서 일어나도 된다는 것을 알고 있었다. 지금까지 모든 천사들이 그에게 선택권이 있다고 말했다. 지금 이 순간 그는 뛰쳐나가고 싶었다. 마음속으로 모든 천사가 충분히 들을 수 있게 '큰소리로' 애원했다. '신이시여…… 이것만큼은 다시 경험하고 싶지 않아요! 이제 제발 그만이요!' 결국 올 것이 왔고, 마이크는 트럭에 치인 것 같았다.

마이크는 자리에서 허물어지면서 흐느껴 울거나 하지는 않았다. 그는 밤이 될 때까지 꾹 참을 작정이었다. 마이크는 태연하게 앉아 그의 삶이 순서대로 펼쳐지는 것을 지켜보았다. 전화를 받던 순간, 엄청난 충격, 장례식, 비통함, 슬픔, 집과 헛간은 물론 땅까지 모두 경매로 팔리던 날, 오래된 트랙터를 비롯해 아버지의 농사 기구를 판 것까지 모두 다시 체험했다. 그는 엄마와 아빠의 유품들도 다시 살펴보았다. 행복했던 시절의 사진들, 부모님의 결혼 사진, 그들이 사랑에 빠졌을 때 주고받은 연애 편지까지. 마이크는 자리에서 미동도 하지 않은 채로 자신에게 밀려오는 감정들을 회피하려고 애썼다. 감정을 밀쳐내기 위해 마음의 벽을 단단히 쌓았지만, 의자에 앉아 있는 자신이 꼭 희생자가 된 것 같은 느낌은 피할 수 없었다. 자기도 모르게 깊은 슬픔이 소용돌이치며 온 몸을 휩쓸었다. 눈물을 왈칵 쏟으며 슬픔과 비통함을 토해내고 싶었다. 흠잡을 데 없이 사실적인 영화가 그에게는 저주와도 같았다. 지금까지 이렇게 견디기 힘든 적은 처음이었다. 몇 시간째 보고 있는 모든 장면에서 그는 놀림감이 되었다. 그는 지금 이곳에서 벌을 받고 핍박당하고 있었다! 이건 불공평했다. '도대체 뭣 때문에 이런 영화를 틀어주는 거지?'

부모님의 죽음과 관련된 에피소드가 끝나자 그는 비로소 안도의 숨을 내쉬었다. 이보다 더 나쁠 수는 없었다. 그는 초라한 기분이 들었다. 진땀을 흘렸고, 모든 게 진절머리가 났다. 하지만 주제가 너무 자극적이고 내용도 너무 사실적이어서 스크린에서 눈을 뗄 수가 없었다!

그가 '크리켓'이란 애칭으로 부르곤 했던 셜리가 등장하자, 그는 또다시 곤란한 상황에 빠졌다는 것을 알았다. 앞으로 펼쳐질 이야기는 그가 로스앤젤레스에서 마지막으로 해본 연애에 관한 내용이었다. 그리고 그 관계가 얼마나 빨리 틀어졌는지도 보여주었다. 그는 그녀와의 사랑에 모든 것을 걸었지만, 크리켓은 자신과의 관계를 너무 가볍게 여겼다. 그녀와 헤어졌다고 인생이 끝난 건 아니었지만, 가슴속의 상처가 너무 깊어 거의 끝난 거나 마찬가지였다. 그는 스크린의 영상을 보며 다시 한 번 마음을 모질게 먹었다.

그녀는 너무 예뻐 보였다! 목소리도 아직 귀에 생생했고, 둘이 헤어진 지도 얼마 되지 않았다. 어쨌거나 그렇게 실연당한 뒤로 그는 우울증을 겪었고 자존감도 떨어졌으며 일도 형편없는 직장에서 하

게 되었다. 마이크는 자신의 인생에서 두 번째로 암울한 사건을 지켜
보며 세세한 상황들까지 다시 체험해야 했다. 다음 에피소드는 무대
가 직장으로, 말을 거칠게 하는 매니저를 중점적으로 보여주었다. 스
스로 갇혀 있곤 하던 숨 막힐 정도로 좁은 사무실 칸막이도 보였다.

영화는 4시에 끝났다. 마지막 장면은 도둑이 아파트에 침입해 자
신이 병원에 실려 가는 내용이었다. 스크린의 영상이 사라짐과 동시
에 필름 릴이 다 돌아갔음을 알리는 소리가 들렸다. 필름의 리더(필름
의 끝부분─옮긴이)가 테이크업 릴(영사를 마친 필름을 감는 릴─옮긴이)에 부딪
치는 소리가 계속 들렸지만 영화관의 불은 켜지지 않았다. 마이크는
바이올렛이 아직 방에 있는지 보려고 몸을 일으켜 영사기 쪽을 돌아
보았다. 영사기 불빛이 너무 강해 그는 거수경례하듯 손을 이마에 대
고 눈을 가렸다. 그녀는 거기에 없었다. 그건 그날의 수업과 영화가
끝났다는 뜻이었다. 영화의 일관된 주제처럼 마이크는 이번에도 방
안에 홀로 남겨졌다.

영사기에서 계속 소리가 났지만 마이크는 영화관에서 나와 숙소로
향했다. 저녁도 먹고 싶지 않았다. 우울했다. 그는 감정적으로 만신창
이가 되어 옷도 벗지 않은 채 침대로 올라갔다. 그날은 바이올렛도 잘
자라고 인사하기 위해서 나타나지 않았다. 천사가 그를 혼자 남겨둔
건 현명한 처사였다. 그는 그날 밤 전혀 말할 기분이 아니었다.

그는 자면서도 영화를 보는 꿈을 꾸었다. 학교 불량배, 부모님, 크
리켓에 관한 내용이 다시 등장했다. 그들은 그를 절대 혼자 내버려두
지 않았다. 결국 그는 베개에 머리를 파묻고 그동안 꾹 참았던 눈물

을 쏟아내며 서럽게 울기 시작했다. 부모님의 모습이 너무 생생해서 더 슬펐다. 신성하고 축복받은 천사의 나라에서 이렇게 외롭고 암담해진 것은 이번이 두 번째였다. 마이크는 평생을 희생자로 살아왔다. 이젠 자신이 희생자라는 걸 증명해 줄 영화까지 있었다!

· ◆ ·

아침이 되자 좀 기운이 나긴 했지만 마이크는 여전히 수심에 잠겨 있었다. 그는 배가 고파서 많은 음식을 뚝딱 해치워버렸다. 전날의 경험으로 자신이 여전히 희생자라는 느낌이 들긴 했지만, 최악의 상황은 끝났다고 스스로를 안심시켰다. 그는 강인했다. 이런 과정이 왜 필요한지 이해할 수는 없었지만, 다시는 암담하고 우울한 상태로 빠져들지 않기로 결심했다. 오늘 수업 내용이 무엇이든 어제보다는 나을 것이었다.

아침 식사를 마치고 마이크는 옷을 입었다. 어젯밤 입고 잤던 옷을 벗고, 아침에 마법처럼 나타난 보라색의 새 옷으로 갈아입었다. 이제 하루를 시작할 준비가 끝났다. 바이올렛이 문 앞에 조용히 서 있었다. 마이크로 하여금 그녀에게 뭔가 하고 싶은 말을 하거나 어제의 고통스러운 경험을 끄집어내 그녀를 원망할 수 있는 기회를 주는 것 같았다. 마이클은 그녀가 거기에 있다는 것을 알았지만 그냥 묵묵히 있었다. 그녀가 그를 한참 바라보다가 먼저 말을 꺼냈다.

"순수한 의도의 마이클 토마스, 나에게 하고 싶은 말이나 물어볼

게 있나요?"

"네." 마이크는 의연했다. "영화가 더 남아 있나요?"

"네." 바이올렛이 부드럽게 말했다.

"그럼, 시작하죠." 마이크는 일어서서 그녀가 움직이기를 기다렸다.

바이올렛은 흠칫 놀랐다. 많은 인간들이 이 집을 거쳐 갔지만 이런 반응은 처음이었다. 그린의 말이 맞았다. 이 존재는 정말 특별했다. 그가 해낼 수도 있을 것 같았다. 그는 끝까지 여행을 마치는 극소수 인간 중 한 명이 될 것 같기도 했다. 그녀는 지금껏 이렇게 의지가 강하고 진동 주파수가 빠르게 변하는 인간을 본 적이 없었다. 그를 훈련시키는 데 자신이 관여하고 있다는 사실이 뿌듯했고 그에게 더 애정이 갔다. 바이올렛이 돌아서서 마이클을 다시 극장으로 안내했다.

마이크는 자신이 어떻게 해야 할지 알았다. 이번에는 바이올렛이 시키지 않아도 극장의 맨 앞줄로 가서 크고 푹신한 보라색 의자에 앉았다. 자기가 마치 전기 의자에 앉아서 전기가 흐르길 기다리는 죄수 같았다. 다른 점이 있다면 전기 대신 불빛이 스크린을 비추면 영화가 시작된다는 것이었다. 마이크는 분명한 목적 의식과 결연한 의지로 자신을 추스르며 의연히 앉아 있었다. 그 어느 것도 그가 집으로 가는 것을 막지 못할 것이다. 결단코!

영화는 다시 어린 시절부터 마이크의 삶을 펼쳐 보이기 시작했다. 이번에는 뭔가 달랐다. 그는 영화 주제가 바뀌었음을 눈치 챘다. 이번의 영화 제목은 '내 인생에서 저지른 최악의 사건들'이었다. 어린 시절의 에피소드들은 너무나 재미있어서 마이크는 내내 배꼽을 잡고 웃었다. 웃으니 기분은 좋았지만, 어젯밤 펑펑 운 때문인지 갈비뼈가 울리며 아팠다.

영화 속의 그가 점점 성장하면서, 처음엔 기분 좋게 묘사되던 행동들이 서서히 그를 당황스럽게 만들었다. 바이올렛은 그 사건들을 이미 다 알고 있겠지만, 그는 또다시 체험하고 싶지 않았다. 그 장면들이 나오자 마이크는 의자 깊숙이 몸을 파묻었다. 몸이 자꾸만 움츠러들며 마음이 불편해졌다.

열 살이 된 마이크가 교회에서 목사님을 놀리고, 대충 그린 사람 몸에 유치하고 음란하게 연필 칠을 한 쪽지를 돌리고 있었다. 그와 주일 학교 친구들은 외설적인 그림을 봉투에 담아 헌금 모금함에 넣는 게 너무 재미있었다. 헌금 봉투를 열어 돈을 세는 '할머니들'이 어떤 표정을 지을지는 안 봐도 뻔했다. 그들은 연신 깔깔거렸다.

어느 주일날 아침, 열두 살의 마이크는 부모님이 교회에 가 계신 동안 몰래 아빠의 트랙터에 시동을 걸었다. 마이크는 꾀병을 부려 교회에 가지 않고 집에 있었다. 시동은 잘 걸었지만 어떻게 출발시킬지는 몰랐다. 마이크는 짜증을 내며 레버란 레버는 다 당겨보고 페달도 밟아봤다. 하지만 그는 수동 변속기를 조작하는 법을 몰랐다. 그는 트랙터도 장난감 자동차처럼 페달 하나로 출발하고 정지하는 줄 알았다. 새로운 트랙터 모험을 하는 내내 시끄럽고 요란한 소리가 끊이질 않더니, 결국 변속기는 망가지고 말았다.

변속기가 고장 난 것을 안 아빠가 마이크를 불렀다. 그는 아들에게 있는 그대로 사실을 말하라고 했다.

"마이크, 네가 트랙터에 시동을 걸고 몰려고 했냐?"

"아니요." 마이크는 거짓말을 했다.

마이크는 그때나 지금이나 거짓말한 것이 부끄러웠다. 그는 아버지의 눈을 보면서 아버지가 이미 다 알고 있다는 걸 알 수 있었다. 그 경험으로 마이크는 가족 간에 신뢰를 저버리면 어떤 느낌이 드는지 배울 수 있었다. 그건 별로 좋지 않은 느낌이었고, 마이크는 그 일을 평생 잊을 수 없었다. 수리 비용도 엄청났다. 마이크는 자신이 멍청하게 행동하면 부모님을 얼마나 고생시키는지도 처음 알게 되었다. 예상치 못한 지출을 감당하느라 그들은 몇 주간 스팸과 콩만 먹어야 했다. 저녁을 먹으러 식탁에 앉을 때마다 그는 자신의 어리석은 행동이 부른 결과를 눈으로 확인하면서, 한동안 거짓말을 했다는 죄책감에 시달렸다. 이제 그는 3D 컬러 화면으로 그때의 일을 다시 체험하고 있었다. 그는 의자에 몸을 더 깊이 묻었다. 이번에도 영화는 생생하기 그지없었다!

마이크는 키도 훌쩍 크고 힘도 세졌다. 당시의 학교 시스템에서는 부모가 한 지역에서 살고 있으면 학생들도 대부분 그 지역의 상급 학교로 진학했다. 그래서 마이크와 같은 학년인 '불량배' 헨리도 덩달아 같은 학교로 진학을 했다. 초등학교 시절에는 헨리가 다른 아이들보다 덩치가 컸지만 고등학생이 되자 사정이 달라졌다. 남자애들 대부분이 급속도로 성장해 헨리와 체격이 거의 비슷해졌을 뿐 아니라 사춘기 남자아이들의 세계는 전보다 훨씬 대등한 관계가 되어 있었다. 헨리는 학교 성적이 별로 좋지 않아 졸업도 간신히 할 수 있었다. 마이클은 자신이 가진 온갖 강점과 지위를 이용해 헨리를 못살게 굴었다. 특히 자신의 큰 키와 학교에서의 인기는 헨리를 위협하는 유용한 도구였다. 그는 헨리를 조롱하기도 하고 악의를 가지고 위협하기도 했다.

그가 2학년 학급 반장이 되자, 마이크는 그 권력을 이용해 예전에 자신을 괴롭히던 터프가이를 학교 행사에서도 제외시키고 수업도 마음대로 못 듣게 만들었다. 그가 노련하게 영향력을 행사한 덕분에 과거의 불량배는 학교 댄스 파티에도 못 가고 듣고 싶은 선택 과목도 들을 수 없었다. 마이크는 아무에게도 자신이 한 짓을 말하지 않았지만, 불량배 소년의 학교 생활을 망칠 수 있는 일이라면 어느 것도 마다하지 않고 즐겼다. 헨리는 모든 내막을 알고 있었음에도 어떻게 해볼 도리가 없었다. 나중에는 그도 마이크에게 복수를 했지만, 오늘 영화관에 앉아 당시의 사건을 다시 보기 전까지는 그 복수가 무엇인지 마이크는 전혀 모르고 있었다. 3학년 때 그를 중상모략한 자가 바로 헨리였다! 치명적인 소문을 퍼트려 마이크가 학생회장이 될 기회를 망친 장본인이 헨리였던 것이다.

나중에 마이크는 헨리가 폭력배가 되어 감옥에 수감중이라는 사실을 알게 되었다. 마이크는 가끔 고등학교 시절에 헨리를 그냥 내버려두었다면 상황이 좀 달라졌을까 생각을 하곤 했다. 당시의 사건을 다시 보면서 마이크는 자신이 한 짓이 부끄러웠다.

마이크는 자신이 어리석게 느껴졌다. 이 긴 영화는 그가 어렸을 때 얼마나 못됐고 비양심적이었는지, 그리고 그런 행동이 어떤 결과를 초래했는지 보여주고 있었다. 어쩌면 자신이 한 사람의 인생을 망친 건지도 몰랐다! 그는 자신이 한없이 작고 초라하게 느껴졌다. 그래도 그는 영화를 계속 관람했다.

3학년 때 마이크는 진짜로 시험에서 부정 행위를 했다. 평균 평점은 높았지만 미국사 과목의 점수는 형편없었다. 그는 선생의 실력을 탓하며, 2학년 학급 반장이었을 때 복사해 둔 열쇠를 이용해 시험지를 미리 훔쳤다. 마이크는 그 행위가 나름 정당하다고 느꼈다. 그는 초등학교 때 자신이 하지도 않은 일 때문에 어떻게 '벌을 받았는지' 생생히 기억하고 있었다. 그래서 시험지를 훔치면서도 별로 양심의 가책을 느끼지 않았다.

하지만 상황은 초등학교 때보다 더 안 좋았다. 운이 없게도, 역사 선생님은 마이크의 성적이 갑자기 오른 걸 보고 그가 부정 행위를 했다고 비난했다. 마이크는 자신의 카리스마 넘치는 성격과 그동안의 좋은 성적, 예전의 명성을 이용해 선생님을 학교 행정실에 고발했고 선생님은 징계를 받았다. 그 사건은 인사 기록 카드에 남아 선생님의 진급을 가로막았다. 오늘, 크고 푹신한 의자에 앉아 영화를 보기 전까지, 마이크는 자기 때문에 선생님의 출셋길이 막혔다는 사실을 전혀 몰랐다.

'젠장, 너무 고통스럽군. 평생 희생자로 사는 것도 힘들지만, 거짓말을 하고 남을 속이는 건 더 괴로워.' 마이크는 더 이상 영화를 보고 싶지 않았고, 이쯤에서 영화가 모두 끝나길 바랐다.

그가 바라던 대로 영화 상영은 거기서 끝났다. 마이크가 어른이 된

후로는 에피소드라고 할 만한 것이 거의 없었기 때문이다. 부모님이 돌아가신 후 마이크의 삶은 완전히 바뀌었다. 그들의 죽음으로 마이크는 급속히 성숙해졌고, 내면에 잠재되어 있던 강직함이 깨어나 늘 진실되고 성실한 어른으로 살았다. 그는 마치 성실하고 정직하게 살아온 부모님을 대변하는 것 같았다. 필름의 리더가 테이크업 릴에 부딪히는 소리가 들리자 마이크는 안도의 숨을 내쉬었다. 이번엔 영사기가 멈추는 것과 함께 방이 서서히 밝아왔다. 영화관 뒤편에 있던 바이올렛이 마이크에게 다가왔다.

"마이클, 나를 따라오세요." 그녀가 상냥하게 말했다.

그는 아무 말 없이 그녀가 하라는 대로 했다. 장시간 의자에 앉아 있었더니 일어날 때 상당히 피로했다. 그는 다시는 영화를 보고 싶지 않았고, 자기 삶을 영화로 상영한 보라색 극장에 진절머리가 났다. 영화관을 나오면서 그는 영사기가 있던 뒤쪽을 바라보았다. 지난 이틀간 본 영화 필름이 여기저기 산더미처럼 쌓여 있을 거라고 예상했지만, 거기엔 아무것도 없었다. 공간은 깨끗하게 치워져 있었다.

바이올렛은 지금까지 마이크가 본 천사들 중 가장 친절했다. 그녀가 블루, 오렌지, 그리고 절친이 된 그린보다 더 낫다는 뜻은 아니었다. 그냥 그녀는 뭔가 달랐다. 천사들마다 마이크가 좋아하는 사랑스러운 특성이 있었다. 바이올렛은 자상하고 섬세했다. 마이크는 여기 계속 머물며 부모님 같은 그녀의 보살핌을 받으며 평화롭게 살고 싶었다! 그녀와 마주보고 앉아서 이야기를 듣는 게 참 좋았다. 그녀와 함께 있으면 모든 것이 평화로웠다. 언젠가 이런 느낌을 느껴본 적이 있었다. 그건 그가 아무것도 책임질 게 없는 아기였을 때 느끼던 느낌이었다. '책임의 집'과 그녀의 자애로운 외모는 잘 어울렸다. 이 집에서 그녀는 부모님이었고, 마이크는 삶의 무게를 내려놓고 다시 아기가 될 수 있었다.

바이올렛은 큰 방으로 마이크를 데리고 갔다. 방은 회의실처럼 보였지만 있는 것이라곤 달랑 의자 두 개뿐이었다. 한쪽 벽에는 게시판 같은 것이 있었고, 다른 쪽 벽에는 다양한 도식과 도표가 있었다.

다른 집에서는 천사들이 앉아 있는 모습을 본 적이 없었다. 그들은 피로를 느끼거나 잠을 잘 필요가 없었기 때문에 인간처럼 앉아 있을 필요가 없었던 것이다. 그들이 앉을 때는 주로 인간이 편하게 느낄 수 있도록 배려하기 위해서였다. 바이올렛은 우아하게 자리에 앉으며 마이크를 바라보았다.

"순수한 의도의 마이클 토마스, 기분이 좀 어떤가요?" 그녀는 마이크가 영화를 보면서 느낀 감정을 다 쏟아낼 수 있도록 말문을 열었다. 그는 자신의 감정을 솔직하게 말했고, 지난밤 그가 골똘히 생각했던 것들도 모두 쏟아냈다.

"바이올렛, 당신은 정말 저에게 소중해요." 마이크는 부모님처럼 자상한 바이올렛을 진심으로 사랑했다. "당신이 일부러 인간에게 상처를 입히지 않는다는 걸 알아요. 고통, 괴로움, 의심, 두려움 같은 건 천사의 의식과 맞지 않는다는 것도요. 하지만 영화를 보여줌으로써 당신은 저에게 상처를 주고 고통스럽게 만들었어요. 물론 거기엔 그럴 만한 이유가 있겠죠. 제 기분이 어떠냐고요?"

마이크는 그동안 자신이 느꼈던 감정을 솔직하게 털어놓기 위해 말을 잠시 멈추고 생각에 잠겼다.

"침해당한 것 같아요." 그는 다시 말을 멈췄다. "끔찍하고, 희생자가 된 것 같고, 저의 결점들 때문에 슬프고, 제가 한 짓 때문에 죄책감을 느끼고, 저에게 나쁜 짓을 한 사람들에게 화가 나고, 제가 어떻게 해볼 수 없었던 상황들 때문에 비통하고, 흠씬 두들겨 맞은 것 같고, 내성적으로 된 것 같아요." 마이크는 자신의 솔직한 심정을 털어놓았다. 마이크는 이미 지난밤에 펑펑 울며 격한 감정들을 토해낸 덕분에 더 이상 그런 감정을 느끼지는 않았다. 다만 자신의 인간적인 마음이 어떻게 느꼈는지 최대한 솔직하게 말해주고 싶었다. 말이 끊임없이 나왔고, 했던 말도 다시 반복했다. 바이올렛은 그런 그를 막지 않고 계속 말하도록 내버려두었다. 그의 감정의 정화 과정이 서서히 끝나가고 있었다. 그는 자신의 감정을 솔직하게 표현했고, 불만을 토로했으며, 불평을 해댔다. 하지만 영화를 왜 보여줬는지는 한 번도 묻지 않았다. 바이올렛이 먼저 알려줄 거라는 걸 알았기 때문이다. 그의 직감이 맞았다.

열변을 토해내고 나자 목이 말랐다. 어쩐 일로 물이 미리 준비되어 있었다. 물을 마신 뒤 그는 조용히 앉아 듣기만 하던 천사에게 얘기가 다 끝났다는 제스처를 취했다. 바이올렛이 일어서더니 차분하게 강의를 시작했다.

"마이클." 그녀는 자상하면서도 강렬한 눈빛으로 그의 영혼을 깊숙이 들여다보았다. 그는 그녀가 신의 마음으로 자신을 보살피고 있다는 것을 알았다. "앞으로 집으로 가기 위한 훈련을 받으면서 그런 감정들을 느끼는 일은 두 번 다시 없을 거예요." 방금 자신이 한 말을 마이크가 잠시 생각해 보도록 그녀는 의자에서 일어나 아무런 장식이 없는 벽 쪽으로 걸어갔다. 그녀는 두루마리처럼 말려 있던 도표를 펼쳐서 벽 위쪽에 고정시켰다. 그걸 보자 수업 시간에 지도를 아래로 끌어당겼다가 칠판에 글씨를 쓸 때면 다시 위로 말아 올리던 게 생각났다. 도표에는 글씨가 씌어 있었다. '지도의 집'에서 봤던 아랍 문자 같은 이상한 글씨였다. 그는 글씨를 하나도 읽을 수 없었다.

"마이클, 지난 이틀간 '인생 극장'에서 본 모든 것은 당신과 주변 사람들이 다 함께 신중하게 계획한 일들이었어요." 마이크는 그 말은 받아들였지만 어떻게 그럴 수 있는지 도저히 이해가 안 갔다.

"계획했다고요?"

"네."

"그럴 리가요. 사고도 났었고, 우연의 일치도 있었고, 그냥 어쩌다 보니 일어난 일도 있고, 어떤 일이 발생하려면 수백 가지 요인이 작용한다고요." 마이크가 말을 멈췄다.

"당신과 다른 사람들이 함께 계획한 거였어요, 마이크."

"어떻게요?"

"마이클 토마스, 당신은 이미 자신이 영원불멸의 존재라는 걸 알고 있어요. 당신은 모든 의문을 풀어줄 해답과 평화, 목적 의식이 있을 것 같은 신성한 곳, 즉 '집'에 가길 원해요. 그래서 여기에서 허락을 구하고 훈련을 받고 있는 거죠. 사실 당신은 이전에도 여러 번 지

182

구에 태어났고, 매번 다른 체형과 유형의 인간으로 살았어요. 이번 생에서는 마이클 토마스로 살았고요."

전생이 무엇이란 건 그도 알고 있었다. 그런데 지금 그가 신뢰하는 존재가 다시 한 번 전생이라는 것이 정말 있다고 확인시켜 주고 있었다. 그는 그녀의 말에 수긍하며 전생이란 개념에 경탄했다. 바이올렛이 계속 말했다. "지구에 있지 않을 때 당신은 다음 생에서 배울 수업 내용을 계획하게 돼요. 당신에게 필요한 게 뭔지 가장 잘 아는 사람만이 수업 내용을 계획할 수 있는데, 그건 바로 '당신'이에요! 당신의 배움을 위해 당신과 다른 이들이 함께 여러 가지 가능한 상황들을 설정하지요. 누군가는 당신을 괴롭히기로 하고⋯⋯ 맞아요, 마이클, 누군가는 일찍 죽어서 당신뿐만 아니라 본인의 성장을 가속화하기로 계약을 맺기도 하죠."

정보가 너무 놀라워 마이크는 입이 다물어지지 않았다.

"바이올렛, 그럼 부모님이? 이미 다 알고 있었단 말이에요?"

"모두가 알고 있었어요, 마이클. 그리고 부모님의 죽음이 당신 인생에서 가장 큰 선물이 될 거라는 것도요." 바이올렛의 눈은 무한한 자비심으로 가득했다. 그녀는 마이클에 대해 잘 알고 있었다! 그녀는 모든 것을 설명할 준비가 되어 있었고, 그로 인해 마이크가 감정적으로 동요되리라는 것도 알고 있었다. 그녀는 마이크가 묻는 말에 모두 대답해 줄 준비가 되어 있었다. 그녀는 정말 훌륭한 스승이었다.

"환생이란 상당히 복잡한 문제예요, 마이클." 바이올렛이 계속 말했다. "한 인간이 환생할 때마다 다른 누군가의 삶과 서로 얽히고설

키게 되죠. 지구에 도착하기 전에 당신의 배움과 성장을 위해 여러 가지 발생 가능한 상황들을 계약서로 작성하게 되고요. 당신은 누군 가에게 골칫거리가 되기도 하고 없어선 안 될 소중한 존재가 되기도 하죠. 당신이 사고라고, 우연의 일치라고 생각했던 상황들은 사실 신 중하게 계획된 거였어요."

"운명이 미리 정해져 있다는 말로 들리네요?"

"아니에요. 당신에겐 선택권이 있어요. 길은 미리 만들어져 있지 만, 그 길로 여행할지 말지는 본인이 선택하는 거예요. 원한다면 전 혀 새로운 길을 만들 수도 있고요." 다음 말을 강조하기 위해 그녀는 잠시 멈췄다. "그게 바로 지금 당신이 하고 있는 일이기도 하죠." 그 녀는 마이크에게 미소를 지으며 말했다. "이 길을 여행하기로 결심 한 순간 당신은 다른 이들과 함께 작성한 계약서를 내던진 거예요. 당신은 일반적인 교훈을 배우는 평범한 일상을 거부하고, 그 대신 '집'으로 직진하기로 결정한 거죠. 이제 큰 그림이 보이고 이해되기 시작할 거예요."

"그럼, 영화는 왜 보여준 거죠?" 마이크는 이유를 알아야만 했다.

"그동안 살면서 부정적으로만 보였던 사건들을 모두 살펴보고, 당 신이 그러한 상황을 다른 이들과 함께 창조했다는 걸 알게 하려고 요. 당신은 함께 계획한 것들을 일정대로 실행에 옮긴 거죠. 즉 당신 이 모든 사건의 책임자예요."

마이크는 모든 일이 결국 자신의 책임이라는 말에 충격을 받았다. 어떻게 그렇게 될 수 있는지 여전히 이해가 안 됐다. "만약 제가 계획을 바꾸고 싶었다면요? 제가 어떻게 그렇게 끔찍한 비극과 골칫거리를 선택할 수 있죠?" 바이올렛이 이미 예상했던 질문이었다.

"지구에 있지 않을 때 당신은 신의 마음과 연결되어 있어요, 마이클. 아직은 잘 모르겠지만, 사실이 그래요. 죽음이라든지 감정적 상황 같은 건 신의 입장에서 봤을 땐 그냥 에너지의 상태예요. 당신은 영원불멸한 존재이고, 인간이 태어나고 죽는 것은 당신이 생각하는 것보다 훨씬 더 원대한 목적이 있기 때문이에요. 이 점은 언젠가 당신이 나와 같은 상태로 존재하게 되면 더 잘 이해할 수 있을 거예요. 이 시점에서 알아둬야 할 건, 당신이 비극이라 부르는 사건들이, 지금은 비록 끔찍하게 보이겠지만, 지구의 변화와 진동의 증가를 촉진시키는 촉매제가 될 뿐 아니라 더없이 소중한 선물이 될 수도 있다는 거예요. 중요한 건 전체 그림이지, 세세한 실제 사건들이 아니에요. 아직은 이런 말들이 혼란스럽겠지만, 사실이 그래요." 마이크가 내용을 소화할 수 있도록 잠시 말을 멈춘 뒤 바이올렛이 계속했다.

"계획을 바꿀 수 있냐고요? 그럼요. 언제든 바꿀 수 있고 언제든 다른 선택을 할 수도 있죠. 하지만 대부분의 인간들은 그걸 몰라요. 지구에서의 삶은 모두 배움의 과정이에요, 마이클. 이런 식으로 보면 돼요. 이 집을 떠날 때 당신은 아마 길을 쭉 따라갈 거예요. 길을 따라 걷는 게 가장 자연스러우니까요. 목적지에 대해서도 깊게 생각할 필요 없이 그냥 따라가기만 하면 되니까 훨씬 더 쉽고요. 길은 이미 만들어져 있고, 따라가기만 하면 목적지가 나오는데, 누군들 길을 선택하지 않겠어요? 하지만 이곳에서 일곱 개의 집을 찾아갈 때, 방향이 같다고 경로가 딱 하나만 있는 건 아니에요. 꼭 길을 따라가지 않아도 그냥 한 방향을 향해 가다 보면 훨씬 더 빨리 다음 집에 도착할 수도 있어요. 길에서 벗어나면 생각지도 못했던 새롭고 멋진 것들을 발견할 수도 있고요. 인간의 삶도 마찬가지예요. 길이란 건 다른 이들과 함께 계획한 잠재적인 것일 뿐이에요. 경로는 다양하지만, 늘 당신을 한 방향으로, 즉 미래로 이끌지요. 대부분의 인간은 자신이 원하면 길에서 벗어날 수 있다는 걸 모른 채 그냥 길만 따라가죠. 정해진 길을 벗어나는 순간 많은 것들이 변하기 시작해요. 특히 미래가 바뀔 수 있어요. 사실, 정해진 길을 벗어나기로 선택하자마자 자신의 미래를 새롭게 쓰기 시작하는 거예요. 자신의 삶을 좀 더 잘 통제하게 되면 평화도 찾고 삶의 목적도 깨닫게 되죠. 심지어 어떤 인간들은 여기로 직접 오기도 해요, 마이클." 바이올렛이 마이크가 어떤 반응을 보일지 다 알고 있다는 듯이 미소를 지었다.

"여기 '책임의 집'을요?" 마이크가 물었다.

"순수한 의도의 마이클 토마스, 이곳은 당신이 바로 당신 삶에서 일어난 모든 일에 책임이 있다는 것을 배우는 곳이에요. 슬픔, 비통함, 사고로 보이는 사건들, 상실감, 다른 이들이 당신에게 한 행위, 고통, 아, 그리고 죽음까지도요. 당신은 그 모든 걸 겪게 되리란 것을 이미 알고 있었어요. 당신이 모든 것을 다른 이들과 함께 계획했고, 지금까지 계속 각본대로 실행에 옮겼던 거죠."

"그럼 그런 계획을 세운 목적이 뭐예요?"

"사랑을 배우기 위해서예요, 마이클. 가장 높은 단계의 사랑이요.

언젠가 때가 되면 원대한 계획을 알게 될 거예요. 그냥 지금은, 모든 사건이 적절했고, 사랑이 무엇인지 배우기 위한 당신의 계획의 일부였다는 것만 이해하면 돼요. 보이는 것이 전부는 아니니까요."

천사의 마지막 말이 마이크의 귀에 꽂혔다. "보이는 것이 전부는 아니에요······" 이 말은 그가 도둑에게 당한 후 환영으로 본 첫 번째 천사가 한 말이었다. 그리고 오는 길에 다른 천사들도 똑같은 말을 했다. 그의 머릿속은 이 새로운 개념들로 가득했다. 문득, '지도의 집'에서 블루가 했던 말도 생각났다. 자기가 보고 있는 게 지구에 있는 모든 인간들의 계약서라고 했던 말. 블루가 관리하던 수백만 개의 계약서는 모든 인간의 잠재적 계획이었고, 각각의 인간이 직접 작성한 것이며, 원하면 언제든지 변경할 수 있었다.

진정한 메시지가 이해가 되자, 마이크는 망치로 머리를 한 대 얻어맞은 기분이었다. 좀 더 어렸을 때 이런 내용을 알았더라면 얼마나 좋았을까! 그는 삶을 훨씬 더 잘 이해할 수 있었을 것이다. 그는 미래를 바꿀 수도 있었다. 큰 그림을 보면서 마음의 평화도 찾았을 것이다. 부모님의 죽음, 실연, 우울증······ 이 사건들을 계기로 그는 훨씬 더 희망적으로 되고 지혜로워질 수도 있었다! 선택을 통해 자신의 삶을 바꿀 수 있다는 건 정말 멋진 생각이었다. 바이올렛의 말이 맞았다. 마이크는 그동안 모든 일이 자신이 계획한 대로 펼쳐지도록 정해진 길만 따라갔다. 마이크는 '계획'이라는 단어가 입에서 쉽게 나오지가 않았다. 그 말은 곧 지금까지 자신에게 일어난 모든 일이 자신의 책임이라는 뜻이었다. 그는 정말 새로운 관점으로 세상사를 볼 수 있었다. 아, 이 개념을 진즉에 알았더라면! 그랬다면 그의 삶은 전혀 다른 방향으로 흘러갔을 것이다. 교회에서는 아무도 이런 얘기를 해주지 않았다. 그는 신을 사랑했고 교회가 신성한 곳이라고 느꼈지만, 그는 늘 자신이 목자를 따르는 양이라는 소리만 들었다. 그 어떤 교회의 교사도 그에게 인생을 스스로 바꿀 수 있는 힘이 있다는 걸 알려주지 않았다.

"바이올렛, 그게 정말 사실이라면, 왜 교회에서 그런 걸 배우지 못했을까요?"

"교회는 신에 대한 진실을 말하지 않아요, 마이클. 교회는 주로 인간들에 대해 말을 하거나 자신들이 생각하는 신의 모습에 대해 얘기하죠." 바이올렛은 인간을 비난하거나 판단하는 게 아니라 있는 그대로 말하고 있었다.

"그럼 교회에서 가르치는 게 틀렸다는 거예요?" 마이크가 물었다.

"마이클, 진리는 영원히 진리로 남을 뿐이에요. 진리의 일부분이 인간들의 모든 영적 시스템에 보존되어 있고요. 신의 진리를 구하는 모든 인간이 대단히 존중받고 있어요. 사랑, 기적, 순리가 작용하는 방식이 어느 정도는 예배 장소에서 표현되고 있죠. 그래서 당신이 교회에 갈 때마다 신의 영을 느낄 수 있었던 거예요, 마이클. 영은 인간의 진리 탐구를 존중해요. 비록 모든 사실이 밝혀지지 않을지라도 말이죠. 진리에 대해 듣고 있는 지금 이 순간에도 당신이 아직 자신이 진짜 어떤 존재인지 모른다는 점을 생각해 봐요. 당신네 교회와 지구상의 모든 영적 탐구자들은 대단히 존중받고 있어요. 어찌됐든 신과 영적 진리를 찾고자 하는 노력의 일환이니까요. 하지만 일부 인간들이 이러한 영적 탐구가 더 확산되지 않도록 두려움을 이용해 사람들을 통제하고 제한하고 있다는 건 안타까운 일이죠. 신의 진리를 구하는 것 자체가 존중받을 일이지, 무엇을 성취했느냐가 중요한 게 아니에요. 즉 당신네 행성에서 영적 탐구의 길을 걷는 이들이 성스러운 것이지, 첨탑이 있는 건물이 성스러운 게 아니에요."

바이올렛이 아까 펼쳤던 도표 쪽으로 갔다. "성경책이 신성하다고 생각해요? 이걸 한번 봐요." 그녀는 도표에 있는 수수께끼 같은 글자를 가리켰다. "이건 인류의 아카식 기록akashic record이에요. 여기엔 당신의 모든 삶과 잠재적 계약서가 기록되어 있어요." 그녀가 경의를 표하듯 잠시 말을 멈춘 뒤 덧붙였다. "마이클, 이게 바로 우주에서 가장 신성한 글이에요. 이 기록은 영적 여행을 하기로 선택한 '인간들'이 작성한 거거든요!"

그녀가 마이크를 오랫동안 똑바로 쳐다보기는 처음이었다. 그는 그녀가 전하고자 하는 메시지를 이해했다. 문득 그는 그녀가 존경을 표하는 자세로 서 있다는 걸 알았다. 그를 영적으로 존경한다는 표시였다! 천사와 자신의 역할이 뒤바뀌자 마이크는 마음이 불편해졌다. 그는 영적 진리를 더 알고 싶었고, 그녀는 그의 궁금증을 풀어주었다.

그 다음 며칠간 삶과 인류에 대한 심오한 얘기를 들으며 마이크는 '책임의 집'에서 멋진 시간을 보냈다. 마이크는 자신이 누구이고, 누구였는지 더 잘 알게 되었다. 수많은 퍼즐 조각이 한꺼번에 맞춰지는 것 같았다. 바이올렛은 부모님을 비롯해 지금까지 살면서 만난 사람들의 인생 기록과 계약서를 그에게 보여주었다. 어느 것 하나 부적절한 것이 없었고, 일어나기로 되어 있는 일 중 일어나지 않은 것은 아무것도 없었다. 하지만 그는 삶에 대한 시각을 바꿔 더 큰 그림을 볼 수 있었다.

바이올렛이 한 말 가운데 마이크를 가장 놀라게 한 정보가 있었다. 그건 바로 인간이 사실 신의 일부이지만, 배움의 과정을 완수함으로써 지구 자체의 영적 측면들과 진동수를 변화시키기 위해 그 사실을 망각한 채로 지구에서 살아가고 있다는 것이었다! 바이올렛은 인간을 계속 '고귀한 존재들exalted ones'이라고 언급했다. 인간은 실재reality 자체를 바꿀 수 있는 존재였다. 인간은 지구에서 대규모로 자행되었던 일을 수정할 것이며, 그것이 바로 지구에서 배워야 할 수업 내용이었다. 인류 모두가 함께 계획한 수업!

드디어 마이크가 떠나야 할 때가 되었다. 그는 자신이 새로운 존재가 된 것 같았다. 삶의 이치와 진리에 대한 지식이 백 배로 커졌고, 진리를 알게 됨으로써 힘은 더 강력해진 것 같았다. 다음 집으로 여행을 떠나기 위해 전투 장비를 입는데, 오렌지가 했던 말이 귀에 맴돌았다. "진리의 검…… 지식의 방패…… 지혜의 갑옷." 이제야 모든 것이 영적으로 이해가 되기 시작했다. 무기는 의식儀式에 사용되며 의도를 표현하기 위한 것이란 걸 알았다. 무기와 관련된 많은 용어가 되풀이 설명됨에 따라 그는 마침내 그 참뜻을 이해할 수 있었다.

바이올렛은 보라색 집의 현관문으로 마이크를 안내했다. "순수한 의도의 마이클 토마스, 당신이 그리울 거예요."

"바이올렛, 집에 가는 게 아니라 오히려 집을 떠나는 것 같아요!"

마이크는 이곳에 있는 내내 보살핌을 받는 것 같았고, 바이올렛은 그에게 부모님 같은 존재였다. 그는 지금까지 형제 같은 천사 세 명을 만났고, 이번에는 엄마 같은 천사를 만났다. '다음엔 어떤 천사를 만나게 될까?' 궁금했다.

"더 많은 가족이요." 바이올렛이 마이크의 생각에 답했다.

문 앞에서 마이크는 들어올 때 벗어놨던 신발을 발견했다. 바이올렛이 신발을 왜 벗는지 물어놓고는 답을 알려주지 않았던 것도 생각났다. 그는 신발을 물끄러미 바라보다가 바이올렛 쪽으로 돌아섰다.

"아직 해결되지 않는 일이 하나 더 있네요." 마이크가 말했다. 그는 자기에게 왜 신발을 벗으라고 했는지 이유를 알고 싶었다.

"그래요, 마이클. 기억해요. 당신은 이제 이유를 알 거예요." 그녀는 미소를 지어 보이며 그가 대답할 때까지 차분히 기다렸다. 마이크는 답을 알았지만, 그걸 자기 입으로 말한다는 게 쑥스러웠다. 그 답이 너무 거창해 보였고, 마치 자신을 추켜세우는 것만 같았다.

"말해요, 마이클." 바이올렛은 다시 스승으로 돌아갔다.

"인간은 신성한 존재이기 때문이에요." 결국 그는 말하고 말았다. 그가 계속 말했다. "그리고 이 집은 진동 에너지가 높은 인간들이 머무는 곳이니까요."

바이올렛의 입에서 기쁨의 탄성이 터져 나왔고, 얼굴에는 감동받은 표정이 역력했다. "아주 정확한 답변이에요, 순수한 의도의 마이클 토마스." 그녀가 말했다. "말 그대로 이곳이 신성한 이유는 천사가 아니라 인간이 머물기 때문이에요. 마이클, 당신은 참으로 특별한 인간이군요. 당신 안에 있는 신이 존경스럽군요! 자, 이제 한 가지 물어볼게요." 마이크는 그 질문이 무엇인지 알았지만, 바이올렛이 물어보도록 가만히 있었다. "마이클, 당신은 신을 사랑하나요?"

"네, 바이올렛. 저는 신을 사랑해요." 마이크의 눈에 눈물이 고이기 시작했다. 자신의 감정 상태를 바이올렛이 알아채도 상관없었다. 그는 보라색 집을 떠나는 것이 너무 슬펐다. 이곳은 부모님이 돌아가신 후 잃어버린 줄만 알았던 사랑을 느낀 곳이었다. 마이크는 돌아서서 몇 걸음 걸어가다가 다시 돌아섰다. "저도 당신이 그리울 거예요, 바이올렛. 하지만 당신은 늘 제 가슴속에 있어요." 마이크는 다음 집을 향해 걷다가, 그를 여전히 지켜보고 있는 천사에게 돌아서서 한 번 더 말했다.

"바이올렛, 날 봐요!"

마이클 토마스는 연극 배우 같은, 아니 어린애 같은 열정적인 몸짓으로 길에서 벗어나 초목이 무성한 평지로 뛰어들었다. 그가 뒤를 돌아보며 그녀에게 외쳤다.

"날 봐요! 저만의 길을 만들어가기로 결심했어요!" 자신이 만들어낸 은유적인 표현에 마이크도 깔깔대고 웃었다. 그는 보라색 집이 더 이상 보이지 않을 때까지 낯선 지형을 따라 펄쩍펄쩍 뛰어가면서 팔을 마구 흔들었다.

바이올렛은 마이클이 보이지 않을 때까지 집 앞에서 계속 지켜보았다. 엄마처럼, 그녀 역시 마이클 토마스라는 위대한 존재가 무척 자랑스러웠다. 그녀는 다시 안으로 들어가 문을 닫았다. 그녀는 인간의 형상이 아닌, 본래의 자연스럽고 장엄한 상태로 돌아갔다. 그녀는 다른 천사들에게 말했다.

"이번이 새로운 인간 종의 출현을 보여주는 예라면, 앞으로 일이 훨씬 더 재미있어지겠는데요!"

◆ ◆

길에서 400미터쯤 앞에는 역겨운 존재가 자리를 잡고 기다리고 있었다. '그것'은 신중하게 함정을 파놓았고, 그 정도면 마이클 토마스도 절대 눈치 챌 수 없을 것 같았다. '그것'은 마이크가 보라색 집을 떠나 다시 여행에 나섰다는 걸 느낌으로 알 수 있었다. '그것'은 신이 났다!

'이제 얼마 남지 않았어.' '그것'은 생각했다. '마이클 토마스가 나를 확인하려고 뒤를 돌아보는 순간, 정면에서 그를 공격해야지. 그는 자기를 후려친 게 뭔지도 모를 걸!' 그 신물 나는 존재는 자기가 요정의 나라에 오고 나서 얼마나 영리해졌는지 생각하며 키득거렸다. '이제 금방이야……'

'그것'은 마이클 토마스가 길을 벗어난 것도 모르고 오래도록 그를 기다렸다.

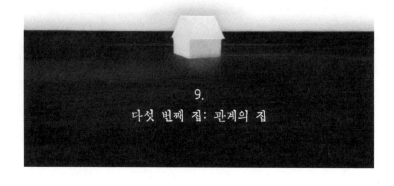

9.
다섯 번째 집: 관계의 집

얼마 지나지 않아 마이크는 길에서 벗어나서 걷는 것도 나름 어려운 점이 있다는 걸 깨달았다. 끊임없이 해의 위치를 살피며 일정한 방향으로 가고 있는지 확인해야 했고, 혹시나 집을 지나칠까봐 틈틈이 지도도 확인해야 했다. 게다가 자신이 서 있는 곳이 어디쯤인지 확실치가 않아 여행의 속도도 더 더뎠다.

이런 어려운 점이 있긴 했지만 적어도 이번만큼은 여행 자체가 재미있다는 걸 마이크는 깨달았다. 그는 바이올렛에게 자랑스러운 인간이 되고 싶어 미지의 길을 선택했다. 물론 그 자신을 위한 선택이기도 했다. 자신이 영적인 나라에서도 평범한 길을 거부할 수 있다는 걸 바이올렛에게 보여주고 싶었다. 하지만 그런 반항은 한 번이면 족

한 것 같았다. 다음 집을 찾고 나면 아마 다시 길을 따라 나머지 집들을 찾아갈 것이다. 그게 훨씬 더 쉬울 뿐더러 길을 따라가는 것 또한 그의 선택이니 문제될 것은 없었다. 사실 길을 벗어나면 어떻다는 것도 이제 알았기 때문에 다음번에는 그냥 길을 따라가기로 한 자신의 선택이 그 어느 때보다 옳게 느껴질 것이다. 또 두 가지 경로를 다 경험해 봤으니, 정해진 길로만 가야 한다는 법칙을 억지로 지키는 대신 스스로 현명하게 둘 중 하나를 선택할 수도 있었다.

이제는 누가 자신을 지켜보고 있다는 느낌도 더 이상 들지 않았다. 그의 천적이 그에게 내린 저주가 풀린 것일까? 여행 내내 쫓아오던 어둡고 불길한 형체가 그냥 가버린 것일까? 아니었다. 마이크는 현명했다. 그가 늘 익숙한 길로만 여행하던 습관을 바꿨기 때문에 그를 처음부터 강아지처럼 졸졸 따라붙던 불쾌한 존재가 지금 잠시 헷갈린 것뿐이란 걸 그는 즉시 알아챘다. '그것'이 조만간 어찌된 영문인지를 알아채고 틀림없이 다시 마이크를 쫓아올 것이다. 이는 앞과 뒤에서 언제 덮칠지 모르는 '그것'에 대비해 정신을 바짝 차려야 한다는 의미였다.

평지를 네 시간째 걷고 있을 무렵 하늘이 어두워지기 시작했다. 마이크는 더 이상 어리둥절해하지 않았다. 그건 괴상하고 무섭고 극심한 기상 이변이 또 한 번 닥쳐온다는 뜻이었고, 그는 즉시 피신처를 찾아야 했다. 지난번 폭풍이 불어 닥쳤을 때 하늘이 어두워지자마자 10분도 안 돼 거세게 몰아치는 바람에 휩쓸려가지 않으려고 땅에 바짝 엎드린 채 안간힘을 쓰며 살려달라고 기도했던 게 생각났다.

마이크는 지도를 꺼내 인근에 무엇이 있는지 살펴보았다. 예상대로 지도의 빨간 점은 마이크 주변에 있는 것들만 보여주고 있었다. 지도를 보고 마이크는 자신이 방금 전 동굴 같은 피신처가 있는 바위투성이 지역을 지나쳤다는 걸 알았다. 그 지역을 지나친 건 알겠는데 동굴 같은 것을 본 기억은 나지 않았다. 마이크는 지도를 배낭에 넣고, 지도에 표시된 바위가 보일 때까지 왔던 길을 되돌아갔다.

피신처를 찾기 위해 돌아서는데 폭풍이 무시무시한 속도로 다가왔다. 하늘엔 먹구름이 몰려오고 강풍이 몰아치기 시작했다. 동굴 입구를 발견하고 발걸음을 빨리할 때쯤엔 비도 한두 방울씩 내리기 시작했다. 마이크가 동굴 입구로 들어가자마자 자연은 또 한 번 미친 듯 날뛰기 시작했다. 마이크는 비도 피하고 광포한 폭풍에도 휘말리지 않기 위해 동굴 안쪽에 서 있었다. 폭풍의 포악스런 성질에 다시 한 번 놀라면서, 그는 블루에게 지도를 줘서 고맙다고 작은 소리로 속삭였다. 지도 덕분에 그는 막판에 폭풍우에서 무사히 벗어날 수 있었다. 이번에도 지도의 '최신 정보'는 그가 가장 필요한 순간에 결정적인 도움이 되었다.

마이크는 동굴 안에 서서 한시도 눈을 떼지 않고 바깥 상황을 지켜봤다. 끊임없이 돌변하고 울부짖는 비바람에 바깥은 그야말로 아수라장이었다. 그 광경은 정말 놀라웠다! 그는 자신이 밖에 있지 않은 게 천만다행이라고 생각했다.

"이렇게 신성한 곳에 왜 폭풍우가 몰아치는 거야?" 그가 큰소리로 내뱉었다. 머릿속에서 목소리가 들려왔다…… 블루의 목소린가?

"마이클 토마스, 인간이 이곳을 여행하지 않으면 폭풍도 일어나지 않아요."

"제가 만약 이곳에 없다면 폭풍도 없다는 말인가요?"

"네." 블루의 목소리가 대답했다.

"하지만 전 지금 폭풍 속에 있지 않아요. 폭풍에 별다른 영향을 받고 있지도 않고요."

"바로 그거예요!" 블루가 웃었다. "당신은 지도 사용법을 배웠으니까요! 믿기지 않겠지만, 당신처럼 이곳에서 여행하던 인간들 중엔 지도가 그냥 장난인 줄 알고 일찌감치 지도를 내던진 사람도 있어요. 하지만 당신은 지도가 어떻게 변하는지 보았고, 지도의 현재 상태를 늘 확인하는 게 이젠 삶의 방식이 되었죠. 여행을 하면서 당신은 '지금 이 순간'이라는 영적 시간대에 한쪽 발을 담그고 있지만, 동시에 선형적인 시간을 가늠하는 법도 배우며 두 시간대에 존재하고 있어요. 그래서 지난번 폭풍 때 배운 것들이 떠오르자 얼른 폭풍을 피해 지금 평화롭게 동굴에서 쉴 수 있는 거예요. 마이클, 당신은 정말 대단해요!"

마이크는 블루의 설명을 들으며 미소를 지었다. 알고 보니 폭풍은 사실 그를 위한 것이었고, 모든 것이 그를 위해 계획된 것이었다! 그는 동굴 밖을 내다보며 바람을 향해 소리를 질렀다.

"이젠 멈춰도 돼. 난 안전하니까!" 마이크는 깔깔대고 웃어댔다.

폭풍은 두 시간쯤 더 지속되다가 해질 무렵이 되어서야 완전히 멈췄다. 그는 다음 집에 도착하기까지 시간이 충분한지 알 수가 없었다. 해가 지고 나서도 과연 집을 찾을 수 있을지 확신이 서지 않았다. 그러면서 한편으론 자신이 무사할 것 같았고, 필요시에는 스스로를 지킬 수도 있을 것 같았다. 그는 동굴 밖으로 나와 해가 지는 방향을 마지막으로 확인했다. 그러곤 북쪽이라고 판단되는 방향으로 걸어가기 시작했다.

해가 져 어두워짐에 따라 걸음 속도도 느려졌다. 마이크는 이곳에 온 이후로 한 번도 밤에 밖으로 나가본 적이 없다는 걸 깨달았다. '이곳에도 별이나 달이 있을까?' 그는 금방 답을 찾았다. 하늘엔 별도 달도 없었다. 황혼의 어스름한 빛이 지평선 너머로 자취를 감추자 사방이 칠흑같이 어두워졌다. '와, 정말 깜깜하다!' 불빛이 하나도 없어서 마이크는 지도조차 볼 수 없었다. 아무래도 동굴에서 하룻밤 묵어야 했나 싶은 생각이 들었다. 이 정도로 깜깜해질 줄은 미처 몰랐다! 그는 그냥 그 자리에 주저앉았다. 아무것도 보이지 않는 상태에서 뭔가에 걸려 넘어지고 싶지는 않았다.

그렇게 어둠 속에 앉아 있은 지 한 시간 정도 지났을까, 마이크는 그의 눈이 이상해졌거나 뭔가 이상한 현상이 일어나고 있다는 걸 알았다. 좀 전에 그는 자신의 예상대로 해가 서쪽으로 지는 걸 확인했다. 해가 진 방향을 기준으로 그는 북쪽이 어디인지 가늠할 수 있었고, 멀리 북쪽에 보이는 언덕 꼭대기를 표지삼아 달빛 아래서도 여행을 계속할 작정이었다. 하지만 달빛이나 별빛이 없는 상황에서는 표지 역시 보이지 않았다. 적어도 지금까지는 말이다. 희미하긴 하지만, 북쪽 방향에 있던 표지의 윤곽이 보이기 시작했다. 해질녘 밝게 빛나던 붉은 빛이 북쪽으로 건너갔는지, 마이크가 눈여겨 봐놨던 언덕 꼭대기를 환하게 비추고 있었다. 거기에서 뭔가가 빛을 발산하고 있었다!

마이크는 굉장히 신중하고 조심스럽게 일어섰다. 북쪽에서 흘러 나오는 희미한 붉은 빛 덕분에 주변의 땅들도 서서히 보이기 시작했다. 그는 깜박이는 붉은 빛을 향해 천천히 조용하게 움직였다. 지면이 갑자기 높아지거나 바위가 나타나 놀라지 않도록 아주 조심스럽게 발을 땅에 대고 앞으로 쓰윽 밀면서 풀밭을 걸어갔다. 그러다 다시 발밑의 희미한 지면을 확인하기 위해 눈에 힘을 주며 잠시 멈춰 서곤 했다. 그렇게 달팽이처럼 느릿느릿 움직이며 앞으로 나아갔다.

웅크린 자세로 한 걸음씩 움직이다가 갑자기 매끄러운 지면에 발이 닿자 마이크는 하마터면 비틀거리며 넘어질 뻔했다. 길이었다! 이 상황이 상징하는 바를 생각하자 마이크는 웃음이 났다. 길을 저버렸어도 그가 가장 필요한 순간에 길이 다시 나타났다! 여기처럼 재미있는 곳이 또 있을까?

마이크는 길이 북쪽의 표지와 직선으로 연결된 게 아니라 왼쪽으로 약간 꺾여 있다는 것을 알았다. 하지만 길을 따라가다 보면 다음 집이 나올 거라 믿었다. 게다가 길이 뻗어 있는 곳에서 빨간 불빛이 나오고 있었다. 마이크는 길의 한가운데쯤이라 여겨지는 곳을 따라 속도를 내어 걷기 시작했다. 하지만 여행 속도는 여전히 느렸다. 길 가운데를 따라 걸어가려고 애는 썼지만 가끔씩 자기도 모르게 길 가장자리로 와 있었다. 그럴 때마다 그는 실실 웃음이 나왔다.

'이건 6월의 안개 긴 산타모니카 해안보다도 더 안 좋은걸!' 그는 생각했다. 안개가 자욱한 어느 날 밤 보이는 것이라곤 도로 중앙의 흰 선뿐인 길에서 자전거를 타던 기억이 났다. 그는 그때처럼 흰 선이라도 좀 보였으면 좋겠다고 생각했다.

마이크는 빛이 나오는 쪽으로 자신이 점점 다가가고 있다는 걸 알았다. 주변도 더 선명하게 보였다. 길이 조금씩 밝아지자 그는 허리를 곧게 펴고 평소의 보폭으로 걸을 수 있었다. 하지만 여전히 경계를 늦추지 않았다. 빛이 어디에서 흘러나오는지 아직 확인이 안 된 상태였기 때문에, 예기치 못한 사태에 대비해야만 했다.

굽잇길을 돌고 나서야 마이크는 빛이 어디에서 나오는지 알게 되었다. 그는 눈앞에 보이는 광경을 믿을 수가 없었다. 그곳 숲 속에 다음 집이 있었다. 집이 몹시 빨갰다! 다른 집들도 빛이 안에서 바깥으로 새어나오는 것처럼 보이긴 했지만, 이 집은 정말로 그랬다.

마이크는 발걸음을 재촉해 거의 평소 같은 속도로 빨간 집을 향해 걸어갔다. 집에서 새어나오는 빨간 불빛이 마이크를 감싸 안았다. 마이크는 집으로 이어지는 오솔길을 걷다가 '관계의 집House of Relationships'이라 쓰인 빨간색 푯말을 보았다. 순간 마이크는 걸음을 멈췄다.

"오, 이런." 그는 한숨을 푹 쉬며 말했다. "이건 내가 이미 실패한 주제잖아! 여기서도 영화를 봐야 하나?"

"맞아요!" 젊고 빨간 천사가 난데없이 나타나 집 앞 계단에 서 있었다. "반가워요, 순수한 의도의 마이클 토마스. 당신이 못 오는 줄 알았어요!"

"그럴 리가요, 멋쟁이 빨간 친구." 마이크가 대답했다. "그냥 시간이 좀 걸렸어요. 영화를 보자고 서두르고 싶진 않았거든요. 바이올렛이 보여줬던 거랑 비슷한가요?"

"아니에요, 마이클. 전혀 달라요." 빨간 천사는 굉장한 미남이었다. 그는 탄탄한 근육질의 액션 배우를 연상시켰다. 빨간 천사는 체구도 엄청 컸다. 성격이 매우 활발하고 편안해 보여서 큰 체구에도 불구하고 위압감이 느껴지지는 않았다. 다른 천사들과 마찬가지로 그 역시 마이크를 편하게 대했다. 빨간 가운은 왠지 그를 신성한 존재로 보이게 했다. 마이크는 고위 성직자들이 그런 빨간색 가운을 입었던 게 생각났다.

"배고픈가요, 마이클?" 거구의 빨간 천사가 물었다.

"네."

레드는 마이크를 집으로 안내했다. 하지만 들어가기 전에 그는 마이크에게 신발을 벗으라는 제스처를 취했다. 집 안이 신성한 이유를 상기시키려는 듯 레드는 마이크에게 윙크를 했다. 마이크는 이런 식으로 존중받는 게 왠지 민망했지만 그냥 잠자코 있었다. 그는 조용히 신발을 벗어 문 앞에 놓았다.

다른 집들과 마찬가지로 이 집 역시 내부는 밖에서 보는 것과 전혀 달랐다. 이 집은 굉장히 컸다. 안에는 계단과 아치형 장식이 있었고, 열린 창문으로는 밖에서 전혀 보지 못한 풍경들이 보였다. 마이크는 이렇게 물리 법칙과 현실이 일치가 안 되는 환경에는 결코 적응이 안 될 것 같았다. 그는 《이상한 나라의 앨리스》 이야기를 떠올리며, 루이스 캐롤(영국의 동화 작가로, 1865년에 《이상한 나라의 앨리스》를 발표했다—옮긴이)이 자기 꿈에 나타난 건 아닐까 생각했다. 정말 웃긴 생각이었다! '이제 흰 토끼라도 찾아야 하나?'

"화이트는 다음 집에 있어요, 마이클." 레드가 미소를 지으며 말했다. "토끼는 아니지만요."

마이크는 웃었다. '다음 집이 흰색이라고? 그럼, 백악관이 나오겠군!' 마이크는 혼자서 말도 안 되는 생각을 하며 우스워했다. 레드도 그의 생각을 읽으며 재미있어했다. 마이크는 여기에서 받을 수업의 내용이 무엇이든 왠지 좋은 시간을 보낼 것 같은 느낌이 들었다. 레드는 꼭 가족 같았다. 그린과 마찬가지로 레드 역시 형 같았다. 얼굴 생김새로 보아 그는 천사들 사이에서도 꽤 유명할지 몰랐다. 블루와 오렌지는 삼촌 같았고, 바이올렛은 당연히 엄마였다. 어서 빨리 아빠 같은 천사도 만나고 싶었다!

"우리가 가족 같나요, 마이클?" 레드는 식당과 숙소로 보이는 곳에서 멈춰 섰다. 자신을 위해 준비된 저녁 식사 냄새가 풍겨왔다.

"네, 꼭 가족 같아요."

"제대로 맞췄네요. 이 집에서 배우게 될 것이 바로 가족에 관한 내용이거든요." 레드가 돌아서서 마이크를 식당으로 안내했다. 늘 그랬던 것처럼, 이번에도 진수성찬이 그를 기다리고 있었다.

"내일 봐요, 마이클 토마스. 잘 자고 여기에서 받게 될 수업에 대해선 걱정하지 말아요." 레드가 떠나려고 돌아서더니 문을 닫기 전 다시 한 번 잘 자라는 인사를 했다.

천사들이 점점 더 인간처럼 예의를 차리는 걸 보며 마이크는 기분 좋게 웃었다. 마이크는 정말 마음이 평화로웠다. 그는 레드가 보라색 집의 수업이 어땠는지 알고 있다고 생각했다. 레드는 마이크가 영혼을 뒤흔들 정도로 강력한 감정과 변화를 경험했다는 것도 알고 있었다. 그래서 그는 자신과의 수업은 다를 거라고 미리 친절하게 알려준 것이었다.

마이크는 마치 돼지같이 정신없이 먹어댔다! 길이 아닌 곳으로 걸어오느라 점심을 굶은데다가 어둠 속에서 걷는 것은 생각보다 훨씬 더 에너지가 소모되는 일이었다. 그는 너무 피곤했기 때문에 저녁을 먹자마자 바로 잠이 들었다. 그는 평화로웠고, 그를 감싸 안은 빨간 집이 포근하고 안전하게 느껴졌다. 그는 이미 '집'에 도착하기라도 한 것처럼 평화롭게 깊은 잠에 빠져들었다.

· ◆ ·

그날 밤 늦게 마이클 토마스가 잠자고 있는 동안, 허줄그레하고 냄새가 고약하고 분노에 가득 찬 녹색의 생명체가 빨간 집으로 향하는 길을 살금살금 기어가고 있었다. '그것'은 집을 한번 쓱 쳐다보고는 마이클 토마스가 집 안에 있다는 것을 알았다. '그것'은 함정을 파놓고 마이클 토마스가 나타나기만 기다리고 또 기다렸다. 하지만 마이크는 끝내 나타나지 않았다.

격렬한 분노에 사로잡혀 '그것'은 속이 타들어가는 것 같았다. '그것'은 혼란스러웠다! 자신이 기다리고 있다는 걸 마이클 토마스가 어떻게 알았을까? 마이크는 완전히 길을 벗어나 다른 경로로 돌아서 갔다. 길을 따라가지 않고도 마이클은 빨간 집을 찾아왔다! 어떻게 그것이 가능하단 말인가? 여기에 천사들은 일절 간섭하면 안 되기 때문에 '그것'은 천사들이 마이클에게 자기 위치를 알려주지 않았다는 건 알고 있었다. 이제 '그것'은 자신의 계획을 다시 생각해 봐야 했다. 마이클을 앞질러갔을 때 '그것'은 마이크를 놓쳤다. 그렇다면 다시 뒤에서 추격해야 한단 말인가? 그렇게 하면 최소한 마이크가 어디에 있는지는 알 수 있을 것이다. 어떤 전략을 취하는 게 좋을까?

예전과 마찬가지로 '그것'은 나무로 기어 올라가 마이크가 빨간 집을 떠날 때까지 불침번 설 곳을 찾았다. 마이크가 어디에 있는지 알고 있는 한 '그것'은 흡족했다. '그것'은 마이클과의 최후 대결을 고대하며 시간을 보냈다. '그것'은 계획을 검토하며 전략을 세우고 수정하기를 계속했다. 앞으로 더 많은 에너지가 소모되고 그럴듯한 속임수도 필요할 것이다. 하지만 '그것'은 마이클 토마스를 아주 잘 알았다. '그것'은 마이클 토마스가 어떤 것에 어떻게 반응하고 어떻게 생각하는지도 알았다. '그것'은 계획을 성공시키기 위해 필요한 기술을 연습하기 시작했다. '그것'은 마지막 집으로 가는 길목에서 최후의 대결을 벌이기로 결심했다. 그때가 마이클이 가장 취약한 상태일 테니까. '그것'은 이번에도 길목에서 마이크를 기다리기로 했다. '속임수가 관건이야.' '그것'은 생각했다. '그것'은 다른 형상으로 가장해서 마이크 앞에 나타나기로 했다. 다른 형상으로 가장할 수 있는 시간은 아주 잠깐밖에 없지만, 마이크를 해치우는 데는 잠깐이면 충분했다.

• ♦ •

이전 집에서도 그랬던 것처럼 마이크는 잠에서 깨자 옷장에 그를 위해 마련해 놓은 옷을 입었다. 옷은 산뜻하고 깨끗했으며 빨간색이었다. 마이크는 음식과 관련된 인간의 노폐물은 없을 거라는 오렌지의 말이 생각났다. 마이크는 여행을 시작한 이후로 한 번도 면도를 하지 않았다는 걸 깨달았다. 육체가 노화된다거나 예전처럼 기능하는 일이 없도록 모든 생리 현상이 멈춘 것 같았다. 아무리 생각해도 이곳은 정말 희한한 곳이었다!

마이크는 옆방에 차려진 맛있는 아침 식사를 즐긴 후 자신의 여행을 찬찬히 돌아보고 있었다. 그때 노크 소리가 들리더니 레드가 방으로 들어왔다.

"어젯밤에 푹 쉰 것 같네요. 준비도 된 것 같고요."

"네, 준비됐어요, 레드." 마이크는 느긋했고 기분도 좋았다. 레드의 잘생긴 얼굴을 보며 마이크는 다시 한 번 감탄했다. "환대해 주셔서 고마워요."

"이 정도는 당연히 해야죠, 순수한 의도의 마이클 토마스." 레드는 미소를 지으며 마이크에게 자기와 함께 '관계의 집' 강의실로 가자는 제스처를 취했다. 레드는 마이크를 간밤에는 보지 못했던 구역으로 안내했다. 이 집은 다른 집들과는 좀 달랐다. 빨간색을 보고 있자니 정신이 초롱초롱해지고 에너지가 넘쳐나는 것 같았다. 굉장히 좋은 느낌이었다. 마침내 그들은 대형 극장에 도착해서 안으로 들어갔다. 거기에도 보라색 집에서 봤던 오목하게 휜 스크린과 푹신한 의자가 있었다. 다만 이번에는 의자 색이 빨간색이었다. 이번에도 의자가 스크린과 너무 가깝다는 느낌이 들었다. 레드는 보라색 집에서의 경험 때문에 마이크가 이곳에서 불안해할 수도 있다는 걸 알았다.

"당신이 생각하는 게 아니에요, 마이클." 레드가 마이크를 안심시켰다.

"고마워요, 친구." 고마움을 느끼며 마이크가 말했다. "제 자리로 가서 앉을까요?"

"네."

레드는 바이올렛처럼 극장 뒤쪽으로 가서 영사 장비를 준비했다. 마이크가 맨 앞줄의 상석에 앉자 영화가 시작됐다.

이번에는 영화에서 소리가 나오지 않았다. 그 대신 스크린의 영상에 대해 레드가 설명을 했다. 레드 말이 맞았다. 영화의 내용은 마이크에게 활력을 주고, 교육적이었고, 새로운 사실을 깨닫게 했으며, 상당히 놀라웠다! 슬픔이나 자기 성찰적인 감정을 불러일으키지는 않았다. 이번에는 영화라기보다는 전문 해설가의 설명이 곁들어진 슬라이드 쇼 같았다.

"마이크, 이 영화의 주제는 가족이에요." 영상이 하나씩 바뀌면서 스크린이 환해지자 레드가 설명을 시작했다. "보라색 집에서 당신은 이미 지구에서 당신이 한 다양한 역할과 당신 주변 사람들이 맡아서 한 역할들을 봤어요. 모든 인간들이 지구에 도착하기 전에 각자 잠재적인 삶의 방향을 미리 계획하고 그 계획에 서로 동의했다는 것도 배웠고요. 이제는 당신 인생에서 이런저런 역할을 맡은 사람들과의 관계에 대해 배울 차례예요. 우선 가족이 무엇인지부터 짚고 넘어가죠."

레드가 스물일곱 명의 아름다운 얼굴들을 화면에서 소개하는 동안 마이크는 도저히 믿지 못하겠다는 얼굴로 앉아 있었다. 레드는 마이크가 한 번도 들어본 적 없는 이름들을 나열하기 시작했다. 이름들이 꼭 천사의 이름처럼 들려서 철자를 정확하게 쓰기도 힘들 것 같았다. 안제논Angenon, 알리일로우Aleeilou, 뷰리피Beaurifee, 베리이폰Vereeifon, 쿠이그레Kooigre······ 이름들이 이런 식이었다. 그 다음, 레드는 한 명씩 그 사람의 혈통을 도표로 보여주었다. 도표의 맨 윗줄에는 마이크가 아는 얼굴과 지구에서의 이름이 있었다. 각각의 얼굴이 두 번째 줄에 있는 얼굴과 수직선으로 연결되어 있었지만, 두 번째 줄에 있는 사람들의 얼굴과 이름은 하나도 알아볼 수 없었다. 맨 위에는 마이크의 부모님, 학교와 교회 친구들, 회사 동료들, 그리고 얼굴만 몇 번 본 적 있는 사람들이 있었다. 얼굴이 낯선 사람들도 있었다. 그들이 누구인지 알아보는 데만도 시간이 꽤 걸렸다. 학창 시절 인상 깊었던 선생님들의 얼굴도 보였다. 불량배 헨리도 있었고, 그의 첫사랑 캐롤도 있었다! 거기엔 친구 존도 있었다. 그리고 아파트에서 그를 거의 죽일 뻔했던 도둑도 있었다! 그리고 그가 로스앤젤레스에서 사귀다 헤어진 셜리도 보였다.

맨 윗줄에도 그가 얼굴을 전혀 모르는 사람들이 몇 명 있었다. 그 중 유난히 한 얼굴이 눈에 띄었다. 미소가 매력적인 아름다운 여성이었다. 붉은 머리카락과 녹색의 눈은 정말 매혹적인 조합이었다. 그녀의 사진 주위에서 어떤 에너지가 느껴졌지만 왜 그런지는 알 수 없었다. 다음 사진을 보자 마이크는 머리카락이 곤두섰다. 부모님이 돌아가신 운명적인 날, 술에 취해 자기 차를 부모님의 차에 들이받은 여자의 사진이었다! 그녀도 그 자리에서 즉사했는데, 마이크는 그녀가 죽어 마땅하다고 생각했다. '저 여자가 왜 저기에 있지?' 맙소사, 자신의 사진도 거기에 있었다!

마이크가 얼굴을 알아본 맨 윗줄의 사람들 바로 아래에는 마치 무슨 조직도처럼 더 많은 사람들의 이미지가 줄줄이 수직선으로 연결되어 있었다.

"각각의 가로줄은 한 번의 일생을 나타내요, 마이클 토마스." 마이크가 얼굴들을 살펴보는 동안 레드가 말했다. "수직으로 연결된 이들은 계속 반복해서 등장하는 동일한 인물들이에요. 이름도 성별도 바뀌지만, 본질적으로는 동일한 존재죠. 그리고 그들이야말로 당신의 진정한 가족이에요. 당신들은 한 그룹으로 함께 시간 여행을 하고 있어요. 어떤 이가 돌아오면 어떤 이는 지구로 가는 식으로요. 하지만 모두가 한 가족이에요. 이제, 그들의 얘기를 한번 들어볼까요?"

그 다음에 벌어진 일들은 마이크가 지금까지 경험한 것 중 가장 놀랍고 획기적인 것이었다. 빨간 의자와 멋쟁이 빨간 천사가 있는 빨간 극장에서 이런 일이 벌어질 거라고는 상상도 하지 못했다. 빨간 옷을 입은 그는 할 말을 잃은 채 커다란 빨간 의자에 멍하니 앉아 있었다.

도표의 왼쪽 상단에 있는 첫 번째 사진이 갑자기 크게 확대되면서 스크린을 꽉 채우더니 살아서 움직이기 시작했다. 갑자기 소리도 들리더니, 마이크가 진심으로 사랑했던 여인, 셜리가 스크린에 등장했다! 그 다음 그녀가 스크린 밖으로 튀어나와 마이크 쪽으로 걸어왔다. 그녀는 영화나 슬라이드 속에 존재하는 영상이 아닌 진짜 사람이었다! 그녀는 손대면 만질 수 있는 완전한 사람의 형태로 마이크에게 다가와 약 30센티미터 떨어진 곳에 서더니 마이크의 이름을 부르며 자기 이야기를 시작했다.

"마이클 토마스, 난 쿼드릴Quadril 5에서 온 리누에이Reenuei야. 난 너의 가족이고, 널 진심으로 사랑해! 너도 알다시피 이번 생에서 난 셜리로 살고 있어. 지난 세기에 난 너의 형 프레드로 살았어. 프레드로 태어나기 전에는 너의 부인 신시아였고. 순수한 의도의 마이클 토마스, 우리에겐 이행해야 할 계약이 있었고, 카르마라 불리는 에너지도 있었어. 우린 이번 생에서 다시 만나기로 계획했고 실제로 만났지. 몇 세기 전에 우리가 시작한 것을 이번에 너와 내가 끝낸 거야. 우린 아주 잘 마무리 지었어. 나는 너에게 인생의 기로에 섰다는 느낌을 불러일으키기로 약속했어. 그게 우리가 서로에게 주는 선물이었고. 우리가 함께 해낸 거야!"

마이크는 너무 놀라 입이 다물어지지 않았다. 그녀는 화면의 이미지가 아니었다. 진짜 사람이었다! 그는 자신을 셜리라고 밝힌, 매우 친숙한 존재의 말을 듣고 있었다. 셜리로 태어나기 전에는 그가 아는 누구였고…… 그 전에는 누구였고…… 그렇게 둘의 관계는 과거에도 계속되었다. 그녀의 설명은 정말 가슴 뭉클했다! 단어 하나하나에 진실과 목적이 가득 담겨 있었다. 그녀는 모든 것을 권위 있고 완벽하게 설명했다. 얼마나 멋진 얘기인가! 이곳은 정말 놀라운 곳이었다! 셜리가 자신의 생각을 들었는지 마이크로서는 알 수 없었지만, 그 앞에 진짜 사람으로 서 있는 셜리가 그에게 말할 기회를 주었다.

"고마워, 사랑하는 셜리!" 마이크는 그가 알고 지냈고 한때 사랑했던 존재에게 고마움을 느끼며 머리를 숙였다. 그녀의 설명을 듣고 나서 그는 둘의 관계를 전혀 다른 관점으로 바라볼 수 있었다. 그녀는 이제 그의 삶을 망쳐놓은 여자가 아니라 가장 친한 친구가 되었다. 셜리는 잠시 후 서 있던 공간에서 서서히 사라졌다.

다음번 이미지가 앞으로 나와 사랑, 음모, 그리고 복잡한 관계에 대한 얘기를 들려주었다. 그는 마이크가 고등학교 시절 가장 좋아했던 버로스 선생님이었다. 다른 이들처럼 그 역시 마이크와 많은 생을 함께했다고 했다. 이번에는 마이크의 학창 시절에 잠깐 스쳐 지나가는 인연으로 만났다. 마이크의 역할도 분명했다. 그들은 사실 마이크가 인식하지 못했던 방식으로 서로를 도왔다. 그들도 계약을 맺었고, 비록 약하긴 했지만 둘 사이에 해결해야 했던 카르마도 있었다. 마이크는 그에게 감사하다고 말했고, 셜리와 마찬가지로 버로스 선생님도 서서히 사라졌다.

갑자기 실물과 같은 크기로 아버지의 이미지가 나타났다. 마이크는 슬프지 않았다. 아빠가 살아있었다! 살아있는 존재로서 아버지의 형체가 화면 밖으로 나와 마이크 앞에 자연스럽게 멈춰 섰다. 그가 설명을 시작했고, 마이크는 기쁜 마음으로 들었다.

"마이클 토마스, 나는 네가 생각하는 존재가 아니란다." 그 존재는 온화했고, 외모도 마이크의 아빠와는 좀 달랐다. 그가 계속 말했다. "나는 쿼드릴 5에서 온 안니후Anneehu이고, 너의 진짜 가족이란다. 지금 네가 보는 얼굴은 네 아빠의 얼굴이고, 인간으로 살았을 때 나는 우리가 지구로 오기 전 너랑 엄마랑 셋이 함께 계획했던 내 역할을 잘 수행했지. 모든 일이 적절히 일어났고, 우린 다른 영적 영역에서 더 많은 일을 하려고 일찍 떠난 거야. 우리 일을 하기 위해 떠난 것도 있지만, 너에게 가장 큰 선물을 주기 위해 그렇게 떠난 거지. 우리의 죽음은 너의 깨달음을 가속화시킨 결정적인 계기였으니까. 우리는 죽음이라는 꽤 무거운 카르마의 교훈을 안고 너의 삶에 들어왔고, 그건 완벽하게 실행되었어. 우리의 죽음 덕분에 네가 지금 이 자리에 앉아 있고, 또 이렇게 여행을 하게 되니 우리는 얼마나 기쁜지 모른단다. 우리가 준 선물을 네가 알게 된 것도 기쁘고."

마이크는 자기 앞의 존재가 정말로 살아서 자신에게 직접 말하고 있다는 걸 느꼈다. 그는 안니후라는 이름을 외웠다. 이제부터는 그 이름을 늘 가슴속에 간직하고 싶었다. 이렇게 모든 진실이 명백히 밝혀졌는데 어떻게 아버지의 죽음에 대해 슬퍼할 수 있단 말인가? 그의 아버지였던 존재가 말을 하는 동안 '가장 큰 선물'이란 단어가 마이크의 귀에 계속 맴돌았다. 그 존재는 그들이 형제였던 시절 함께 전쟁터에서 싸웠던 얘기를 해주었다. 아주 오래 전, 지금은 지구에서 사라진 대륙에서 그들이 자매였다는 말도 했다.

마침내 아버지의 설명이 끝났다. 그는 미소를 지으며 다른 이들처럼 유유히 사라졌다. 마이크는 가슴이 뭉클했지만, 슬프거나 수심에 잠기지는 않았다. 오히려 신이 났다! 아버지의 모습이 사라질 때 그가 아버지에게 말했다.

"아버지, 선물 고마워요." 마이크는 그의 말이 다 진실이라는 걸 알았다. 그는 감사의 말을 하며 고개를 숙여 경의를 표했다.

다음은 엄마 차례였다. 그는 입을 헤 벌린 채 의자에 꼼짝 않고 앉아 그녀가 그와 관련된 카르마의 교훈과 다른 사람들에 대해 얘기하는 것을 들었다.

"나는 쿼드릴 5에서 온 엘리인Eleeuin이란다. 너를 진심으로 사랑한단다. 우리는 과거 생에서 여러 번 다른 얼굴로 만났었어." 그녀는 각각의 생에서 자신이 어떤 역할을 했는지 설명했다. 심지어 둘이 자매로 함께 살았을 때 그녀가 마이크를 죽인 적도 있었다! 그녀는 그때 그 행동으로 인해 형성된 에너지가 어떻게 다음 생에서 함께 배워야 할 교훈으로 이어졌는지도 설명했다. 그녀의 얘기는 마이크의 감정을 자극하거나 그의 영혼을 우울하게 만들지 않았다. 그녀의 설명은 유용한 정보로 가득했고, 참으로 아름다웠다. 그녀는 진짜로 살아있었다! 엄마가 사라지기 시작할 때 마이크는 그녀에게도 말했다.

"선물 고마워요, 엘리인." 마이크는 부모님의 실제 이름만이라도 외워두고 싶었다. 그의 능력으로는 모든 이름을 외우기가 불가능했다. 하지만 두 사람의 이름만큼은 그의 기억 속에 영원히 저장되었다.

스크린 속의 얼굴들이 한 명씩 차례로 진짜 사람이 되어 마이크 앞에 섰다. 그들은 자신을 소개하며 얼마나 마이클 토마스를 사랑하는지 말했다. 그들은 자주 가족이란 단어를 언급했고, 뭔지는 모르겠지만 모두 하나같이 쿼드릴 5라는 곳에서 왔다고 했다.

그날은 스물일곱 명 중 아홉 명만 마이크에게 자신들의 얘기를 들려주었다. 드디어 극장 안에 불이 켜졌다. 마이크는 조용히 앉아 있었고, 점심을 깜박 건너뛰었다는 걸 알았다. 레드가 영화관 앞쪽으로 걸어와 마이크를 마주보고 섰다.

"피곤해요?"

"아니요, 무척 신나요!" 마이크가 대답했다.

"오늘은 여기서 그만할까요?" 레드가 호탕하게 웃으며 마이크에게 자리에서 일어나 저녁을 먹으러 가자는 신호를 보냈다.

"앞으로 이틀 동안 사람들을 더 만날 거예요, 마이클 토마스. 그 정도 시간이면 대부분의 가족들과 얘기를 나눌 수 있을 거예요." 식당으로 가는 내내 마이크의 머릿속에는 질문이 한 가득이었다.

"레드, 저녁을 먹는 동안 저와 함께 있어주겠어요? 식사를 하지 않는다는 거 아는데요, 물어볼 게 좀 있어서요."

"그럼요. 물론이죠." 레드는 즐거웠다. 마이크는 레드가 아마도 식당에서 다른 볼일이 있나 보다고 생각했다. 그는 레드가 거기에 있는 이유가 오직 마이크와 다른 여행자들 때문이란 걸 몰랐다.

그들은 두 자리가 마련되어 있는 식당 안으로 들어갔다. 마이크는 이해가 안 간다는 듯 테이블을 쳐다봤다.

"누가 또 오나요?"

"당신이 저를 초대했잖아요." 레드가 놀리듯이 말했다.

"당신은 먹지 않잖아요!"

"누가 그래요?" 레드는 장난을 치며, 마이크 앞자리에 앉아 컵에 신선한 과일 주스를 따랐다. 마이크는 여전히 헷갈렸다.

"전 한 번도, 아니, 천사들은 아무도 음식을 먹지 않았어요. 그래서 전 그냥……" 마이크가 말을 마치기 전에 레드가 끼어들었다.

"마이클, 천사들은 먹을 필요가 없어요. 하지만 인간의 필요에 의해 난 지금 당신과 함께 저녁을 먹는 거예요. 당신도 같이 먹는 사람이 있으면 좋잖아요. 안 그래요?"

"맞아요." 마이크는 더 이상 할 말이 없었다. 누구와 함께 식사를 해본 지 몇 주는 된 것 같았다. 그나마 지난번에 그린이 자기가 먹는 것을 옆에서 지켜본 게 다였다. 그때는 옆에 누군가가 있는 정도였다. 레드는 정말 재미있는 천사였다! 천사들 중 인간과 비슷한 구석이 가장 많았다.

"그렇게 생각해 주니 영광인데요." 마이크의 생각을 읽은 레드가 빵을 씹으며 말했다. 마이크는 음식을 먹는 둥 마는 둥 하며 레드에게 질문을 해댔다.

"레드, 극장에서 있었던 일은 진짜였나요? 그러니까 사람들이 저에게 말할 때 말이에요. 아님, 제가 한 번도 보지 못한 새로운 영사

기술인가요?" 레드가 냅킨으로 턱을 닦으며 다시 웃었다.

"왜 인간들은 그렇게 실재를 환상으로 만들려고 안달이죠? 심지어 진실을 말해줘도 인간들은 속임수라며 믿질 않아요. 전 정말 이해가 안 가요."

"글쎄요?" 마이크가 말했다.

"당연히 진짜죠." 레드가 대답했다. "지구에서의 삶보다도 훨씬 더 생생한 실제 상황이에요, 마이클. 그들이 당신을 위해 직접 이 집에 온 거예요."

마이크는 완전히 이해되지는 않았지만, 어쨌든 질문을 계속 던졌다.

"레드, 그 이상한 이름들 말인데요…… 제 이미지에는 이름이 없더라고요. 이상한 글씨는 일전에 본 적이 있지만요."

"당신도 이름이 있어요, 마이클. 다만 지금은 숨겨진 것뿐이에요. 언젠가 적당한 때가 되면 이름을 알게 되거나, 최소한 이름의 일부는 말해볼 수 있을 거예요. 하지만 이름하고 깨달음은 별 상관이 없어요. 당신도 내 이름을 모르지만, 여기에서 즐겁게 지내고 있잖아요." 레드는 빵을 한 입 더 베어 물었다.

마이클은 지금까지 만난 천사들의 이름을 모른다는 걸 진지하게 생각해 보지 않았다. 그는 그냥 그들을 색깔대로 불렀다. 그게 서로에게 편했고, 천사들도 그렇게 하라고 했으니까.

"레드, 진짜 이름이 뭐예요?" 마이크는 진짜로 궁금했다. 그는 레드의 대답을 기다리면서 샐러드를 한 입 더 먹었다.

"당신은 이름을 소리라고 생각할 거예요." 레드의 먹는 모습이 상당히 서툴다는 게 느껴졌다. 그가 음식을 처음으로 먹어본다는 걸 알 수 있었다. 음식이 계속 입에서 질질 흘러나와 접시로 떨어졌다. 그는 벌써 냅킨을 네 개째 사용중이었으며, 인간이 음식 먹을 때의 버릇과 에티켓을 흉내 내려고 최선을 다하고 있었다. 그 모습이 너무 웃겼지만, 마이크는 자신이 한 질문에 너무 몰두한 나머지 거기에 대해 뭐라고 할 겨를이 없었다. 나중에 그는 그 모습을 떠올리며 실컷 웃었는데 그렇다고 레드를 놀리거나 비웃은 건 아니었다. 레드는 다시 한 번 입을 닦으며 말했다.

"당신과 나의 이름을 포함해, 우주에 존재하는 모든 이들의 이름은 다 에너지예요. 이름엔 색깔, 진동, 소리, 심지어 이름이 표현하고자 하는 의도까지 담겨 있어요! 그래서 지구에서의 이름처럼 단순히 소리로만 이름을 부를 순 없어요. 오늘 당신이 들은 이름들조차 각 존재의 완전한 이름에 내포된 실제 에너지의 일부분에 지나지 않죠. 그 이름들은 당신을 위해 최대한 간략하게 소개된 거예요. 영적인 존재가 서로 인사를 할 때는 상대방의 이름을 '볼 수'가 있어요. 천사 같은 상태의 몸을 머카바Merkabah라고 부르는데, 모든 존재는 상대방 머카바의 색깔과 진동 상태를 보고 그의 영적 계보와 업적을 알수 있어요. 이건 간차원적interdimensional인 상태라, 지금 당신이 이해하는 것보다도 훨씬 더 복잡한 얘기예요, 마이클."

"레드." 마이크는 좀 더 알고 싶었다. "오늘 극장에서 말이에요. 맨 윗줄에 있던 이미지 중에 자기 얘기를 할 차례가 되었는데도 왜 몇몇은 그냥 건너뛰었죠?" 마이크는 낮에 유난히 눈길이 갔던 빨간 머리의 여자가 몹시 궁금했다. 그녀의 이미지가 맨 윗줄에 있었는데도 그녀는 얘기를 하지 않고 그냥 건너뛰었다.

"거기엔 아직 당신이 만나지 않은 인간들도 있어요, 마이클." 레드가 주스를 마시자 주스가 입가로 줄줄 흘러나왔다. 레드는 일곱 번째 냅킨으로 다시 입을 닦았다.

"그럼, 아직 만나지 않은 사람들의 얘기는 들을 수 없나요?"

"일반적으로 아직 이행되지 않은 계약서 내용은 여기에서 설명해 주진 않아요. 그들이 얘기를 한다 해도, 아직 그들을 만나지 못했기 때문에 그들의 얘기가 가슴에 와 닿지 않을 거예요. 지금까지 살면서 당신이 만난 가족들만 자신을 소개할 거예요."

마이크는 잠시 의자에 등을 기대며 한동안 생각하지 않았던 문제를 다시 생각해 봤다. 그는 일곱 개의 집을 여행하는 것이 과연 적절한 일인지 또다시 의문이 들었다. 자신이 로스앤젤레스에 그냥 그대로 있었다면, 함께 영적 계획을 세워 서로 만나기로 약속한 사람들을 언젠가는 분명히 만났을 것이다. '내가 우주의 계획을 방해한 건가? 만나기로 했던 사람들을 안 만나면 어떻게 되는 거지?' 그가 입 밖으로 꺼내지 않은 질문들을 '듣고' 있던 레드가 대답했다.

"마이클, 내 말을 들어봐요. 3차원의 방식으로는 모든 걸 이해할 수 없을 거예요. 당신은 아직 신의 마음으로 생각하지 못해요. 아직 우리가 알고 있는 것을 알 수도 없고요. 당신은 아직 인간이고, 인간 자체로 사랑받고 있어요. 당신이 아는 것보다 훨씬 더 많은 일들이 여기에서 벌어지고 있어요. 당신은 영적 여행을 떠나기로 선택했고,

그건 정말 영예로운 일이죠. 당신이 한 선택 중에 부적절한 것은 하나도 없어요. 당신의 여행이 축복받지 않았다면, 우리는 이런 식으로 당신을 도울 수가 없었을 거예요."

마이크는 여행길을 떠나기로 한 자신의 선택을 누군가 축복했다고는 한 번도 생각해 보지 않았다. 그는 집에 가기 위한 훈련을 받고 있고, 왜 그런지는 모르겠지만 여기 천사들이 그런 자신을 깊이 존중하고 축복해 주고 있었다. 레드의 말이 맞았다. 그는 아직 큰 그림을 보지 못하고 있었다.

"언제쯤 이 모든 걸 이해하게 될까요?"

"집으로 들어가는 문 앞에 서서 문을 여는 순간 모든 걸 이해하게 될 거예요." 레드가 일어서더니 자리를 비워도 되겠냐고 정중하게 물었다. 식당 문이 닫힌 뒤 마이크는 레드가 앉아 있던 의자와 테이블 쪽으로 가보았다. 그 자리는 마치 세 살짜리 아기가 있었던 것 같았다! 빵 부스러기, 과일 주스, 음식물이 사방에 흘려져 있었다. 마이크는 더 이상 웃음을 참을 수가 없었다.

"사랑해요, 레드!" 그가 외쳤다. 자신과 함께 식사를 해준 레드가 얼마나 자상한 존재인지 알 수 있었다. 그는 어쨌든 음식을 먹느라 최선을 다했다. '천사들도 할 수 없는 게 있구나.' 마이크는 생각했다. 그러자 또 하나 궁금한 게 생겼다. '천사들도 할 수 없는 게 있고, 천사들이 전체의 일부라면…… 신이 할 수 없는 것도 있을까?' 마이크는 머릿속에서 즉각 답변을 들었다. 그건 바이올렛의 목소리였다!

"네, 신은 거짓말을 하지 못해요. 신은 무언가를 싫어할 수 없어요.

신은 사랑밖에는 할 수 없으므로 사랑이라는 범위 바깥에서 공평한 결정을 내릴 수가 없어요. 그래서 신이 공평한 시험을 치를 수 있도록 인간이 지구에서 수업을 받는 거예요."

와우! 자기가 방금 뭔가 심오한 정보를 들었다는 걸 마이크는 알았지만, 그는 하나도 이해하지 못했다. '때가 되면 이 말도 이해가 되겠지.' 마이크는 생각했다. 어쨌든 바이올렛의 목소리를 다시 들어 좋았다.

마이크는 잠이 들었다. 하지만 두 개의 이름, 안니후와 엘리인이 계속 선명한 색깔과 기하학 패턴으로 그 앞에 나타났다. 둘 다 정말 멋졌다! 반복되는 빛의 쇼에도 불구하고 그는 잠을 푹 잤다.

• ◆ •

다음날이 되자 마이크는 빨리 수업을 시작하고 싶어 안달이 났다. 그는 정신없이 아침을 먹고 레드를 따라 극장 안으로 들어갔다. 그는 잽싸게 크고 푹신한 의자로 가서 새로운 가족이 들려줄 자기 소개와 눈을 번쩍이게 할 말들을 기다렸다. 이제, 별로 친하지 않았던 사람들이 나와서 얘기할 차례였다. 하지만 그것 역시 적절해 보였다.

불량배 헨리가 나와서 그의 앞에 섰다. 그는 둘 사이에 맺은 계약의 내용과, 그 계약이 애초에 생겨나게 된 어두운 얘기를 해줬다. 마이크와 헨리는 아주 오래 전에 함께 배를 타던 선원이었다. 그 당시 둘의 관계 때문에, 이번 생에서 함께 배워야 할 교훈이 생겨난 거라고 말했다. 헨리의 얘기 또한 대단히 흥미로웠고, 어쩐지 말이 되는 것 같았다. 그와 마이크는 그때 형성된 에너지 속에서 함께 춤을 춰온 파트너였던 것이다. 헨리가 사라질 때 마이크는 그에게 역할을 너무 잘해줘서 고맙다고 말했다.

그 다음엔 부모님을 차로 치여 죽인 여자였다. 그녀는 자신의 얘기를 하며 대단히 즐거워했다. 그녀는 자기가 '임무를 완수하기 위해 투입된 워크인walk-in(정상적인 출산 과정을 통해 지구로 환생하지 않고, 완전히 성장한 성인의 몸속으로 들어오는 우주적 존재. 주로 육신을 떠나는 인간의 영혼과 교체해서 워크인으로 온다—옮긴이)'이라고 했다. 워크인은 아직 마이크가 이해하기엔 너무 어려운 영적 개념이었다. 그녀는 마이크의 부모님과 그날 밤 어두운 시골 길에서 만나기로 약속을 했었고, 계획대로 제 시간에 맞춰 그곳에 도착했다. 그녀는 다 함께 모여 계획을 세울 때, 죽음을 끝으로 계획이 완성되자 모두들 얼마나 기뻐하며 박수를 쳤는지도 들려주었다. 베일의 건너편에 있는 존재들에게 죽음은 전혀 다른 에너지를 뜻했다. 그건 거의 놀이나 마찬가지였다!

그 여자는 자신이 한 일에 대해 결코 사과하지 않았다. 그것은 완벽한 계획의 일환이었기 때문에 사과할 필요가 없었다. 마이크 역시 더 이상 그녀를 비난하지 않았다. 사실 마이크는 다른 사람에게 했던 말을 그녀에게도 똑같이 했다.

"선물 고마워요, 당신은 정말 소중한 존재예요." 마이크의 말은 진심이었다.

가족들의 행진이 끝이 났다. 마이크는 일어나 식사를 하러 갔다.

아홉 명이 차례로 나타나 자신들의 얘기를 해주고 영적 계보도 알려주었다. 이번에는 레드에게 같이 먹자고 하는 대신 자기가 먹는 동안 함께 있어만 달라고 부탁했다. 마이크는 물어볼 게 더 많았고, 사방으로 튀는 음식과 레드의 입에서 흘러내리는 액체 때문에 정신이 산만해지고 싶지는 않았다.

"레드, 제가 만난 대부분의 존재들이 아직 지구에 살아있어요. 근데 어떻게 그들이 제 앞에 나타나 자신들의 얘기를 할 수가 있죠?"

"마이클 토마스, 다시 한 번 말하지만 당신은 인간의 경험을 기준으로 '집'을 이해하려고 하고 있어요. '진정한 마이클 토마스'는 여러 장소에 동시에 존재할 수 있어요. '신의 일부'인 당신의 상위 자아는 당신이 지구에서 사는 동안에는 완전히 드러나지 않아요. 그 대신 다른 곳에서 다른 일들을 하죠. 예를 들면 새로운 계획을 세우는 것 말이에요. 당신이 기존 계약서를 집어던지고 새로운 길을 선택했기 때문에, 당신의 상위 자아는 가족들과 다시 새로운 잠재 상황들을 계획하고 있어요." 레드는 방금 자신이 한 말을 마이크가 완전히 이해하길 기다리며 미소를 지었다.

"새로운 계획이라고요?"

"네." 레드가 대답했다. 마이크는 깜짝 놀랐다. 뭔가 아귀가 들어맞았다. 계획은 그가 지구에 오기 전에 한 번만 하는 게 아니었다. 그가 깨어나기 시작하면서 다른 선택을 했기 때문에, 비록 그가 인식하지는 못하지만 그의 상위 자아가 지금도 계속 새로운 계획을 세우고 있는 것이다!

"그럼 제 정신이 분열되는 건가요?"

"마이클, 눈을 감아봐요." 레드가 마이크와 수업을 시작했다.

"의식을 집중해요. 오늘 있었던 일들을 떠올려봐요. 지금 영화관 뒤편에 있다고 상상해 보세요." 마이크는 레드의 지시대로 했다. 레드가 계속 말했다. "지금, 어디에 있나요?"

"극장 안에요." 마이크가 대답했다.

"난 당신이 여기에서 식사중이라고 생각했는데요."

마이크는 눈을 번쩍 뜨며 곱지 않은 시선으로 레드를 쳐다봤다. "잠깐만요. 그건 그냥 상상일 뿐이라고요. 꿈이랑 비슷한 거죠. 진짜 몸은 여기에 있고, 내가 극장에 있다고 생각만 한 거예요."

"좋아요, 그럼 당신의 몸과 생각 중 뭐가 진짜죠?" 레드가 물었다.

"제 몸인 것 같아요……" 마이크가 미적거리며 말했다. 레드는 답을 말해주지 않았다. 그 대신 그는 몸을 마이크 쪽으로 숙이며 생각거리를 던져줬다.

"마이크, 지난밤에……" 귀가 더 솔깃해지도록 레드가 말을 멈췄다. "당신은 가족들을 다시 만났어요. 이번엔 그들이 진짜 자신들의 에너지를 보여줬어요. 당신은 그들을 진짜 이름으로 불렀고요. 그들과 이곳저곳 여행하면서 엄청 즐거운 시간을 보냈죠." 마이크는 먹는 걸 멈추고 말했다.

"그게 진짜였다고요?"

"네."

"하지만 전 잠자고 있었어요. 그건 그냥 꿈이었다고요!"

"마이클, 인간의 방식으로 보는 한 당신은 영의 현실을 이해할 수가 없어요. 당신의 의식consciousness이 진짜 현실이에요. 물리적인 현실은 그냥 일시적일 현상이죠. 당신이 육체를 입고 사는 동안 세포 조직은 유일하게 영이 존재할 수 있는 신성한 곳이에요. 그리고 당신이 어딜 가든 영은 당신과 함께해요. 그래서 생각이 있는 곳이 바로 당신의 현실인 거예요. 내 말을 믿어요. 다 사실이니까." 레드가 미소를 지었다.

"그럼 제가 몸을 떠날 수도 있어요?" 마이크는 눈이 휘둥그레졌다.

"늘 그러고 있잖아요, 마이클!" 레드는 대화를 즐기고 있었다. "당신 말처럼 동시에 두 장소에 존재하는 셈이죠. 뭐, 그렇게 특별한 것도 아니에요! 인간의 몸속으로 다시 돌아와야 한다는 것만 기억한다면, 잠시 몸을 떠나는 건 괜찮아요. 지구에 있는 동안 몸에 의식을 담고 다니기로 했지만, 당신은 여전히 몸을 떠나 여행을 할 수 있죠."

"아까 저의 일부는 여기에 있지 않다고 했죠?"

"네." 레드는 다음 질문이 뭔지 알고 있었다.

"그건 어디에 있나요?" 마이크가 물었다. 레드는 마이크가 잠자리에 들 수 있도록 자리에서 일어나 문 쪽으로 가면서 마지막 질문에 대답했다.

"그건 가장 신성한 곳에 있어요. 다른 존재들과 모두 함께요. 물리학의 신전 안에 있지요. 그리고 신과 함께 있어요." 레드가 방을 나갔다.

마이크는 온갖 종류의 새로운 정보를 들었지만 하나도 이해할 수가 없었다. '물리학의 신전temple of physics? 어떻게 생긴 거지? 교회의 과학 프로젝트 아니면 해리슨 포드가 나오는 영화((인디아나 존스) 시리즈를 말함—옮긴이)같이 들리는군. 도대체 무슨 뜻이지?' 뭐 하나를 묻고 대답을 들으면 질문거리가 더 많이 생기는 것 같았다.

마이크는 잠자리에 들었다. 잠이 들기 바로 직전, 레드가 자신의 꿈이 진짜 현실이라고 말했던 게 생각났다. '내가 정말 가족들과 지난밤에 어딘가로 여행을 했을까? 그렇다면 왜 선명하게 기억이 안 나는 거지?' 모든 게 정말 새롭고 놀라웠다. 마이크는 이런저런 생각을 하며 꾸벅꾸벅 졸다가 인간의 마음을 떠나는 상태가 되었다. 그의 인간적인 마음은 그가 잠을 자는 동안 실제로 무슨 일이 일어나는지 전혀 알지 못했다. 마이크는 다시 그가 가장 좋아하는 장소로 여행했다. 그가 잠자는 동안 자주 찾아갔던 곳이자, 다시 사랑의 존재로 돌아가 가족들과 함께 과거, 현재, 미래의 일들에 대해 담소를 나누는 곳. 물리학의 법칙이 창조된 곳이지만, 물리학의 법칙이 전혀 적용되지 않는 곳. 하지만 그곳은 그가 깨어나면 하나도 기억하지 못하는 곳이었다.

· ◆ ·

빨간 집에서의 마지막 날이었다. 아직 마이크가 만난 적이 없는 다섯 명의 가족은 건너뛰었기 때문에, 그날은 나머지 몇 명만 나와서 자기 소개를 했다. 그가 학교 행정실에 고발했던 고등학교 선생님도 만났고, 마이크의 아파트에 침입해 이 모든 사건의 발단이 된 도둑도 만났다. 모두가 까마득히 먼 옛날 일 같았다.

　마이크는 그들의 얘기를 모두 들었다. 그는 그들이 모두 자신의 가족이며, 현생과 전생에서 이런저런 식으로 연결되어 있었다는 걸 영광스럽게 생각했다. 가족들의 이야기가 끝나자 마이크는 대다수 인간들은 보지 못하는 큰 그림을 볼 수 있었다. 그는 삶에 대해 훨씬 더 많은 걸 깨우쳤다. 그는 이러한 지식을 가진 채로 다시 로스앤젤레스로 돌아갈 수 없다는 사실이 안타까웠고, 왜 진즉에 이런 사실을 알지 못했는지 안타까웠다.

　카르마와 관련된 에너지라든지 계약서에 대해 이해했더라면, 감정적으로 가장 힘든 시기에도 모든 것을 이해하며 마음이 평화로웠을 것이다! 그리고 마이크는 이제껏 지구에서 산 인간 중에 가장 훌륭한 사람이 될 수 있었을 것이다. 어쩌면 그러한 정보는 지구의 인간에겐 절대 알려지면 안 되는 것인지도 모른다. 아니면 이것이야말로 인간이 지구에서 배워야 할 교훈인지도 모른다. 그건 마치 어둠 속에서 어떻게든 빛을 찾아낼 수 있는지 인간을 시험해 보는 것과 같았다. 모든 것이 거대한 퍼즐판 같았지만, 마이크는 이렇게 교육적이고 큰 깨우침을 주는 여행을 하게 되어 그저 감사할 뿐이었다.

　그날 밤, 마이크는 그린이 가르쳐준 대로 의식을 치르며 몸의 변화를 주시했다. 그는 다시 한 번 자신의 진동 주파수가 변하는 걸 느끼며, 그린에게 배웠던 그대로 자신의 생물학적 시스템이 변화되는 과정을 받아들였다. 몇 시간이 지나 변형의 과정이 끝나자 그는 자신의 진동 수준이 한 단계 높아졌다는 걸 확연히 알 수 있었다. 그의 영이 자신의 생물학적 시스템과 융합되었던 것이다. 마이크가 각각의 집에서 배운 것들을 완전히 소화하고 받아들이자 그의 세포에서 생리적인 반응이 일어난 것 같았다. 그는 자신의 영이 세포 하나하나에 깃들어 있다고 했던 그런의 말이 떠올랐다. 이제야 그게 무슨 말인지 알 것 같았다.

그는 이번에도 깊은 숙면을 취했다. 지난밤의 영혼 여행과 가족과의 재회는 모두 망각한 채 그는 다시 상쾌한 기분으로 일어났다. 아침 식사를 마친 후 그는 자신의 검, 방패, 갑옷으로 완전 무장을 하고 레드를 보기 위해 방을 나섰다. 레드는 마이클을 현관문까지 배웅할 준비를 하고 있었다. 마이크가 다가오는 것을 보며 레드는 놀란 표정을 지었다.

"순수한 의도의 마이클 토마스. 당신 변했군요."

"네, 알아요." 마이크는 지난밤 자신이 치른 의식과 변화에 대해 말하기가 쑥스러웠다. "어떻게 알았어요, 레드? 천사들은 인간의 진동이 변화된 걸 어떻게 알아차리죠?" 레드는 여전히 감탄한 표정으로 마이크를 쳐다봤다.

"당신의 색깔을 보면 알 수 있어요." 레드가 나직하게 말했다. "지금까지 이렇게 빨리 진동 주파수가 높아진 인간은 단 한 명도 없었어요. 당신은 이곳에서 매우 독보적인 존재예요. 당신은 우리가 가르치는 것을 모두 받아들이고 매우 빨리 이해했어요. 참으로 특별한 인간이군요!" 레드는 돌아서서 미로처럼 복잡한 복도를 지나 작은 현관문으로 마이크를 안내했다. 마이크는 햇살 가득한 바깥으로 나와 신발을 신기 시작했다. 신발은 벗었을 때 그대로 있었다. 그는 자신의 색깔을 보면 알 수 있다는 말이 무슨 말인지 이해가 안 갔지만 별로 개의치 않았다.

"이곳을 잊지 못할 거예요, 빨간 친구." 마이크가 말했다. "여긴 내 가족을 처음으로 만난 곳이거든요."

레드는 그냥 미소만 지었다. 그는 진실을 알고 있었다. 마이클 토마스라는 인간으로 자신의 가족을 만난 것은 이곳이 처음일지 몰라도, 사실 마이클은 자신의 가족에 대해 아주 잘 알고 있었다.

"마이클 토마스, 앞으로 가게 될 두 집에서도 깜짝 놀랄만한 일들이 기다리고 있을 거예요. 당신의 새로운 진동 에너지 때문에 그 강도가 더 강해졌고요. 마음의 준비가 됐나요?" 레드의 말이 어쩐지 마이크에겐 불길하게 들렸다.

"뭔가 문제가 있나요?" 마이크는 걱정스러웠다.

"집이라고 표시된 문에 도달하기 전에 육체적으로 영적으로 힘든 일도 있고 가슴 아픈 일도 있을 거예요." 레드가 진지하게 말했다. "아마 지금까지 이곳에서 겪었던 일 중 가장 힘든 시련이 될 거예요. 이 여행과 실재reality에 대해 의구심을 갖게 되고 깜짝 놀라게 될 수도 있어요. 심지어 겁에 질릴 수도 있고요."

마이크는 레드의 말을 들으며 어깨를 펴고 똑바로 섰다. 그는 앞으로 자신이 시험에 들게 되리란 걸 알았다. 하지만 마이크는 여전히 의지가 확고했다. 이쯤에서 그만두려고 여기까지 온 게 아니었다.

"무슨 말인지 알겠어요." 마이크가 말했다. "전 준비됐어요."

"그래요, 당신은 준비됐어요, 인간 친구." 레드는 마치 마이크를 처음 보기라도 하는 것처럼 그를 계속 바라보았다. "물어볼 게 있어요." 레드가 말했다. "오늘 아침 이 질문을 들으면, 이제 두 번만 더 들으면 될 거예요. 맨 마지막 질문에 답하는 것이 가장 중요해요."

드디어 올 것이 왔다! 마이크는 왜 매번 집을 떠날 때마다 천사들이 자기에게 그 질문을 하는지 약간의 정보를 듣게 되어 기뻤다. 그 질문은 일곱 번째 집과 마이크가 거기에서 발견하게 될 무언가와 관련이 있는 것 같았다.

"질문에 답할 준비가 됐어요, 레드." 마이크는 이미 질문이 무엇인지 알았지만, 레드가 물어볼 기회를 주고 싶었다. 레드는 마이크가 자신을 배려해 먼저 질문하기를 기다리고 있다는 것을 알고 고맙게 여겼다.

"순수한 의도의 마이클 토마스, 당신은 신을 사랑하나요?"

"제가 당신과 다른 모든 이를 사랑하듯이 저는 신을 사랑합니다." 마이크는 레드 쪽으로 다가와 이제껏 한 번도 하지 않은 행동을 했다. 그는 레드를 껴안았다! 자신의 팔로 감싸 안기에는 레드의 체구가 너무 컸지만 그래도 마이크는 최선을 다했다. 레드는 마이크가 몸으로 하는 작별 인사를 얼른 받아들이며, 마이크와 눈을 마주치기 위해 허리를 굽혔다. 레드는 자신의 섬세한 빨간색 가운으로 마이크를 휘감고 온전히 감싸 안았다.

"알아둬야 할 게 있어요, 마이클." 레드가 마이크를 놓아주며 말했다. "그린과 바이올렛이 말했듯이, 천사를 만질 수 있을 만큼 진동이 높은 인간은 당신이 처음이에요." 레드는 감정이 북받쳐 올랐다. "우리는 지금까지 한 번도 인간과 포옹해 본 적이 없어요. 이번 일을 늘 기억할게요."

마이크는 레드의 칭찬을 감사히 받아들이며 큰길로 이어지는 오솔길을 따라 내려갔다. 이제 마이크는 길을 따라 갈지 말지 선택해야 했다. 이번에는 길을 따라 다음 집으로 가기로 했다. 그 집이 흰색이라는 건 이미 알고 있었다. 마이크는 다시금 돌아서서 레드에게 손을 흔들며 작별 인사를 했다. 레드는 현관문에 서서 마이크가 보이지 않을 때까지 지켜보았다. 그는 마이크의 영적 진화 속도에 놀라움을 금치 못했다. 마이크의 선물과 무기들이 그와 잘 융합된 것을 보며 마음이 뿌듯했다. 이렇게 완벽하게 모든 것이 척척 진행된 적이 없었다.

마이크가 떠나자마자 혐오스러운 존재가 나무에서 불쑥 튀어나와 죽음의 냄새를 풍기며, 다음 집으로 향하는 인간을 따라가기 시작했다. '그것'은 발자국을 남기지 않고 길 가장자리를 따라갔다. '그것'은 레드 곁을 지나치며 이글거리는 두 눈으로 레드를 쏘아보았다. 레드는 처음으로 그 유령에게 말을 걸었다.

"유령아, 네 뜻대로 안 될 거야." 그 말을 끝으로 레드는 몸을 휙 돌려 빨간 집으로 들어갔다.

10.
여섯 번째 집: 사랑의 집

　다음 집으로 가는 길은 아주 평탄했다. 마이크는 신경을 더욱 곤두세우며 뒤에 누가 따라오지는 않는지 살폈다. 두렵다기보다는 그저 조심하기 위해서였다. 사실 그는 그리 멀지 않은 거리에서 그를 따라오는 '그것'의 어두운 에너지를 느낄 수 있었다. 예전에는 '그것'의 에너지를 감지할 수 없었다. 그는 보지 않아도 알 수 있는 일종의 투시력 같은 걸 새로운 선물로 받은 것 같았다. 아니면 이런 걸 육감이라고 해야 하나? 그는 어두운 에너지를 뚜렷하게 감지할 수 있었다! 이게 다 무얼 말하는 것일까? 도대체 이 존재의 정체는 무엇이란 말인가? '그것'이 원하는 게 무엇일까? 왜 자신의 정체를 드러내지 않는 것일까? '그것'은 왜 그를 항상 따라다니는 것일까?

마이크는 폭풍이 몰아쳤을 때 어두운 녹색의 형체가 난데없이 나타나 자신을 공격했던 게 생각났다. '그것'은 자신이 가장 취약한 상태일 때 공격했고, 번개가 친 순간에 사라진 것 같았다. '그것'은 마이클이 무서웠던 걸까? 만약 그렇다면 마이크는 걱정할 필요가 없었다. 나머지 두 집을 여행하는 동안 그냥 유령이 자신에게 가까이 다가오지 않게만 하면 별 문제 없을 것이다.

하지만 마이크는 집집마다 자신을 그림자처럼 따라온 불길한 존재와 언젠가는 맞닥뜨리게 되리란 걸 직감적으로 알았다. 어떤 일이 있을지 이미 레드가 충분히 알려줬고, 마이크의 새로운 육감도 같은 말을 하고 있었다. '조심해, 마이크!' 자신을 따라오는 형체를 조심하라는 말이 계속 들렸다. 처음엔 자기가 혼자 속으로 하는 말인 줄 알았다. 근데 정말 마이크 혼자만의 생각이었을까? 마이크는 천사들과 자신의 목소리가 합쳐져서 여행에 대한 조언을 해주고 있다는 사실을 알게 되었다. 이 또한 그에겐 전혀 새로운 경험이었다!

걷다가 뒤를 힐끗 돌아보았을 때 '그것'의 형체가 두 번이나 눈에 들어왔다. 어쨌든 '그것'이 뒤쪽에 있었다. 마이크는 '그것'이 좀 더 현명하다면 여섯 번째 집부터 일곱 번째 집까지는 자신을 앞질러갈 거라고 생각했다. '그것'을 예의주시하는 게 좋을 거라고, 그의 직관의 목소리가 마음속에서 선명하게 울렸다. 마이크는 지도를 꺼내 어두운 유령의 에너지가 어딘가에 나타나지 않는지 살펴보았다. 지도에는 빨간색의 '당신은 여기에 있습니다' 점 주위로 몇백 미터 거리상에 있는 것들만 보여줄 뿐 특이한 사항은 없었다. 마이크는 '그것'

의 움직임을 포착했던 곳을 다시 살펴보고 나서, '그것'이 지도의 범위가 벗어나는 곳에 숨어 있다는 것을 알았다. 자신이 지도에 나타날 줄 알고 '그것'이 충분한 거리를 두고 따라오는 것인지 마이크는 궁금했다. 어쨌든 그는 이 사실을 확실하게 머릿속에 새겨두었다. 어쩐지 이건 굉장히 중요한 정보 같았다.

오후가 되자 마이크는 금방 흰색 집을 발견할 수 있었다. 흰색 집역시 다른 집들과 마찬가지로 작고 소박한 오두막집이었다. 그는 집으로 다가가며 앞으로 배우게 될 수업이 어떤 것일지 가늠해 보기위해 푯말을 찾아보았다. 궁금증은 금방 풀렸다. 푯말이 바로 앞에있었고, 거기엔 '사랑의 집House of Love'이라고 씌어 있었다. 마이크는 푯말을 읽자마자 강한 호기심이 일었다. '어떤 사랑을 말하는 거지?' 그는 천사의 집을 방문할 때마다 늘 자신이 사랑받고 있다고 느꼈다. 관계에 대해 배우고 나니까, 이제 온통 사랑에 관한 얘기만 듣게 되나 싶었다.

마이크는 몸을 돌려 현관문 쪽으로 걸어갔다. 거기엔 그를 반겨주는 천사가 없었다. 그는 신발을 벗어놓을 곳을 찾았다. 역시나 신발을놓는 공간이 있었다. 문 앞에서 계속 흰색 천사를 기다려야 하나 잠시생각하다가 마이크는 그냥 집에 들어가기로 결심했다. 그는 신발을벗어 지정된 공간에 놓은 다음 현관문을 열고 안으로 들어갔다.

문을 열자 꽃 향기가 물씬 풍겨왔다! 어디선가 비슷한 느낌을 받은 적이 있었던 것 같았다. 그는 흐릿한 하얀색의 거대한 공간으로이어지는 복도에 서 있었다. 복도로 따라 천천히 걸어가니 아무것도 없이 탁 트인, 하얀색의 커다란 공간이 나왔다. 그는 이 장소가 기억이 났다. 이곳은 그가 맨 처음 환영을 본 곳이었다! 갑자기 그가 환영에서 보았던 위대한 흰색 천사가 그 앞에 나타났다.

"반가워요, 순수한 의도의 마이클 토마스! 다시 만났군요." 천사는 경탄이 절로 나올 정도로 아름다운 미소를 짓고 있었다. 이 목소리를 다시 듣게 되다니!

마이크는 근사한 흰색 천사를 다시 만나자 기뻐서 어쩔 줄을 몰랐다. 곱고 섬세한 그의 옷을 보며 마이크는 다시 한 번 놀랐다. 천사의 몸은 집에 녹아들어 있는 것 같았다. 그는 화이트가 다른 천사들과는 다르다는 걸 직감적으로 알아챘다. 다른 천사들은 그냥 집 안을 걸어 다녔는데, 화이트의 몸체는 바닥 위에 떠 있었다! 정말로 그럴 수 있는지는 모르겠지만, 화이트의 외모는 다른 천사들보다 훨씬 더 신성해 보였다. 지금껏 여행을 통해 만난 천사들은 그에게 친구와 가족 같았다. 하지만 이 존재는 성직자 같았다. 그의 몸은 환하게 빛나고 있었다! 화이트의 몸에는 왠지 손을 대면 안 될 것 같았고, 몸에서 엄청난 에너지가 발산되는 것 같았다. 마이크는 새로운 직관력으로 이 모든 것을 꿰뚫어볼 수 있었다.

"이번엔 얼굴이 있네요." 마이클은 화이트에게 윙크를 했다. 예전에 화이트를 만났을 때는 모든 것이 흐릿하게 보였던 게 기억이 났다.

"맞아요. 나에게도 얼굴이 있어요. 당신이 여기까지 왔기 때문에 내 얼굴을 볼 수 있게 된 거죠. 아주 잘했어요, 마이클. 이제까지 이곳을 여행한 인간들 가운데 당신의 진동 주파수가 가장 높아요. 이미 당신의 이름에는 그걸 알려주는 색깔이 있어요. 당신이 여기에서 성공하든 못하든, 다음 집으로 가든 가지 않든 그 색깔은 당신의 이름에 영원히 남을 거예요."

화이트 역시 레드와 비슷한 말을 하고 있었다. 그가 끝까지 갈 수없을 거라고 미리 경고하는 것일까? 그들은 마이크를 믿지 못하는 것일까? 레드의 말을 들으면서도 똑같은 느낌이 들었었다. 신성한 여행의 막판에 자신이 실패할지도 모른다는 느낌. '도대체 얼마나 힘든 일이 기다리고 있길래 다들 이렇게 말하지?'

"이 집은 당신이 끝까지 가려는 의지가 있는지 시험해 보는 곳이에요." 화이트가 마이크의 에너지를 읽으며 말했다. "보이는 것이 전부가 아니라는 말을 지침으로 삼으세요. 그러면 앞으로 닥칠 일들을 잘 헤쳐나갈 수 있을 거예요."

마이크는 보이는 것이 전부가 아니라는 말을 이 흰색 천사가 맨처음 했다는 게 떠올랐다. 그 말은 정말로 맞는 말이었다! 그 말은 곧 추측을 근거로 넘겨짚지 말라는 충고였다. 이는 주의 깊게 새겨들어야 할 경고였으며, 얼마간 그에게 도움이 될 말이었다. 마이크는 화이트에 대해 더 알고 싶었다.

"화이트, 당신은 좀 다른가요?"

"네, 마이클. 나는 I AM 달라요. 이곳은 '사랑의 집'이에요. 언젠가는 들어가게 될 가장 순수한 집 바로 다음이 이곳이에요. 이곳은 다른 집처럼 수업을 받는 곳이 아니에요. 이곳은 근원이자 중심지예요."

"하지만 일곱 개의 집 중에서 여섯 번째 집이잖아요!" 마이크가 외쳤다.

"보이는 게 전부가 아니라고 했잖아요." 천사가 미소를 지었다.
"정말이에요. 여기가 중심지예요. 집의 순서는 당신의 수업을 위해
정해진 것뿐이에요, 마이클. 당신은 인간의 관점으로 집의 배치도를
보고 있는 거예요."

마이크는 그 말을 듣자 이 집에 대해 더 알고 싶어졌다. "여기에선
무슨 일이 일어나나요?"

"깨우침이요……"

천사가 바닥 위에서 미끄러지듯 마이크에게 다가왔다. 이것이 천
사의 얼굴이었다니! 만약 사랑이란 것에 얼굴이 있다면, 이 얼굴이
바로 사랑의 얼굴일 것이다. 너무나도 아름답고 경이롭고 평화로운
얼굴이었다. 화이트가 그의 질문에 답했다.

"앞으로 선택을 하게 되고, 모든 것을 다시 검토하고, 원한다면 다
시 한 번 진동이 변할 거예요."

"당신은 정말 누구예요?" 마이크가 화이트에게 물었다. "당신은
단순히 여섯 번째 집에 있는 흰색 천사가 아니에요. 난 알아요."

"나는I AM 모든 이가 알고 있어요, 마이클 토마스. 모든 이가 아는
나THAT I AM이며, 따라서 나는 존재합니다." 마이크가 예전에 물었
을 때와 똑같은 대답이었다. 그는 이번에도 전혀 이해가 안 갔다.

"당신이 무슨 말을 하는지 정말 모르겠어요, 화이트. 언젠가는 알
게 되겠지만요. 지금까지 만난 천사들 중에서 당신이 가장 위대한 것
같아요." 마이크는 솔직하게 말했다. 그는 자기 앞에 있는 천사가 영

적으로 매우 중요한 존재이며, 강력한 에너지를 발산하고 있다는 것을 알았다.

"아마 그럴 거예요, 마이클 토마스. 하지만 우리 모두보다 더 위대한 존재가 한 명 더 있어요." 마이크가 이 말을 곰곰이 생각하는 동안 화이트는 참을성 있게 기다렸다. 화이트가 돌아서서 마이크에게 따라오라는 손짓을 하며 미끄러지듯 앞으로 나아갔다. 화이트는 그냥 무난하고 뭐가 뭔지 거의 구분이 안 되는 복잡한 복도로 마이크를 안내했다. 마이크는 집의 세부적인 모습을 전혀 볼 수가 없었다! 방과 복도는 특정한 모양이 없었다. 사실 그가 본 게 정말 방과 복도가 맞는지도 확실히 구분이 안 갔다.

"제 눈이 뭐가 잘못된 건가요, 화이트? 모든 게 서로 섞여 있는 것 같아요."

"당신이 보고 있는 것들은 대부분 고차원에 있어요, 마이클 토마스. 그래서 당신의 마음으로는 아직 제대로 인식할 수 없을 거예요. 그래서 제가 문밖으로 당신을 마중하러 나가지 않았던 거예요. 난 이 장소를 쉽게 벗어날 수가 없어요. 집 밖의 물리적인 환경과 나의 차원은 잘 맞지 않거든요." 마이크는 그가 자신이 이해할 수 없는 지식의 영역에 존재한다는 것을 알았다. 그래서 그는 굳이 모든 것을 이해하려고 애쓰지 않았다. 화이트는 마이크가 유일하게 뚜렷하게 볼 수 있는, 상당히 익숙한 문으로 그를 안내한 다음 말했다.

"당신의 숙소와 식당은 당신의 차원에 존재해요. 그래서 당신 혼자 들어가야 돼요. 내일 아침에 식사를 마치면 여기로 당신을 만나러

올게요." 화이트는 매우 기품이 있었다. 그는 마이크를 향해 환하게 미소를 지었고, 그를 매우 기분 좋게 만들어주었다. 그의 목소리에는 자꾸만 듣고 싶게 만드는 뭔가가 있었다. 화이트의 목소리는 정말 아름다웠다! 화이트의 웃음소리를 처음 들었을 때 기분이 어땠는지 마이크는 떠올려보았다. 그는 화이트를 보내기가 싫었다.

"꼭 가야 돼요?"

"네, 지금은요. 내일 아침에 다시 올 거예요."

"보고 싶을 거예요."

마이크는 오랫동안 못 보게 될 친척에게 작별 인사를 하는 것만 같았다. 그는 사실 화이트가 가는 게 싫었다. 둘 사이에 느껴지는 어떤 에너지에 중독된 것 같았다! 뭐라 딱 꼬집어 말할 수는 없었지만 마이크는 자신이 평소와 다르다는 걸 알았다. 결국 그는 아주 간단한 질문을 던졌다. 화이트는 마이크가 그 질문을 할 줄 알고 있었다.

"화이트, 제가 지금 느끼는 게 뭐지요? 제가 이해할 수 있도록 설명해 줄 수 있나요?"

"아니오." 화이트는 솔직하게 말하며 마이크에게 미소를 지어보였다. "하지만 시도는 해볼게요." 아직 마이크의 머리로는 다 이해할 수 없겠지만, 장엄한 천사는 무엇이든 다 설명해 주고 싶었다. 그가 말했다.

"나는 모든 것의 근원이에요. 나는 곧 나이며 우주가 존재하는 이유예요. 나는 과학적으로 가장 역설적인 상태로 있지만, 나로 인해 인간이 가슴으로 감정을 느끼죠. 나는 물리학에서는 가장 작지만, 우주에서는 가장 중요하고요. 나는 모든 빛을 상징해요. 나는 원자의 핵과 전자들 사이의 공간이에요. 나는 우주에서 가장 풍부한 힘이자 가장 강력한 에너지원이에요. 나는 가장 먼 곳에서 왔지만, 우주에서 가장 강력한 힘을 발휘해요. 나는 모래시계 속의 모래이지만, 시간이 존재하지 않는 중심지이기도 해요. 나는 물리학이 의식에 반응하게끔 하는 창조력이에요. 즉 나는 기적이에요. 나는 I AM 사랑입니다."

비록 천사의 말을 하나도 이해할 수는 없었지만, 마이크는 화이트의 말을 들으며 경외감이 들었다. 화이트에겐 성스러움과 신성함이 묻어났다. 마이크는 신의 일부이자 신성하고 추앙받는 존재 앞에 서 있었다. 이번에는 스승을 마주보는 게 아니라 천사의 인격 자체를 경험하고 있었다. 게다가 화이트는 마이크가 한 번도 들어본 적이 없는 근사한 목소리를 가진—유명 인사 같은—존재였다. 마이크는 화이트를 처음 만났을 때도 이런 비슷한 느낌이 들었었다.

"고마워요, 화이트." 마이크가 감사를 표시했다. "정말 고마워요."

화이트는 마이클 토마스를 한동안 지긋이 바라보더니 다시 말하기 시작했다. 그의 부드러운 목소리가 촉촉한 꽃잎에 맺힌 아침 이슬처럼 마이크의 귀로 스며들었다.

"여기에 그리 오래 있지는 않을 거예요, 마이클 토마스. 내일, 사랑의 네 가지 속성에 대해 설명을 들은 다음 누군가를 만나게 될 거예요." 마이크는 화이트의 눈빛만 보고도 뭔가 엄청난 일이 닥칠 거라는 걸 짐작할 수 있었다. 마이크는 천사의 사랑과 자비심을 느낄 수 있었다.

마이크는 갈수록 더 화이트와 함께 있고 싶어졌다. 그의 근사한 목소리를 더 듣고 싶었고, 더 많은 정보를 얻고 싶었으며, 그의 곁에서 더욱더 평화롭게 머물고 싶었다! 그가 원한 건 그게 다였다! 하지만 화이트는 마이크를 그대로 내버려둔 채 방을 나갔다. 화이트 옆에 있으면 마음이 그렇게 평화로울 수가 없었다. 비록 화이트는 떠났지만 마이크의 마음은 여전히 평화로웠다. 정말 좋은 느낌이었다!

마이크는 옆방에서 나는 음식 냄새를 맡자 허기가 지기 시작했다. 이곳의 일과에 익숙해진 그는 재빨리 짐들을 옷장에 넣고 샤워를 한 다음, 저녁을 먹고 일찍 잠자리에 들었다.

저녁을 먹고 나서 마이크는 지금까지 살면서 가장 깊은 숙면을 취했다. 다른 집에서 경험한 것이 무엇이건 간에 마이크에겐 이곳이 최고로 좋았다. 평화가 온몸을 감싸 안았다. 사방이 어찌나 고요한지 그는 세상모르고 깊은 잠에 빠져들었다.

· ◆ ·

흰색 집 앞에 나타난 빨간 눈의 역겹고 사악한 존재는 이번에는 나무 위에 자리를 잡거나 바위 뒤에 숨어 마이크를 기다리지 않았다. 마이클은 이미 오두막집으로 들어갔고 모든 것이 그의 계획대로 된 셈이었다. '그것'은 그냥 흰색 집을 지나쳤다. '그것'은 오직 사악한 목적에만 전념하며 앞으로 걸어갔다. 약 한 시간쯤 지나 '그것'은 다음 집으로 향하는 길로 잽싸게 이동해서 매복하기 좋은 장소를 찾왔다. '그것'은 일대를 돌아다니며 마이클 토마스가 도망칠 수 있는 모든 경로를 생각해 두었다. 그 다음 '그것'은 자리를 잡고 계획한 대로 연습해 보면서 마이크를 기다리기 시작했다. '이번 속임수는 아주 완벽해.' '그것'은 생각했다. 마이클이 이길 가능성은 전혀 없었다. 이곳에 올 때쯤이면 그는 경계를 풀고 느슨한 상태가 되어 있을 것이다.

그는 길을 따라 여행하다가 해가 질 무렵 '그것'이 함정을 파놓은 곳으로 오게 될 것이다. 그리고 나무 아래에서 똑같은 말을 계속해서 되풀이하는 한 남자를 보게 될 것이다. 그는 그 온화해 보이는 남자를 자세히 보기 위해 점점 다가올 것이고, 결국엔 그가 잘 아는 어느 정직한 농부의 모습을 보게 될 것이다. 그 다음엔 그가 사랑하는 아버지의 목소리를 듣게 될 것이다.

· ◆ ·

마이크는 일찍 일어나서 준비를 했다. 숙소는 모든 것이 흰색이라는 것만 빼놓고는 다른 집들과 비슷했다. 그는 '흰색 위에 흰색'으로 장식하는 것은 여자들의 취향이라고만 생각했다. 하지만 이 집에 오고 나서 생각이 바뀌었다. 집이 온통 하얀색으로 장식되어 평화와 고요함이 감돌았다. 마이크는 옷장에서 흰색 옷을 몇 벌 발견했다. 그가 신을 수 있도록 흰색 슬리퍼까지 준비되어 있었다.

그는 아침을 먹었다. 역시나 더할 나위 없이 훌륭한 식사였다! 맛

240

도 맛이었지만, 보기만 해도 군침이 돌았다! 그는 흰색 식탁보 위에 흰색 그릇이 놓인 테이블에 앉았다. 컵과 유리잔, 심지어 식기들까지 흰색이었다. 음식의 다채로운 색깔은 흰색과 기가 막히게 대조되어 꼭 미술관의 그림을 보는 것 같았다. 주변의 우아한 분위기에 맞게 그도 식사를 천천히 즐겼다. 온통 새하얀 곳에 있다 보니 마치 궁전에 사는 왕족이 된 듯한 기분이었다.

식사를 마친 마이크는 크게 심호흡을 했다. 그는 위대한 흰색 천사가 문 밖에서 자기를 기다리고 있다는 걸 알았다. '이곳에서 무슨 일이 일어날까?' 화이트는 사랑이 우주에서 가장 강력한 힘이라고 했다. 마이크의 진동 에너지가 사랑의 수준까지 올라가고 있는데, 도대체 무엇이 그를 이 길에서 돌아서게끔 만든다는 것일까?

마이크는 문을 열고 흰색 집의 희미한 복도로 발을 들여놓았다. 그의 직감이 맞았다. 화이트는 전날 밤 마이크와 헤어졌던 바로 그 자리에서 그를 기다리고 있었다.

"잘 잤나요, 마이클 토마스?" 천사가 쾌활하게 말했다. 마이크는 금방 화이트 주변에서 발산되는 강력한 에너지를 느낄 수 있었다.

"안녕하세요, 화이트?"

"준비가 됐나요?"

"네." 마이크는 이곳의 느낌이 아주 좋았지만 한편으론 약간 걱정스럽기도 했다. 화이트는 의자가 있는 방으로 마이크를 안내했다. 화이트가 앉으라고 하자 그는 의자에 앉았다. 수업 도구, 스크린, 도표 같은 것은 하나도 없고, 마이크가 앉아 있는 의자 하나가 전부였다.

천사가 그의 앞에 서더니 영적 정보를 알려주기 시작했다. "순수한 의도의 마이클 토마스, 오늘 나는 당신에게 사랑의 네 가지 속성에 대해 말해줄 거예요. 신의 순수한 사랑이 당신의 존재에 스며들면, 당신의 모든 세포가 사랑의 에너지로 진동하게 돼요. 당신은 사물을 다르게 보게 될 거예요. 사람들도 다르게 대할 거고요. 그리고 예리한 분별력을 갖게 될 겁니다. 사랑이 우주만물의 본질인데도 당신네의 언어는 이 놀라운 속성을 사랑이라는 단 하나의 단어로만 표현하죠." 천사는 미소를 지었다. "사랑이 어떻게 작용하는지 보여줄게요. 따라와 봐요."

그 다음에 벌어진 일은 마이크를 까무러치게 만들었다. 그는 지금까지 여섯 개의 집을 거치면서 이미 놀랄 만큼 놀랐고 웬만한 것은 다 봤을 거라고 생각했다. 그런데 갑자기 흰색 천사가 생각지도 못한 곳으로 그를 데려가고 있었다! 의자에 앉은 채로 그는 간차원적인 현실로 휙 이동했다. 그와 화이트의 모습은 실재 같았지만, 다른 것들은 모두 꿈같아 보였다. 그는 움직임을 느꼈지만 어지럽지는 않았다. 하얗고 희미한 방이 바로 눈앞에서 다채로운 색깔과 소리로 변하고 있었다. 그는 의자에 앉은 채로 어딘가로 이동하고 있었다. 그는 깜짝 놀라기는 했어도 두렵지는 않았다. 그저 모든 것이 신기할 뿐이었다!

시간이 좀 지나서 그와 화이트는 마침내 천사가 가고자 했던 목적지에 '도착'했다. 차원 간 이동을 하는 동안 모든 것이 희미하게만 보였는데, 이제는 서서히 주위가 선명하게 보이기 시작했다. 놀랍게도 마이크와 화이트가 도착한 곳은 병원이었다. 그는 화이트가 신성한 사랑의 존재를 만날 수 있는 천국 같은 곳으로 데려갈 줄 알았다. 하지만 그의 눈에 보이는 것은 환자들이 침대에 누워 있는 평범한 병원이었다. 환자들마다 여러 개의 튜브가 몸에 부착된 걸로 보아 마이크는 이곳이 중환자실이란 걸 짐작할 수 있었다.

상황이 너무 생생했다! 병실에서 무슨 일이 일어나는지 다 들을 수 있었고, 바닥과 벽에 뿌려진 살균 소독제 냄새까지 맡을 수 있었다. 영적인 나라에서 오랫동안 신성한 곳만 다녔더니, 소리와 냄새가 너무 역해 그를 움찔하게 만들었다. 지금까지 있던 곳과는 너무 달랐지만, 사실 익숙한 곳이기도 했다. 두 여행자는 방에서 일어나는 일을 모두 관찰할 수 있는 곳에 자리를 잡았다. 그들은 방 한구석에 정지한 채로 둥둥 떠 있는 것 같았다. 그곳에는 적막감이 감돌았고, 마이크도 조용히 있었다. 들리는 소리라고는 의료 기구가 작동하며 내는 소리뿐이었다. 마이크는 주위를 둘러보았다. 침대에 누워 있는 한 남자는 얼핏 봐도 나이가 꽤 들어 보였다. 얼굴은 잿빛에 매우 늙어 보였고 많이 아픈 것 같았다. 눈은 감겨 있었다.

"저 남자는 어디가 아픈 거예요?" 환자가 듣기라도 할까봐 마이크가 속삭이듯 물었다.

"그는 죽어가고 있어요." 화이트가 대답했다. 그때 40대 초반으로 보이는 여자가 방으로 들어왔고, 마이크는 다시 질문하기 시작했다. 그녀는 침대에 누워 있는 늙은 남자를 바라보며 잠시 가만히 서 있었다. 마이크는 그녀가 특별하다는 걸 알아챘다. 환영 같은 상태에 있으면서도 그는 여전히 예민하게 직관의 소리를 들을 수 있었다.

"저 여자는 누구죠?" 마이크가 물었다.

"죽어가는 남자의 딸이에요." 화이트가 말했다. "앞으로 할 얘기는 사실 그녀에 관한 이야기예요." 화이트가 얘기를 시작하자 마이크가 귀를 쫑긋 세우고 들었다. "여자의 이름은 마리예요. 여자는 침대에 있는 저 남자를 뼛속까지 증오했어요."

"아버지를 왜 그렇게 싫어해요?"

"어린아이였을 때 아버지에게 성적 학대를 심하게 당했거든요." 화이트가 대답했다. "감정적으로 육체적으로 상처받았을 뿐만 아니라 그 일로 인해 마리의 인생이 망가졌죠." 화이트가 잠시 말을 멈추었다. 둘은 마리가 침대 곁으로 다가가는 것을 지켜보았다. 천사가 계속 말했다. "여자의 엄마는 그 사실을 전혀 몰랐어요. 너무 겁이 나서 차마 엄마에게 모든 걸 털어놓을 수 없었죠. 결국 엄마와 딸의 관계에도 금이 가고, 욕정에 불타오르는 아버지로부터 도망가기 위해 마리는 일찍 집을 나와야만 했어요. 엄마는 그저 마리가 자신을 싫어한다고만 생각했죠. 마리가 어른이 되어서도 둘이 친구처럼 지내지 못했고요. 마리는 엄마에게 아무것도 말하지 않았고, 엄마는 죽는 순간까지도 마리가 자신을 사랑하지 않는다고 생각했어요."

"어떻게 그런 일이!" 마이크는 진짜로 마음이 아팠다. 그는 그 상황이 부당하다고 느꼈고 마리가 너무 가여웠다. 천사는 의아한 듯이 마이크를 쳐다보았다.

"그들은 가족이에요, 마이클. 설마 빨간 집에서 배운 걸 잊지는 않았겠죠?" 마이크는 부끄러웠다. 물론 그는 수업 내용을 잊지 않았다. 하지만 자신의 영적 가족에 대해 배운 것을 다른 인간의 삶에도 적용해 보기는 처음이었다. 그는 화이트가 말하려는 게 무엇인지 알았다. 그가 자신의 영적 가족들과 계약을 맺었듯이 마리와 그녀의 아버지도 카르마에 기인한 계약을 맺었던 것이다.

"상황은 점점 더 나빠졌어요." 화이트는 다시 마리의 이야기로 돌아갔다. "마리가 다른 여자들처럼 데이트를 하고 남편감을 찾으려고 할 때마다, 어렸을 적 아버지에게 학대당한 경험이 어떤 식으로든 관계를 망쳐놓곤 했어요. 결국 마리는 결혼도 한번 제대로 해보지 못하고 아이도 가질 수가 없었죠."

마이크는 한숨을 쉬며 말했다. "그것도 그들끼리 맺은 계약이겠죠." 그는 마리가 헤쳐 나왔을 인생이 너무 험난해 보여 마음이 무거웠다. 천사는 감탄하며 마이크를 바라보았다. 더 이상 말이 필요 없었다. 그렇게 아무 말 없이 바라보는 것이 마이크를 칭찬하는 천사의 방식이었다. 그는 마이크에게 그동안 여행을 하며 잘 배웠다고 말없이 칭찬하고 있었다.

"마이클 토마스, 마리와 아버지에게 일어난 일은 서로를 극진히 사랑하기 때문에 맺어진 계약이란 걸 알겠어요?"

"네. 하지만 인간으로서, 전 아직도 그 개념을 온전히 이해하고 받아들이기가 힘들어요."

"그건 아직 당신이 이분법적 사고로 세상을 바라보기 때문이에요." 화이트가 말했다. "인간의 형상으로 있는 한 아마 어떤 것들은 결코 온전하게 받아들일 수 없을 거예요. 그건 지극히 당연한 일이고요."
마이크는 병실에서 마리의 상황을 계속 지켜보았다. 마리는 말없이
아버지를 바라보고 있었다. 아버지가 깨어나길 기다리는 것 같았다.
그녀는 자신의 소지품을 침대 옆에 있는 테이블 위에 올려놓았다.

"아버지를 싫어할 만하네요." 마이크가 안타까운 목소리로 화이트
에게 나직이 말했다.

"아니에요, 마이크. 마리는 아버지를 굉장히 사랑해요." 천사의 말
은 가히 충격적이었다.

"그런 일을 당하고도요?" 마이크가 물었다. 화이트가 마이크 쪽으
로 돌아섰다.

"마리는 당신과 비슷한 점도 있고 다른 점도 있어요, 마이클 토마
스." 천사는 말을 멈추고 마이크의 반응을 지그시 지켜보았다. 마이
크는 집중해서 들었다. "당신과 다른 점은 그녀가 지금 지구에 있다
는 거예요. 하지만 당신과 마찬가지로, 당신이 여섯 개의 집에서 배
운 정보를 모두 이해하고 있어요." 마이크는 깜짝 놀랐다! 그는 자기
처럼 여행을 하는 인간들만 영적 훈련을 받는 거라 믿고 있었다. 그
는 말문이 막혔다. '어떻게 그럴 수 있지?' 천사는 마이크가 분노하
고 혼란스러워한다는 것을 알았다. 그는 계속 말했다.

"마리는 혼자서 스스로 진동 주파수를 높였어요. 그렇게 하는 데 9
년이란 시간이 걸렸죠. 당신은 겨우 몇 주 만에 진동 에너지를 끌어
올렸고! 당신은 사실 특별한 경우예요. 지금까지 거쳐온 다섯 개
의 집에서 얻은 정보와, 마지막 두 개의 집에서 얻게 될 정보는 사실

지구에도 오랜 세월 전해져 온 것들이에요. 인간이 영적 정보를 얻기 위해 해야 할 일은, 세상의 이원성을 깨닫고 진리를 찾겠다는 의도를 갖는 게 전부예요. 지구에서도 영적 진리에 대해 많은 글들이 씌어졌고, 이러한 영적 정보를 이해할 수 있도록 도와줄 수 있는 인간 스승들도 많이 있어요."

마이크는 잠자코 듣고 있었다. 천사의 말은 완전히 새로운 이야기였다. 그는 무슨 뜻인지 곰곰이 생각해 보았다. 그는 마음이 불편해지기 시작했다. 화이트를 처음 만났을 때 지구를 떠나 '집'으로 보내 달라고 한 게 잘못된 걸까? 그는 자신이 그냥 지구에 머물렀어도 지금까지 배운 것을 모두 배울 수 있었다는 걸 깨닫기 시작했다.

"화이트, 왜 마리는 9년이나 걸렸죠?"

"마리는 자신만의 속도로 깨어났어요, 마이클. 그런 그녀의 방식은 존중되어야 했고요. 그녀는 당신처럼 천사들에게 직접 설명을 듣고 배우는 혜택을 누리지 못했어요. 당신처럼 가족들과 일일이 대면할 기회도 없었고요. 그녀는 아직 자기 가족들의 진짜 이름도 몰라요. 그녀는 아직 3차원으로 진동하는 세상에 있고, 부정적인 에너지가 지배적인 곳에 살고 있어요. 그래서 자신의 진동 에너지를 바꾸는 데 그렇게 오래 걸렸던 거예요. 주변 환경이 그렇다 보니 이원성을 초월하기가 더 힘들었죠. 그래서 깨어나는 속도가 더 느렸어요."

마이크는 주저앉아 마리를 바라보았다. 그녀는 매우 높은 주파수로 진동하고 있었지만, 너무 왜소하고 연약해 보였다.

"외모에 속지 말아요, 마이클. 보이는 것이 전부가 아니에요." 마이크의 에너지를 읽은 흰색 천사가 말했다. "그녀는 빛의 전사戰士예요. 그녀는 거인을 무너뜨릴 만큼 강력하죠!"

이제 마이크는 정말로 심기가 불편해졌다. "그게 무슨 뜻이죠?" 화이트가 말을 꺼내자 마이크가 물었다.

"순수한 의도의 마이클 토마스, 우리는 보잘것없어 보이는 저 여자에게서 사랑의 네 가지 속성에 대해 배우러 여기에 온 거예요." 마이크는 묵묵히 있었다. 그는 아주 중요한 걸 배우게 될 거라고 직감했다. 그가 '집'에 거의 다 왔다고 생각할 때쯤 상황이 훨씬 더 복잡하게 꼬이고 있었다. 천사가 계속 말했다. "잘 봐요. 그녀에겐 나와 같은 힘이 있어요. 그녀는 사랑이 무엇인지 알아요, 마이클. 그래서 나의 일부가 그녀의 내면에도 있어요. 사랑보다 더 강력한 힘은 없어요. 게다가 그녀는 황금 배지도 받아들였어요."

황금 배지가 무엇인지 궁금했지만 마이크는 지금 질문할 때가 아니란 걸 알았다. 무슨 일이 벌어지는지 화이트가 설명하는 동안 그는 잠자코 지켜보기만 했다.

"마이클 토마스, 사랑의 첫 번째 속성은 '조용하다quiet'는 거예요. 마리가 병실에 들어올 때 어땠나요? 전혀 소란스럽지 않았어요. 그녀를 학대했던 아버지는 지금 중병을 앓고 있어요. 자신을 방어할 수도 없고 기력도 하나도 없죠. 어찌 보면 그녀에겐 지금이 아버지에게 복수할 수 있는 절호의 기회일 거예요. 그녀는 자신이 왔다는 걸 알리며 시끄럽게 들어와 아버지를 두렵게 할 수도 있었어요. 아버지는 자신이 한 짓을 알고 있어요, 마이클. 그는 그때 그 일을 부끄러워하

248

고 죄책감을 느끼고 있죠. 그 일은 그의 삶에도 영향을 미쳤고, 그 역시 몇 년 동안 괴로워했어요. 그녀가 영적인 차원에서 알고 있는 것을 그는 아직 몰라요. 그녀의 새로운 힘이 그에겐 없죠. 자, 봐요. 마리가 얼마나 조용한지."

마이크와 화이트는 아버지가 덮고 있는 이불을 반듯이 펴고 있는 마리의 모습을 잠자코 지켜보았다. 그녀는 허약한 남자의 옆에 앉아 머리를 그의 가슴에 다정하게 기댔다. 화이트의 도움으로, 그녀가 느끼는 것을 마이크도 느낄 수 있었다! 그녀의 태도와 마음은 평화롭고 고요했다. 그녀의 가슴에 응징 같은 생각은 전혀 없었다. 그녀는 아버지를 완전히 용서했기 때문에, 그녀의 마음과 가슴속에 분노라든지 자신이 희생자라는 느낌은 하나도 남아 있지 않았다. 얼마나 위대한 여성인가! 자신의 계약을 충실하게 이행한, 그로 인해 자신의 인생에 씻을 수 없는 상처를 남긴 한 남자에 대한 그녀의 자비심을 마이크도 느낄 수 있었다.

마침내 아버지가 눈을 뜨며 딸이 옆에 있다는 것을 알아챘다. 그가 깨어나자 그녀는 자리에서 일어섰다. 그는 딸을 보자 눈이 휘둥그레지며 두려움에 휩싸였다. 마리가 여기에 있다니! 여기서 뭘 하는 걸까? 그는 수년간 딸을 보지 못했다! 마리가 그에게 고함이라도 지를 것인가? 아니면 그보다 더 심한 행동을 할까? 그의 몸이 반응하기 시작했다. 그의 신체 활동을 측정하는 기구들이 요란한 소리를 내기 시작했다. 삐삐 하는 소리, 쉭쉭거리는 소리, 딸깍거리는 소리가 점점 빨라지기 시작했다.

"잘 봐요, 마이클." 화이트가 멋지고 감미로운 목소리로 말했다. "이게 바로 순수한 사랑의 두 번째 속성이에요. '사랑은 요구하지 않아요.' 그녀는 지금 자신이 원하는 것을 모두 아버지에게 요구할 수 있어요. 아버지가 허약하고 죄책감에 시달리고 있으니까요. 사실 그는 상당한 부자예요. 재산을 요구하거나, 법적으로 피해보상을 해달라고 하거나, 과거에 저지른 일을 뉘우친다고 큰소리로 말해보라고 할 수도 있겠죠. 그의 목숨을 위협하거나, 재산을 빌미로 협박하거나, 아님 둘 다를 할 수도 있어요. 그런데 그녀가 어떻게 하는지 봐요, 마이클."

마리는 아버지의 머리에 손을 대며 귓속말을 했다. 그러자 즉각적으로 의료 기구의 반응이 잠잠해졌다. 그는 한숨을 내쉬었고, 마이크는 그의 눈에 눈물이 고이는 것을 보았다.

"그녀가 뭐라고 했어요, 화이트?" 마이크는 마리의 귓속말을 듣지 못했다.

"그녀는 '아버지, 당신을 사랑해요. 아버지를 완전히 용서했어요' 라고 말했어요." 천사가 대답했다. 마이크는 바로 눈앞에서 펼쳐지는 드라마를 보며 놀라움을 금치 못했다. 자기가 만약 똑같은 상황에 처했다면, 그에게도 그녀처럼 행동할 수 있는 힘과 지혜가 있었을지 궁금했다. 마리는 정말 존경스러운 여자였다.

"정말 아무것도 요구하지 않았어요?"

"네. 그녀는 그냥 순수하게 '존재'하는 것에 만족하고 있어요."

마이크는 다시 한 번 마리의 감정을 고스란히 느낄 수 있었다. 모든 것이 잘 마무리되고 둘 사이의 카르마도 완전히 소멸되는 순간이었다. 그녀의 의식은 명료했고, 어쩐지 그녀의 아버지도 둘이 함께했던 파란만장한 삶을 명료히 바라보며 종결짓는 것 같았다. 그녀는 35년 넘게 슬픔과 죄책감에 시달리게 했던 무언가로부터 아버지를 완전히 해방시켰다! 그의 얼굴을 보면 알 수 있었다. 무언가를 요구하며 아버지를 응징하는 대신 그녀는 선물을 주었다. 그의 눈에 고였던 눈물이 뺨을 타고 주르륵 흘러내렸다. 마리는 다시 자리에 앉아 자신의 아버지인 이 소중한 사람을 팔로 감싸 안으며 그의 가슴에 다시 머리를 기댔다. 둘은 아무 말도 하지 않았다. 둘 사이엔 말이 필요 없었다.

"마이클 토마스, 사랑의 세 번째 속성은 '사랑은 교만하지 않는다'는 거예요. 그녀는 영적으로 눈이 부실 만큼 아름답게 성장했지만, 아무 말도 하지 않고 있어요. 그녀의 신성한 화해 덕분에 아버지는 많은 은혜를 입었어요. 하지만 그녀는 아무런 내색도 하지 않고 그냥 조용히 있어요. 그녀는 자신의 강력한 힘에 흡족해하면서 아버지를 용서했다는 자부심으로 당당하게 서 있을 수도 있지만, 그녀는 아무 말도 하지 않아요. 그녀는 여기에 오기까지 9년이란 세월을 어떻게 보냈는지 보란 듯이 일어서서 떠벌릴 수도 있지만, 그녀는 그냥 잠자코 있어요."

마이크는 그녀의 모습에 경외감이 들었다. 그녀는 진정한 빛의 전사였으며, 마이크가 이제 겨우 배우기 시작한 것을 이미 모두 이해하고 있었다.

이런 일이 가능할 거라곤 상상도 하지 못했다! 그녀는 이 모든 지식을 알면서도 여전히 지구에 살고 있었다! 그녀의 삶은 얼마나 평화롭고 풍요로울까? 마이크는 이런 생각을 하면서도, 눈앞에서 펼쳐지는 광경에 온통 마음을 빼앗겼다.

그 순간 아버지가 할 말은 아무것도 없었다. 그는 용서를 받았고, 마음의 짐에서 벗어나 온몸 가득히 스며드는 평화를 느꼈다. 사실 그녀가 아버지를 위해 영적으로 한 것은 아무것도 없었다. 그녀는 그저 자신을 개선시켰을 뿐이다. 하지만 그녀의 그러한 영적 성장이 아버지에게도 영향을 미쳤다. 여기엔 분명 깊게 생각해 봐야 할 무언가가 있었다. 마이크는 지금 자기가 보고 있는 것이 굉장히 중요하다는 걸 알았다.

아버지는 자신의 훌륭한 딸을 오랫동안 지그시 바라보다가 살며시 눈을 감았다. 그의 평화로운 얼굴에 미소가 번졌다. 그렇게 그녀는 일생일대의 선물을 때맞춰 그에게 전했다. 아버지에게 연결된 의료 기기에서 평소와 다른 소리들이 나기 시작했다. 쉿쉿 하는 소리가 멈추자 마이크는 그가 세상을 떠났다는 것을 알았다. 의료진들이 서둘러 병실로 들어왔지만 그들이 할 수 있는 것은 아무것도 없었다. 이것저것 체크를 하고 사망을 확인한 뒤 그들은 그의 머리를 흰 천으로 덮었다. 그러곤 그와 마리만 남겨놓고 모두 병실을 나갔다. 화이트가 다시 말했다.

"마이클 토마스, 사랑의 네 번째 속성은 '사랑은 세 가지 다른 속성을 완벽하게 사용할 만큼 지혜롭다!'는 거예요. 그녀는 모든 것을 때맞춰 진행했고 가장 적절한 순간에 아버지를 찾아왔어요. 그녀는 언제 아버지를 보러 와야 할지 가늠하기 위해 자신의 직관력을 사용했어요, 마이클 토마스. 이제, 그녀를 다시 보세요."

화이트를 바라보던 마이크는 다시 병실에서 벌어지는 일에 집중했다. 마리는 아버지가 돌아가셨어도 통곡하며 울지 않았다. 그녀는 아버지를 극진히 사랑했지만 슬픔의 흔적은 찾아볼 수 없었다. 그녀는 의료진들에게 혼자 있게 해달라고 요청했다. 마리는 흰 천으로 덮인 형체, 자신이 세상에 존재할 수 있게 해준 아버지의 가슴 위에 손을 얹었다. 그러더니 그녀가 고개를 돌려 화이트와 마이크 쪽을 바라보았다! 그녀가 이쪽을 보고 직접 말하는 것 같았다! 둘은 처음으로 마리의 강인한 목소리를 들을 수 있었다.

"제가 가슴 깊이 사랑하는 이 사람을 지구가 기억하게 해주세요." 마리의 목소리에는 권위가 있었다. "그는 지구에 와서 자신의 계약을 충실하게 이행했고, 저는 그의 선물을 잘 받았습니다! 그의 귀향을 축하해 주세요."

마리는 살며시 눈을 내리깔고 자신의 물건을 챙긴 다음 병실을 나갔다. 마이클은 방금 본 장면에 너무 놀라 입을 다물지 못했다. 그는 마리가 말을 하던 순간에 느낀 감정에 완전히 압도되었다. 그는 방금 전 한 사람의 평생에 걸친 계약이 완료되고 종결되는 것을 본 것이다. 이는 더할 나위 없이 완벽한 마무리였다!

"마리가 아버지의 죽음을 슬퍼하지 않고 축하할 수 있는 건 그녀에게 사랑의 지혜가 있기 때문이에요." 현명한 화이트가 말했다. 화이트는 마이클 토마스를 바라보며 그의 반응을 확인했다.

"느낌이 어떤가요, 순수한 의도의 마이클 토마스?" 화이트는 마이크가 평정을 되찾을 때까지 참을성 있게 기다렸다.

"저는……" 마이크는 목청을 가다듬었다. "음…… 불과 몇 분 만에 저 왜소한 여자한테서 지금까지 여행하며 천사들에게 배운 것만큼이나 많은 것을 배운 것 같아요." 마이크는 자신의 말이 어떻게 들릴지 깨닫고 당황스러워졌다. "천사들의 가르침이 고맙지 않다는 뜻이 아니라……" 화이트가 희미한 손을 들어 마이크의 말을 중단시켰다.

"정확한 대답이에요, 마이클 토마스. 아주 정확해요. 무언가를 변화시키는 건 다름 아닌 인간이에요. 원래 같은 인간으로부터 배울 때 가장 잘 배우는 법이에요. 이건 앞으로의 시험에서도 마찬가지고요." 갑자기 눈앞의 장면이 흐려지더니 마이크는 어딘가로 이동하는 듯한 느낌을 받았다. 잠시 후 그들은 원래 있던 흰색 방으로 돌아왔다. 마이크는 매우 조용했다.

"질문이 있나요, 마이클 토마스?" 화이트가 물었다. 마이크는 자신이 정말로 원하는 게 무엇인지 생각해 보았다. 그는 자신이 아직 마리만큼 강하지 않다는 걸 알았다. 비록 많은 것을 배우고 이해하게 되었지만, 마리 내면에 있는 고요한 힘이 자기에겐 아직 없다는 걸 깨닫고 있었다. 그에겐 도구가 있었고, 신기한 지도가 있었으며, 영적 지식도 풍부했다. 그의 진동 주파수도 상당히 높았고, 여기에서 경험할 만큼 경험도 했지만, 그에겐 마리의 내면에 있는 사랑이 없었다. 그는 아주 특별한 질문을 던졌다.

"저도 그렇게 강력한 사랑을 가질 수 있나요, 화이트?"

"그게 당신의 진정한 의도인가요?"

"네."

"순수한 의도의 마이클 토마스, 당신은 신을 사랑하나요?"

마이크는 천사들마다 중요한 순간에 이 질문을 하는 데는 필시 무슨 이유가 있을 거라고 생각하며, 그 질문에 대답하기 위해 어깨를 펴고 똑바로 섰다.

"네, 저는 신을 사랑합니다." 마이크는 정중하게 말했다. "당신의 순수한 의도가 그러하니, 사랑의 힘을 갖게 될 겁니다!"

마이크는 그 다음에 무슨 일이 일어났는지 전혀 기억하지 못했다. 그는 인간의 의식을 잃었다. 그는 꿈을 꾸었다…… 그가 어딘가로 데려가졌고…… 거기에선 의식이 행해지고 있었다…… 축하 행사가 벌어지더니…… 무언가가 그에게 전해졌다…… 그의 세포 조직에 간직하게 될 선물이었다. 거기엔 그의 부모님도 있었다! 모든 것이 흐릿하긴 했지만 너무나도 근사했다.

마이크가 깨어났을 때 그는 자신의 흰색 숙소에 있는 흰색 침대에 누워 있었다. 때는 저녁이었고 그는 몹시 지쳐 있었다. 마치 무슨 체조 결승전에 출전했다가 돌아온 것만 같았다. 마음이 너무 어지러워 집중을 할 수 없었다. '무슨 일이 있었던 거지?' 그는 생각은 나중에 하기로 했다. 일단 잠부터 자야 했다. 마이크는 이불 속에서 몸을 웅크리며 또다시 잠이 들었다. 이번에도 그는 아주 깊이 잠들었다.

· ◆ ·

　다음날 아침, 그는 자신의 생물학적 시스템이 다시 한 번 변했다
는 것을 알았다. 그는 지금까지 일어난 일을 생각하며 침대 가장자리
에 오랫동안 앉아 있었다. 푹 쉬고 나서인지 마음이 평화로웠다. 그
는 자신이 새로워진 것 같았다! 뭐라 딱히 꼬집어 설명할 순 없었지
만, 자신이 좀 더 현명해진 것 같았다. 마리를 통해 마이크는 아주 많
은 것을 알게 되었고, 그것이 화근이 되었다.

　마리와 그녀의 아버지 모습이 머릿속에서 떠나질 않았다. 마리는
지구에 있는데도 무척이나 훌륭한 영적 존재였다. 그녀는 스스로 자
신의 진동을 끌어올렸으며, 강력한 존재로 삶을 살아가고 있었다. 그
녀는 지구에 남았다. 그녀는 '집'으로 가겠다고 하지 않았다. 그녀는
지구에서의 힘든 삶을 견뎌냈으며, 모든 경로를 다 거쳐왔다. 반면에
자신은 급하게 지구를 떠났다!

　지구를 떠난 것이 과연 올바른 선택이었을까? 마이크는 새로 얻은
지혜 덕분에 자기가 한 선택을 곰곰이 생각해 보며 정직하게 자신
을 돌아보고 있었다. 오, 마이크는 너무 정직했다. 그는 아마도 지구
에서 가장 정직한 사람 중 한 명일 것이다. 시골에서 매우 정직한 부
모님 밑에서 자라난 덕분에 그는 강직한 성품을 지녔다. 하지만 이런
느낌이 드는 건 처음이었다. 지구에서의 정직함은 영적인 정직함과
는 달랐다. 영적으로 정말로 정직한지 따져보려면 더 많은 차원의 지
혜가 필요한 것 같았다.

마이크는 왜 레드와 화이트가 자기가 여행을 계속 할지 말지 선택하게 될 거라고 했는지 알 것 같았다. 새로운 지혜가 생기자 그의 생각도 변하기 시작한 것이다. 자기가 한 일들이 모두 옳았을까? 마이크가 원한 것보다 더 위대한 영적 탐구가 있는 것일까?

마이크는 침대에서 일어나 옷을 입으면서도 줄곧 그 생각을 했고, 아침을 먹으면서도 그 생각에만 몰두했다. 그는 화이트를 만나면 예리한 질문들을 해볼 참이었다. 화이트는 이런 문제에 능통한 상담사일 것이다. 그는 화이트가 자신을 도와줄 거라는 걸 알고 있었다.

화이트는 평소처럼 문 밖에서 기다리고 있었다. 그가 존재하는 영역으로 발을 들여놓으며 마이크는 아무 말도 하지 않았다. 마이크가 넋을 놓고 주변을 둘러보는 동안 화이트는 잠자코 서 있었다. 뜻밖에도 희미하게만 보이던 벽, 바닥, 복도가 이제는 아주 선명하게 보였다. 전에는 한 번도 보지 못했던 섬세한 디자인이 눈에 들어왔다. 세상에, 집이 정말로 아름다웠다! 하지만 그게 다가 아니었다.

천사의 빛 속으로 발을 들여놓자 갑자기 가슴이 벅차올랐다! 그 역시 마리처럼 위대한 흰색 존재와 무언가를 공유하고 있었다. 마이크는 어쩐지 자신이 화이트의 일부가 된 것 같았다. 마이크는 자신이 화이트를 극진히 사랑한다는 느낌이 들었다. 갑작스러운 변화에 마이크는 숨이 가빠졌다.

"이제 새로운 광경이 눈에 보일 거예요, 마이클 토마스." 마이크가 물어보지 않아도 천사가 설명했다. "차원뿐만 아니라 당신의 생물학적 시스템도 변하기 시작했어요. 마리와 같은 수준으로요. 당신은 우리가 이제껏 본 적이 없는 아주 순수한 의도로 변하길 원했고, 보다시피 당신이 의도한 대로 됐어요.

"중요한 질문이 있었어요, 화이트." 조용하고 정중하게 얘기를 꺼내려던 마이크는 자신의 목소리를 듣고 깜짝 놀랐다! 목소리가 평상시보다 훨씬 더 과장되게 들렸다. 아니면 너무 크게 말했나? 그게 아니었다. 목소리가 이상하게 변했고, 마이크는 자신의 목소리가 변한 게 몹시 거북했다. 새로운 목소리가 꼭 자기를 모욕하는 것 같았다. 그는 갑자기 불안해졌다.

"마이클, 한동안 말하지 말아요." 천사가 자비로운 목소리로 그를 안심시켰다. "내가 말할 때 내 목소리에서 뭐가 느껴지나요? 우리의 공동 작업이 처음 시작되었을 때부터, 당신은 내 목소리에 담긴 사랑과 평화를 느꼈어요. 심지어 내 목소리에 대해서 물은 적도 있고요. 기억나나요? 앞으로 나아가고자 하는 당신의 의도 때문에, 어쩌면 개인적으로 소중한 것들을 다 뺏긴다고 느낄 수도 있어요. 이건 여행을 하다 보면 어쩔 수 없는 부분이에요. 블루가 했던 말 기억해요? 이전의 진동 주파수가 편하고 익숙하기 때문에, 새로운 진동 주파수에 적응하려면 시간이 걸린다고 했던 말이요. 주황색 집을 떠나, 아끼는 물건들을 버려야 했을 때도 이 점을 배웠잖아요. 물건을 잃어버린 것을 한탄했지만, 당신이 계속 앞으로 나아가려면 어쩔 수 없는 선택이었어요. 한동안 당신은 그때 배운 것들을 까먹고 있었죠. 어제 당신은 훨씬 더 강도 높은 변화를 원했고, 당신이 요청한 대로 당신은 아주 많이 달라졌어요. 여행을 계속할수록 개인적인 부분이 더 많

258

이 변할 거예요, 마이클. 당신이 보는 것, 말하는 것, 생각하는 것 모두가 더 큰 의미를 지니면서 분명한 의도 위에서 행해질 거고요. 당신은 지금 마리처럼 빛의 전사가 되어가는 중이에요."

마이크는 갑자기 모든 것이 이해가 되면서 화이트의 말에 담긴 지혜를 느낄 수 있었다. 하지만 화이트의 말을 들으니 더욱더 자신의 영적 여행에 대해 묻고 넘어가야 할 것 같았다. 그는 이상하게 변한 목소리를 그냥 무시한 채 말했다.

"고마워요, 화이트. 무슨 말인지 알겠어요. 선물을 받게 돼 감사해요. 지금까지 그랬던 것처럼 새로운 변화에도 익숙해지겠죠. 하지만 화이트, 당신에게 할 말이 있어요. 그리고 당신의 조언이 필요해요."

화이트는 이미 마이크가 어떤 질문을 할지 알고 있었다.

"당신에게 말해줄 게 아주 많아요, 마이클. 알려줘도 되는 것은 다 말해줄게요. 하지만 당신의 지혜로 혼자 풀어야 하는 부분도 있어요. 변하고자 하는 당신의 강력한 의지 때문에, 당신에겐 최종 선택을 하고 현명하게 판단할 수 있는 힘이 생겼어요. 당신이 내리는 선택은 모두 신성하고, 당신의 참된 본질을 반영해요. 당신이 한 선택들이 미래를 만들고 새로운 현실을 창조할 거예요. 그뿐 아니라 당신의 선택으로 주변 사람들까지 영향을 받게 되죠. 그래서 당신이 직접 선택을 해야만 하는 거예요."

마이크가 예상했던 말이었다. 그동안 여행을 하면서 그는 천사들이 자신이 가야 할 길을 대신 가주지 않는다는 걸 알게 되었다. 그를 위해 수업이 마련되긴 했지만, 수업을 들을지 말지는 그의 선택이었다. 하지만 그는 무슨 일이 일어난 건지, 앞으로 어떻게 해야 할지에 대해 조금이라도 도움이 될 만한 정보를 얻어보려고 애를 썼다.

"당신은 정말 훌륭한 스승이에요, 화이트." 새로운 목소리로 인해 그는 미칠 지경이었다. 어렸을 적에 카세트테이프에 자신의 목소리를 녹음해서 들어봤을 때가 기억났다. '내 목소리가 지금 그런가?' 그는 궁금했다. '오, 안 돼!' 지금 그의 목소리는 그때와 아주 비슷하게 들렸다.

화이트는 마이크가 질문을 하기도 전에 돌아서서 복도를 미끄러져 갔다. 마이크도 바닥 위에 떠다니는 거대한 존재를 따라갔다. 완전히 새로운 집을 구경하는 것 같았다. 모든 것이 새롭게만 보였다. 집이 정말로 아름다웠다. 그야말로 장관이었다. 아름다운 건축 양식과 조각품이 전시된 갤러리 같았다. 어딜 가나 숨막히게 아름다운 장식들이 있었다! 예전의 시력으로는 하나도 보이지 않던 것들이었다. 그는 자기가 지금 보지 못하는 게 무엇인지, 앞으로 더 높은 차원으로 상승하면 무엇을 보게 될지 궁금했다.

"색깔이에요, 마이클." 화이트는 마이크 쪽으로 돌아보지도 않은 채 답변했다.

"네?" 마이크는 그 말이 이해가 안 됐다. 그가 천사를 따라잡았다.

"당신이 지금 보지 못하는 게 색깔이라고요."

"이 집은 원래 흰색이잖아요." 둘이 나란히 걸어가며 마이크가 말했다. 천사는 한바탕 크게 웃었다. 웃음이 복도를 가득 메우자 마이크도 덩달아 미소가 지어졌다.

"당신 눈에만 흰색으로 보이는 거예요, 마이클. 사랑의 진짜 색깔은 당신이 느낄 수 있는 진동의 수준을 훨씬 넘어서는 색이에요. 사랑은 당신이 보는 것처럼 흰색이 아니에요. 아직 당신이 다른 진동 에너지를 느낄 수 없기 때문에 그냥 흰색으로만 보이는 거예요. 사실 당신을 위해 색깔이 없어진 셈이죠. 실제로는 우주의 모든 진동 에너지가 서로 겹쳐서 형형색색으로 반짝거려요. 그것은 빛의 스펙트럼 중에서도 맨 위에 있는 더없이 순수한 색이고요. 빛의 색이 간차원적이라 실제로 감지할 수도 있어요. 지구의 태양과는 비교도 안 될 정도로 밝고요. 그건 진리의 색깔이기도 해요. 인간의 눈으로는 볼 수 없는 것들이 굉장히 많아요."

"전 이곳이 좋아요!" 마이크가 외쳤다.

"이곳이 계속 좋은지 어디 한번 봅시다." 화이트가 말했다.

그의 마음이 변할 수도 있다는 천사의 암시에 마이크는 호기심이 생겼다. 그는 물어보고 싶은 게 더 많아졌다. 둘은 눈부시도록 아름다운 복도를 계속 지나서, 마침내 창문과 의자 하나만 덩그러니 있는 방에 도착했다.

"또 어딜 가나요?" 마이크가 물었다.

"저번과 똑같지는 않지만," 화이트가 말했다. "어디로 가긴 할 거예요." 화이트는 그제야 질문을 들을 준비가 되었다는 듯 마이크 앞에 섰다.

"순수한 의도의 마이클 토마스, 알고 싶은 게 뭔가요?"

마이크는 이미 화이트에게 물어볼 질문을 정리해 두고 있었다.

"화이트, 당신의 깊은 지혜가 필요해요. 이곳에서 제가 하는 여행이 영적으로 올바른 건지, 제가 이해할 수 있는 방식으로 설명해 줄 수 있나요?"

"네."

화이트는 그 질문에 진짜로 '그렇다, 아니다'로 대답이라도 할 것처럼, 잠시 말을 멈췄다가 마이크가 재촉하기도 전에 말을 꺼냈다.

"처음부터 나는 당신이 하는 일은 당신 삶에 적합하다고 얘기했어요. 게다가 당신에게 적합하지 않은 일은 우리가 도울 수가 없어요."

"하지만 마리는요?" 마이크는 아직 통제가 안 되는 목소리로 불쑥 말을 내뱉었다. "그녀도 선물과 도구를 모두 받았지만, 아직 지구에 있잖아요. 그게 더 낫지 않나요? 그게 더 영적으로 고귀한 목적 아닌가요?"

"그녀에겐 그렇죠." 현명한 화이트가 대답했다.

"하지만 전 저만을 위해서 훈련을 받고 있어요, 화이트! 저는 사랑이 있는 '집'에 가고 있다고요. 전 제 자신만 생각했어요. 그게 지구에 무슨 도움이 되나요? 저는 저 혼자만을 위해 이 길을 가고 있는 것 같다고요!"

"있는 것 같다고요?" 화이트가 끼어들었다.

"네, 그런 것 같아요." 마이크는 흥분한 상태였다. 이내 마이크가 조용해졌다.

"언제부터 그렇게 지구를 걱정했나요, 마이클?" 화이트가 장난을 쳤다. 마이크는 그 질문에 잠자코 있었다. 바로 대답이 나오지 않았다.

"모르겠어요." 마이크는 깊은 생각에 잠겼다. "제가 새롭게 변한 이후로 그런 것 같아요."

"우리가 처음 만났을 때 내가 겉으로 보이는 것이 어떻다고 했죠?" 화이트는 마이크를 시험하고 있었다.

"보이는 것이 다가 아니라고 했어요." 마이크가 말했다. 이 말은 여행 내내 계속되는 주제였다. 사실 블루와 바이올렛도 똑같은 말을 했었다. 화이트까지 더하면, 세 명의 천사가 같은 말을 한 셈이었다.

"아주 좋아요!" 화이트가 대답했다. "그러고 또?" 마이크는 잠잠해졌다. 그는 기억이 나지 않았다. 천사가 계속 말했다. "집에 가겠다는 바람은 이기적인 것이 아니라 지극히 당연한 것이고, 인간의 목적 의식을 존중하고자 하는 당신의 바람과도 전혀 상충되지 않는다고 했어요." 화이트는 잠시 말을 멈췄다. "여기까지 왔으니 이제 하나 더 말해줄게요." 위대한 천사가 뭔가를 준비하려는 듯 방 한쪽으로 갔다. "지금 지구는 새로운 에너지로 진동하고 있어요. 지구는 원대한 목적과 잠재적인 변화를 위해 새로운 수준으로 진동하고 있어요. 이 새로운 에너지 덕분에 당신이 집에 가겠다고 한 요청이 받아들여진 거예요. 지금까지는 소수의 인간들만 이런 여행을 할 수 있었어요. 최근에서야 소수만이 아닌 다른 인간들도 여행하는 것이 가능해졌거든요. 마이클 토마스, 당신은 지금 선두주자인 셈이에요. 그래서 우리가 이렇게 당신이 여기까지 무사히 오고 또 지혜로워진 것을 기뻐하며 축하하는 거예요."

마이크가 오랫동안 잠자코 있다가 마침내 말을 꺼냈다.

"좋아요. 최소한 제가 여행을 해도 된다는 허락은 받았군요." 마이크는 논리적으로 자신이 알고 있는 사실을 하나하나 따져보고 있었다. "하지만 제 입장에선 지구로 돌아가는 게 더 낫지 않나요? 마리와 같은 일을 하려면요?"

"당신의 입장이요?" 화이트가 고개를 갸우뚱거렸다. "우리가 이기적인가요?"

"그런 뜻은 아니었어요." 마이크는 논리적인 언쟁은 사랑의 마스터와는 맞지 않는다는 걸 깨달았다. "제 말은 그러니까, 전 어디로 가야 하는 거죠? 모두에게 도움이 되려면 어떻게 해야 하죠? 전 그게 지금 제일 궁금해요."

그 말을 듣자 화이트는 마이크가 자랑스러워 가슴이 벅차올랐다. 그는 마이크를 향해 환하게 미소를 지으며 힘주어 말했다.

"마이클 토마스, 그런 질문을 한다는 건, 당신이 앞으로 어떤 관점에서 행동을 하고 결정을 내려야 하는지 이해하기 시작했다는 거예요. 지혜가 발휘되기 시작했군요, 마이클."

"고마워요, 화이트. 근데 대답은요?" 화이트의 칭찬을 무시하고 대답을 재촉하면서 마이크는 살짝 움찔했다. 화이트처럼 온화한 존재를 몰아치는 게 마음이 편치 않았다.

"모두를 위한 길?" 화이트는 방에서 서서히 물러나기 시작했다. "그건 바로 당신의 현실이에요, 마이클. 새로운 에너지로 강렬하게 진동하는 인간으로서 당신이 최고의 선이 실현되는 현실을 스스로 창조할 거예요. 우주에 당신을 위해 그 일을 해줄 수 있는 존재는 아무도 없어요." 화이트는 문 쪽으로 갔다. 마이크는 더 얘기해 봤자 답이 안 나온다는 걸 알았다. 자신이 물은 질문들은 천사들이 일부러 대답을 하지 않거나 할 수 없는 것들이었다. 그래도 그는 다시 한 번 물었다.

"화이트, 모두에게 가장 도움이 되는 길이 뭔지 나중에라도 알게 될까요?"

"이제 곧 벌어질 사건을 통해 그게 뭔지 알게 될 거예요." 화이트가 문을 닫으며 방을 나가려고 했다. 마이크는 천사가 어디로 가는지 궁금했다. 화이트가 계속 말했다.

"마이크, 당신은 아직 정보를 다 얻지 못했어요. 이 집은 '사랑의 집'이에요. 여기에서 아직 볼 게 남아 있어요." 화이트는 방을 나가 복도에 섰다.

"마이클," 천사가 문을 닫으며 말했다. "선택하기가 더 힘들어질 거예요." 화이트는 조용히 방문을 닫고 떠났다. 밖에서 빗장이 걸리는 소리가 들렸고, 모든 것이 고요해졌다.

마이크는 뭔가 엄청난 것이 오고 있다는 걸 직감했다. 여기에 또 뭐가 있단 말인가? 도대체 무엇이 또 그의 영혼을 흔들어놓아 여행을 할지 말지 고민하게 만든다는 것일까? 마이크는 의자를 돌려 앉으며 화이트가 서 있던 곳을 바라보았다. 그는 참을성 있게 기다렸다. 화이트가 없어도 일어날 일은 일어날 거라는 걸 알았다. 그게 무엇이든 혼자 헤쳐 나가야만 했다. 그게 화이트가 바라는 것이었다.

방 전체가 천천히 변해가는 것 같더니, 주변의 불빛이 달라지기 시작했다. 벽의 흰색이 희미해지고, 마이크가 앉아 있는 의자에서 4미터 정도 떨어진 공간이 은은히 빛나는 안개로 뒤덮였다. 그러더니 안개가 희미한 형체로 변하기 시작했다. 마이크는 한시도 눈을 떼지 않고 형체를 바라보았다. 이제 곧 누군가를 만날 것이다. 맨 처음 여기에 왔을 때 화이트가 그에게 만날 사람이 있다고 했던 게 떠올랐다. 그 형체는 구체적인 모습을 드러내기 시작했다. 무대 위로 조명을 비추듯 은은한 실루엣의 주변이 서서히 밝아지더니 마침내 사람의 모습이 드러나기 시작했다. 사실 마이크는 마법처럼 뭔가 나타나는 것에는 이제 상당히 익숙해져 있었다. 그는 의자에 걸터앉아 눈앞에서 공간이 변해가는 과정을 지켜보았다.

마이크가 숨죽이며 지켜보는 동안 실루엣은 구체적인 형태가 되었다. 여자였다! 불안감이 엄습하면서 그가 숨을 깊게 들이쉬었다. 그의 직관이 아주 예민하게 작동하고 있었다. 세포 하나하나가 흥분으로 진동하며 조만간 엄청난 것을 보게 될 거라고 말해주고 있었다. 그의 새로워진 분별력은 앞으로 굉장히 독특하고 강력한 걸 보게 될 거라고 외치고 있었다. 마침내 이미지가 진짜 사람이 되었다. 드디어 그의 방문객이 모습을 드러냈다!

여자를 보는 순간 마이크는 숨이 탁 멎었다. 단순히 사랑스럽다는 말로는 부족했다. 그녀를 보자마자 가족 같은, 깊이 연결된 느낌이 들었다. 마이크의 내면은 심하게 동요되었다. 그녀는 이루 말할 수 없이 아름다웠다! 이 느낌은 도대체 무엇이란 말인가? 심장의 경보기는 왜 울려대는 것일까?

눈부시게 아름답고 자비로워 보이는 그녀의 완벽한 얼굴에서 빨간색 머리카락이 흘러내렸다. 그녀가 마이크를 향해 미소를 짓자, 그는 너무도 두근거려 심장이 밖으로 튀어나올 것만 같았다. 깨끗한 상아빛 피부에 초록색 눈동자가 에메랄드처럼 반짝거렸다. 그녀에게서도 제비꽃 냄새가 났다. 마이크는 그녀를 보며 여러 가지 생각이 교차했다. 어쩌면 그녀는 그리스 신화에 나오는 사이렌(여자의 모습을 하고 바다에 살면서 아름다운 노래 소리로 선원들을 유혹하여 위험에 빠뜨렸다는, 고대 그리스 신화 속의 존재—옮긴이) 같은 사랑의 여신일지도 몰랐다. 마이크는 숨조차 제대로 쉴 수가 없었다! '왜 이러는 거지?' 그는 너무 놀라 멍하니 그녀만 바라보았다. '왜 이렇게 정신을 못 차리는 거지? 심장은 왜 이렇게 두근거리지?' 머리가 멍했다. 그는 눈앞의 아름다운 존재를 갈망하며 그저 한숨만 내쉴 뿐이었다.

지금까지 많은 천사를 만나봤지만 이 천사가 단연 최고였다. 아마 화이트가 말한 더 위대한 천사가 바로 그녀일지도 몰랐다. 마이크는 말을 할 수가 없었다. 여자와 가슴으로 연결된 느낌은 뭐라고 말로 형용할 수가 없었다. 오랫동안 헤어져 있던 연인과 다시 만난 것만 같았다. 안개는 완전히 사라지고, 그녀는 그와 한 공간에서 우아하게 서 있었다.

그는 완전히 넋이 나갔다. 그동안 많은 일들을 겪어왔지만 이런 식으로 몸이 진동하는 건 처음이었다. 그녀에게 말을 건네고 싶었지만, 도무지 집중할 수가 없었다. 무슨 말을 해야 할지 몰랐다. 그는 그녀를 잘 알았다. 아니, 알았던가? 어떻게 존재 자체만으로도 그에게 이렇게도 강력한 영향을 미칠 수 있을까? 어디서 이런 비슷한 느낌이 들었더라? 그때서야 그는 그녀가 누구인지 알아챘다! 빨간색 집에서 본 가족 도표에서 본 얼굴 중 하나였다. 그녀는 앞으로 나와 자기 소개를 하지 않은 사람 중 한 명이었다. 빨간색 머리의 여자 이미지에는 그의 시선을 끄는 에너지가 있었다. 그때는 왜 그녀를 만나지 못했지? 그때 만나지 못한 사람들에 대해 레드가 뭐라고 했더라? 계약이 아직 이행되지 않았기 때문이라고 했던가? 그게 무슨 뜻이지?

강렬한 침묵 속에서 둘이 서로의 눈을 마주보고 있는 동안 마이크는 서서히 새로운 사실을 깨닫기 시작했다. '빨간색 집에서 본 도표에 있었다면, 저 여자는 천사가 아니야! 저 여자는 나의 가족 중 한 명이야!' 그의 영혼은 여전히 새로운 노래를 부르고 있었지만, 그녀와의 만남에 대해 마이크는 슬슬 기분이 나빠졌다. 그의 영혼은 기쁨, 목적, 사랑에 대해 노래하고 있었다. 말로 형용할 수 없이 기분이 좋으면서도, 한편으론 전혀 상반되는 느낌이 들었다! 한쪽 뇌는 그에게 곤경에 처하게 될 거라 말하고 있고, 다른 쪽 뇌는 들떠 있었다. 들뜬 쪽은 디즈니랜드에 가기만을 손꼽아 기다리던 아이가 마침내 디즈니랜드에 온 것처럼 아주 신이 난 상태였다. 하지만 문제가 생긴 곳은 그의 심장이었다. 심장이 꼭 탈수기 속에 들어간 것만 같았다!

마이크는 자신이 얼간이처럼 느껴졌다. 그는 자신이 숨도 제대로 쉬지 못하고 있다는 걸 깨달았다. 그녀의 존재감은 그의 생체 기능에까지 영향을 미칠 정도로 강력했다. 장엄한 그녀의 모습에 그가 온몸으로 반응하기 시작했다. 왜 손에서 땀이 나는 걸까? 그녀는 천사가 아닌데도, 온몸의 세포가 그녀에게 반응하고 있었다. 말할 힘조차 없는 것 같았다. 그는 죽은 줄만 알았던 친구를 다시 만난 것처럼 감정이 울컥해서 눈물이 날 것 같았다. 이건 정말 두고두고 기억할 만한 경험이었다. 다행히 그녀가 먼저 말을 꺼냈다.

"마이크, 나야."

목소리가 너무 익숙하고 친절해 그는 흠칫 놀랐다. 의자에 앉아 있는 게 천만다행이었다. 무릎에 힘이 없어 다리가 후들거렸다. 분명 잘 아는 듯한 그녀의 목소리에 마이크의 몸 전체가 반응하고 있었다! 그녀는 도대체 누구란 말인가? 그녀의 반짝이는 눈과 얼굴 표정은 자신을 알아봐 달라고 그에게 애원하고 있었다. 마이크가 그녀를 알아보긴 했지만, 그녀가 원하는 방식은 아니었다. 이제, 마이크가 대답할 차례였다. 교실 저편에서 마침내 자신에게 말을 건 아름다운 소녀에게 대답하는 남학생처럼 아드레날린이 미친 듯이 치솟고 있었다. 그녀의 육체는 눈부시게 아름다웠고, 그녀가 입은 옷도 몸에 꼭 맞았다. 그녀를 껴안으면 어떨지 그는 상상해 보았다. 오, 맙소사! 자신의 육체적인 욕구에 마이크는 살짝 당황하며 스스로가 혐오스러웠다! 그린이 뭐라고 했더라? 순수한 사랑 속에서 맺어진 친밀한 육체적 관계는 깨달음을 촉진시키는 매개체라고 했던가? 마이크의 인간다운 생각은 이 상황에는 맞지 않았지만, 어쨌든 둘 사이에 뭔가 일어나고 있었다. 그리고 이러한 느낌은 영적으로도 적합하고 완벽한 것 같았다. 갑자기 그린의 웃음소리가 들렸다. 그는 웃음소리를 무시하고 용기를 내 떨리는 목소리로 말을 했다.

"옷이 멋지네." 맙소사, 지금 무슨 말을 한 거지? 어쩌면 이렇게 무식하고, 하찮고, 상황에 안 맞고, 어리석고, 김빠진 말을 할 수 있단 말인가? 자신을 위해 '사랑의 집'에 와준 매력적인 존재에게 경외심에 가득 차서 한다는 말이 고작 옷이 멋지다고? 마이크는 자신의 어처구니없는 행동에 실망이 이만저만이 아니었다. 그녀는 미소를 지었다. 그녀의 미소를 보자 그는 사르르 녹는 듯했다.

"고마워, 마이클." 그녀가 윙크를 했다. "나는 아놀리Anolee야. 우린 지구에서 연인이 되기로 약속했었어, 마이크." 마이크는 왠지 그럴 거라 짐작했었다. 그녀의 목소리를 들으며 그는 가슴이 설렜다. 그는 땀이 나는 손을 바지에 닦으며, 그녀가 그런 자기의 모습을 보고 있다는 것을 알아챘다. 그녀는 앞으로 더 다가왔다. 그녀가 움직이자 그녀를 비추던 빛도 함께 따라왔다. 그녀가 다가오자 마이크의 몸이 저절로 반응했다. 그는 일어서고 싶었지만, 그러면 넘어질 것만 같았다. 그녀를 보겠다고 넘어질 수는 없었다. 이미 지금까지도 충분히 바보 같았으니까. 그가 쑥스러워하는 모습을 보며 그녀가 웃음을 지었지만 별 말은 하지 않았다. 그녀의 존재감은 정말 엄청났다. 그녀가 앞으로 다가오자, 그는 그녀가 걸어오는 모습을 지켜보았다. 그리고 익숙한 그녀의 움직임이 눈에 들어왔다. 사실 그의 일부는 그녀를 아주 잘 알고 있었다. 그녀가 가까이 다가올수록 그녀가 누구인지 선명하게 자각할 수 있었다. 그녀는 계속 말했다.

"마이크, 네가 만약 지구에 그대로 있었다면 우리는 언젠가 만날 수 있었을 거야. 우리가 함께 계획했던 거 기억나?" 마이크는 기억하지 못했다. 그는 더 이상 듣고 싶지 않았다. 그녀는 그의 가슴이 무너지며 얼굴이 고통으로 일그러지는 것을 보았다.

"괜찮아." 그녀가 말했다. "내가 여기에 온 건 네가 하는 일을 존경한다고 말하고 싶어서야. 가족 모두가 너를 자랑스러워하고 기뻐하고 있어. 누구보다 내가 제일 그렇고."

마이크에게 그런 건 중요하지 않았다. 그녀가 괜찮다고 해도 상관없었다. 가족이 축하하건 말건 그는 개의치 않았다. 그가 원하는 건 오직 그녀뿐이었다! 그는 평생 진실한 사랑을 찾고 있었다. 그가 평생 동안 찾아온 것이 바로 이것이었다. 그는 완벽한 사랑이 가능하다는 걸 알고 있었다. 그는 신이 정해준 운명적인 짝을 만나 한평생 행복하게 살아갈 수 있다는 것을 알고 있었다. 부모님이 서로를 얼마나 사랑하는지, 서로를 어떻게 대하는지 지켜보면서, 그는 어렸을 때부터 자기도 그런 짝을 만나게 해달라고 기도했다. 성인이 되어서도 그런 진실한 사랑을 기대했다. 그래서 셜리와의 관계가 틀어졌을 때 그렇게도 우울했던 것이다. 진실한 사랑은 지구에서의 삶을 완성하기 위해 그가 가장 애타게 찾던 것이었다. 그게 바로 그의 계약이었던 것이다! 이제, 가장 바라던 게 눈앞에서 현실화되어, 드디어 그의 짝을 만나게 되었다. 그리고 그가 그토록 찾아 헤매던 자신의 짝이 지구 어딘가에 있었다는 것도 알게 되었다. 이 사실을 깨닫자 그는 가슴이 철렁 내려앉았다. 그는 너무 일찍 지구를 떠난 것이다!

문득 또 다른 생각이 떠올라 그녀에게 묻지 않을 수 없었다. "아놀리, 우리가 아이도 갖기로 했었어?"

"응, 세 명 있었어." 그녀가 대답했다.

이 말을 듣자 마이크는 억장이 무너지는 것 같았다. 그는 더 이상 말이 안 나왔다. 그녀는 아이들의 영적 이름을 알려줬고, 이름을 하나씩 들을 때마다 그는 마음이 괴로웠다. 그녀가 그를 사랑하기 때문에 그의 선택을 지지하기 위해 이곳에 왔지만, 그는 고문을 당하는 기분이었다. 자기가 놓친 것이 무엇인지 깨닫게 되자, 그는 그녀의 말을 들을 때마다 가슴이 찢어지는 것 같았다. 태어나지 못한 아이들! 그녀와 함께했을 경험들! 도대체 무슨 짓을 한 것인가? 그는 점점 이성을 잃어갔고 감정을 주체하기가 어려웠다. 그는 그녀를 꼭 안으며 지구를 떠나서 미안하다고 말해주고 싶었다. 그러려고 그녀가 온 것은 아니지만, 그는 그냥 그러고 싶었다. 얼굴에 눈물이 주르륵 흘러내리며 그의 몸이 떨리기 시작했다. 그녀는 자신의 이야기를 마치면서 자신이 전하려던 정보도 모두 말해주었다.

그녀는 마이클 토마스 앞에 조용히 서 있었다. 둘 사이의 에너지가 너무 강해 둘은 쉽게 떨어질 수가 없었다. 너무나도 아름답고 훌륭한 여성을 앞에 두고, 그는 그저 의자에 앉아 흐느껴 울 수밖에 없었다. 그는 자신의 상황이 너무 안타까웠고, 마음은 온통 패배감으로 가득했다.

이루지 못한 채 영원히 사라져버릴 것만 같은 둘의 영적 목적과 사랑의 에너지가 대기에서 부딪치며 전기 스파크가 일어 지지직거렸다. 아이러니한 상황의 지독한 냄새가 코를 찔렀다. 그의 유일한 장미는 누군가의 사랑도 한 번 받아보지 못하고 감탄의 눈길도 느끼

272

지 못할 것이다. 자신의 향기를 맡아주는 이 없이, 그의 소중한 장미는 혼자 시들어갈 것이다. 누군가 장미를 손에 들고 장미의 완벽한 아름다움과 타고난 우아함을 찬미하는 일도 없을 것이다.

둘 사이의 계약은 매우 강력했다. '사랑의 집'의 흰색 의자에 앉아 이 사실을 깨달으며 마이클 토마스는 가슴이 너무나 아렸다. 그녀의 형체가 서서히 사라지자 그는 즉각적으로 반응했다. 그는 소리를 질렀다.

"안 돼! 가지 마! 제발!" 그녀를 영원히 못 볼 것만 같았다. 조금만 더 그녀와 함께 있고 싶었다. 그녀의 작별 인사는 천사들이 늘상 하던 말이었다.

"마이클, 보이는 게 전부가 아니야." 마이클 토마스와 인연을 맺을 뻔한, 눈부시게 아름다운 여인이 전에도 들은 적 있는 진부한 말을 하며 눈앞에서 사라지고 있었다. 그녀가 사라지자, 인간으로서의 삶의 희망도 모두 사라져버렸다. 꿈같이 달콤하던 순간이 영적 목적이라는 단단한 바위에 부딪혀 산산이 부서지고 있었다.

그는 비통함으로 온몸이 굳어 있었다. 몸을 움직일 수가 없었다. 그는 그녀가 다시 돌아올지도 모른다는 실낱같은 희망으로 조각상처럼 몇 시간째 앞만 응시하며 앉아 있었다. 그녀가 있던 자리는 그 자체로 신성한 곳이 되었다. 그는 그녀와 조금만 더 있게 해달라고 신에게 간청했다.

방의 조명이 점점 희미해지더니 날이 저물면서 방의 색깔도 변해갔다. 밖은 달이 뜨지 않아 캄캄했고, 희망이 사라져버린 마이크의 가슴엔 절망만이 가득했다. 이러한 상태를 그대로 보여주듯 방도 칠흑같이 어두워졌다. 그는 처절하게 패배한 자신과 마주하며 어두운 방에서 침묵한 채로 앉아 있었다. 그의 심장은 더 이상 기쁨을 느낄 수 없었다. 영적 여행을 하며 평화로웠던 마음은 상처로 얼룩지고, 아리고 암울했으며, 상실감으로 가득 차 고통스러웠다. 가슴의 깊은 상처와 새로 드러난 심오한 사실로 인해 마이크는 점점 기력이 떨어졌다. 결국 그는 깊은 잠에 빠져들었다. 여전히 몸은 움직이지 않았지만, 그의 꿈속에서는 고통스럽고 비극적인 만남이 계속 반복되고 있었다.

마이크는 슬픔으로 가슴이 미어졌다.

· ◆ ·

새로운 날이 밝아오자 방에도 빛이 들어왔다. 마이크는 자신이 밤새도록 의자에 앉아 있었다는 것을 깨달았다. 같은 자세로 너무 오랫동안 앉아 있었더니, 마치 마라톤을 뛰고 온 것처럼 무릎이 아팠다. 아침을 먹어야 했지만 별로 배가 고프지 않았다. 그래도 그는 천천히 자리에서 일어나 숙소로 향했다.

평소와 마찬가지로 아침이 차려져 있었다. 그는 주변의 아름다움과 맛있는 음식을 보면서도 감탄하지 않고 그저 묵묵히 배만 채웠다. 식사를 마치고 그는 숙소로 갔다. 전날 밤 그곳에서 자지 않아 침대가 깔끔하게 정돈된 채 있었다. 옷장을 열었다. 그곳엔 각각의 집에서 수업을 받을 때 천사들이 사랑으로 전해준 선물들이 있었다.

새롭게 터득한 지혜로 그에게 슬픔이 밀려왔다. 그는 화이트에게 했던 질문을 떠올렸다. '모두에게 도움이 되는 행동이 무엇인지 알게 될까요?' 이제야 그는 자신에게 주어진 시험이 무엇인지 알았다. 그의 마음은 온통 지금 당장 지구로 돌아가고 싶다고 외치고 있었다. 옷장을 닫고 집 밖으로 나가 길이 나오면, 오른쪽이 아닌 왼쪽으로 돌아가기만 하면 끝이었다. 그는 알고 있었다. 그렇게 하면 그가 여행을 중단하고 지구로 돌아가겠다는 의사 표시를 하는 것이었다. 그렇게 해도 아무도 그를 비난하지 않으며 죄책감을 느낄 필요도 없다고 화이트가 말했다. 물론 그렇게 하면 깨달음도 얻지 못할 것이다.

하지만 마이크는 무엇이 옳은 선택인지 확실하게 알았다. 아놀리조차도 모두들 그를 자랑스러워하고 있다고 말했다. 그녀도 가슴이 아프긴 마찬가지일 것이다. 하지만 그녀는 그에게 계속 여행을 하라고 용기를 북돋아주었다. 그는 무엇이 모두를 위한 길인지 알았다. 왼쪽으로 방향을 트는 것은 오직 자신만을 위한 길이며 사랑에 대한 인간적인 욕망만을 채우는 것이다. 화이트는 그의 분별력이 점점 더 좋아질 거라고 말했고, 정말로 그랬다. 무엇이 옳은 길인지 의심의 여지가 없었다. 하지만 그 길을 가지 못하게 그를 잡아당기는 힘도 만만치 않았다. 그의 가슴은 그냥 상황에 순응하고 지구로 돌아가라고 외치고 있었다. 손해될 것은 하나도 없었다. 지구로 돌아가 살다 보면 언젠가는 아놀리를 만날 것이다. 그러면 지구에서의 삶은 행복할 것이다.

275

그는 지도를 집어 가슴에 꼭 안으며, 눈을 감고 파란색 집에서 보냈던 시간들을 떠올려보았다. 천천히 갑옷을 입자 갑옷이 그에게 전하는 힘이 느껴졌다. 그는 갑옷에 축복을 빌고 갑옷의 상징적 의미를 되새기면서 신에게 감사를 드렸다. 두 손으로 방패를 들어 앞으로 쭉 내밀며 방패의 의미도 되새겨보았다. 그는 다시 방패를 등 뒤에 매달아 필요시 즉각 사용할 수 있도록 고정시켰다. 전장에 나가는 전사처럼, 그는 검을 움켜쥐고 과장된 몸짓으로 휘둘러보았다. 그러자 칼날이 바람을 가르는 소리가 들렸다. 그는 오렌지와 함께했던 신성한 의식을 떠올리며, 검이 상징하는 바가 무엇인지도 되새겨보았다. 그는 검에도 축복을 빌며, 능숙한 솜씨로 칼집에 넣었다. 하지만 언제든지 칼을 뽑을 준비가 되어 있었다. 그는 멋진 여행 복장으로 당당하게 서서 다시금 결의를 다졌다. 그러고는 단호하게 방을 나섰다.

마이크가 방에서 나오자 화이트가 있었다. 그는 갑옷, 방패, 검을 보고 마이크의 의도가 무엇인지 즉각 알아차렸다. 화이트는 미소를 지으며, 기도하듯 두 손을 모아 마이크에게 고개를 숙였다. 하지만 그러한 존경의 표시도 마이크에겐 아무런 감명을 주지 못했다.

"순수한 의도의 마이클 토마스, 기분이 어떤가요?"

"힘들어요, 화이트. 당신 말이 맞았어요. 이렇게 힘들 줄 몰랐어요. 지금까지 내린 결정 중 가장 힘든 결정이었어요. 지금도 기분이 썩 좋지는 않아요…… 하지만 뭐가 옳은 선택인지 알고 있어요. 이곳을 빨리 떠나고 싶어요. 여기엔 좋지 않은 기억들이 너무 많아요."

"그럴 거예요." 화이트는 돌아서서 입구 쪽으로 마이크를 안내했다. 그는 앞장서 걸어가며 어깨 너머로 마이크에게 말했다.

"이게 끝이 아니에요, 인간 친구." 화이트는 현관문으로 이어지는 거대한 복도를 미끄러지듯 나아갔다.

"알아요." 자세히는 알 수 없었지만, 그의 직관은 앞으로 보게 될 것과 해야 할 일들이 아직 많이 남았다고 말해주고 있었다. 이제 남은 집은 딱 하나였지만, 그는 거기까지 가는 여정이 만만치 않을 거라는 걸 알고 있었다. 그의 직관은 이번에도 잘 맞았다.

마이크가 신발을 신는 동안 화이트는 문 안쪽에서 기다렸다. 돌이켜보면 마이크는 흰색 집이 썩 맘에 들지 않았었다. 마이크가 흰색 집이 좋다고 말했을 때, 마음이 바뀔 수도 있다는 화이트의 예견은 맞아떨어졌다. 마이크는 어서 빨리 이곳을 떠나고 싶었다. 화이트는 그것을 알고 있었지만, 마이크의 느낌에 대해 어떠한 비판도 하지 않았다. 오히려 화이트는 자기 앞에 있는 인간에게 경외심을 느꼈다. 다른 천사들의 말이 맞았다. 마이크는 특별했다. 그가 마지막 관문을 통과하기만 한다면 끝까지 해낼 수도 있을 것 같았다. 마이크는 분별력이 뛰어났고 의지력도 대단했다.

마이크는 신발을 신고 앞마당으로 몇 걸음 걸어갔다. 그가 걸음을 멈추고 다시 문을 바라보았다. 화이트는 밖으로 나올 수가 없었기 때문에 문 안쪽에서 마이크에게 말했다.

"순수한 의도의 마이클 토마스, 모두의 이익을 위해 개인의 열망을 희생하는 것보다 더 큰 사랑은 없어요……" 화이트는 마이크에게 미소를 지어보이며 천천히 현관문을 닫았다. 문이 닫히는 바람에 화이트의 마지막 말은 거의 알아들을 수가 없었다.

"보이는 것이 전부가 아니에요. 이제 곧 알게 될 거예요. 분명히 알게 될 거예요. 당신을 진심으로 사랑해요……"

마이크는 흰색 집 마당의 보도를 천천히 걸으며 큰길 쪽으로 향했다. 마이크는 흰색 집이 마음에 들지도 않았을 뿐더러, 자꾸만 반복하는 그 말에도 슬슬 짜증이 나기 시작했다. 보는 이마다 모두 그 말을 한 것 같았다. 그것도 여러 번씩이나. 사실 그는 흰색 집에서 많은 것을 얻었지만, 흰색 집이 그에게서 많은 것을 앗아간 것만 같았다. 그는 한참 동안 흰색 집 입구에 서서 왼쪽과 오른쪽을 번갈아 바라보았다. 마침내 그는 대문을 열고 길 한가운데로 나와 꼼짝 않고 섰다. 그는 왼쪽을 바라보며 눈을 감았다. 왼쪽으로 발걸음을 떼지 않기 위해 정신을 바짝 차렸다. 그는 속으로 지금까지 만난 천사들에게 자신의 선언을 들어줄 것을 요청하며 혼자만의 작은 의식을 치렀다. 그런 다음 큰소리로 말했다.

"난 희생하지 않았어, 아놀리. 내가 '집'으로 들어가는 문에 도착하면 너와 태어나지 못한 우리 아이들의 얼굴을 직접 보게 될 테니까."

마이크는 일시적인 지구의 삶과 영원한 영의 세계에 대한 천사들의 가르침을 가슴에 깊이 새겼다. 물론 전혀 다른 곳에서 아놀리와 아이들을 만나게 되고, 그때는 사랑의 형태도 다르겠지만, 어쨌든 만나는 건 만나는 거였다. 그는 오로지 미래에 있을 신성한 만남에만 마음을 쏟았다. 언젠가는 그도 '집'에서 자신의 동반자인 아름다운 여인을 만나게 될 것이다. 그곳이 바로 그와 아놀리가 서로를 사랑하며 시간을 보낼 수 있는 곳이었다.

마이크는 한숨을 쉬며 오른쪽으로 몸을 돌렸다. 크고 단호한 걸음 걸이로 마이클 토마스는 다시 마지막 집을 향해 여행을 시작했다. 그가 따스한 햇살을 받으며 걸어가는 동안 몸을 감싸 안은 갑옷도 부드럽게 움직이며 철커덕거렸다. 그는 인생에서 최고의 행복 중 하나를 뒤로 남긴 채 떠난다는 것을 알고 있었다. 그는 그 모든 것을 저버리고 등을 돌렸다. 그 결정으로 인해 가슴은 쓰라렸지만, 신의 위대한 사랑과 아놀리와의 재회를 생각하며 위안을 찾았다. 그는 사색에 잠겼고, 의연했으며, 또한 진지했다. 마이클 토마스는 사랑에 대해 많은 것을 배웠다. 흰색 집에선 주로 자신과 신에 대해 배웠다. 이곳은 마이크가 진리를 분간하고 현명한 결단을 내릴 때까지 마이크의 영혼을 쥐어짠 곳이었다.

그는 이번에는 뒤를 돌아보지 않았다. 의연하고 당당하게 걸을 뿐이었다. 약간 피곤하긴 했지만, 마이크는 더 강력해지고 안전해진 느낌이 들었다. 이곳은 이제 자신의 영역이었다. 이곳이 자신의 소유지가 된 것 같았다. 이곳에 있기 위해 그는 톡톡한 대가를 치러야만 했다. 그는 이곳에 있을 자격이 충분했다. 정말 그런지 그는 곧 알게 될 것이다. 앞으로 한 시간만 더 가면 그는 자신을 기다리고 있는 엄청난 시험에 직면하게 될 것이다. '그것'이 마이크의 영혼을 위협하는 일생일대의 전투를 준비하고 있었다.

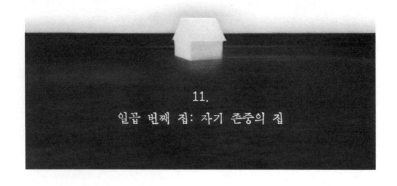

11.
일곱 번째 집: 자기 존중의 집

　날씨가 딱히 안 좋은 것은 아니었지만, 그렇다고 평소와 같은 날씨도 아니었다. 마이크는 맑고 따뜻한 날씨에도 익숙했고, 갑자기 폭풍이 일어 10분 만에 빗줄기가 사정없이 내리치는 날씨에도 익숙했다. 하지만 오늘은 하늘이 찌뿌듯하더니 점차 주위가 탁한 회색으로 변했다. 날씨도 약간 쌀쌀해지면서 서늘한 바람이 부는 게 뭔가 불길한 예감이 들었다. 바람의 세기도 일정치 않고 불었다 멈췄다 하는 게 마치 기분 나쁜 전령이 다가왔다 물러났다 하는 것 같았다. 먹구름이 폭풍으로 변하지는 않았지만, 그렇다고 걷힐 기미도 보이지 않았다. 길을 걸은 지 약 한 시간 남짓 되었다. 그는 날씨를 걱정하지는 않았어도 뭔가 낌새가 이상하다는 것을 느끼고 있었다.

마이크는 다음 집으로 거의 '자동적'으로 움직이고 있었다. 여전히 경계를 늦추지 않고 뒤를 살피긴 했어도 마음은 온통 자신이 한 결정에 가 있었다. 마지막 집을 향해 출발한 순간 그는 왠지 자신이 보이지 않는 영적 표지를 지나친 듯한 느낌을 강하게 받았다. 다시는 되돌아갈 수 없는 어떤 경계선을 넘은 것 같았다. 그러면서도 지구에서 아놀리와 오순도순 살며 아이들을 바라보는 자신의 모습이 여전히 눈에 아른거렸다. 그런 모습을 상상할 때는 가슴이 벅차오르고 마음도 편안해졌다. 하지만 뭔지 알 수 없는 시련이 기다릴 것 같은 굽이진 길을 바라볼 때면 어쩐지 마음이 허전하면서 깊은 상실감이 들었다. 누가 죽은 것도 아닌데 그의 가슴 한구석은 비탄에 젖어 있었다. 그는 생각에 너무 깊이 빠진 나머지 어느 틈엔가 지형이 완전히 딴판으로 바뀌고 있다는 것도 눈치 채지 못했다.

마이크는 급커브를 돌고 나서야 길 양쪽으로 가파르게 경사가 진 협곡 안으로 들어서고 있다는 걸 알아챘다. 그는 황무지 같은 곳에 서 있었다. 나지막한 언덕과 무성한 초목 대신 커다란 바위와 절벽이 보였고, 덩그러니 나무 한 그루만 서 있어서 황량하기 그지없었다. 먹구름 때문에 사방이 어두워 이른 아침이 아니라 꼭 해질 무렵 같았다. 그의 직관이 그를 '콕콕' 찔러대고 있었다. 저 멀리 보이는 물체가 뭔지 확실치 않았다. 바위인가, 아니면……?

'정신 바짝 차려! 위험이 도사리고 있어!'

마이크는 자신이 한동안 정신줄을 완전히 놓고 있었다는 걸 알았다. 그는 걸음을 멈추고 심호흡을 하며 흐트러진 마음을 가다듬었다. 온몸에 전율이 흘렀다. 이게 무슨 뜻이지? 마이크는 본능적으로 주변에 위험한 게 있는지 둘러보았다. 여행할 때마다 강아지처럼 졸졸 따라오던 어두운 존재가 있는지 뒤쪽도 살펴보았다. 하지만 아무것도 보이지 않았다. 움직임이 전혀 포착되지 않았다. 걸어오는 내내 주변이 모두 회색으로 보인 것도 그가 긴장을 늦추고 이런저런 생각에 빠지게 된 요인 중 하나였다. 이상한 날씨와 새롭게 바뀐 풍경 말고는 특이 사항이나 위협이 될 만한 것은 보이지 않았다. 하지만 그의 본능이 뭔가에 대비해야 한다고 말하고 있었다. 마이크는 새로워진 진동 에너지 덕분에 이상한 낌새를 느낄 수 있게 된 것이 감사했다. 그는 지도를 꺼냈다. 지도를 보면 뭔가 알 수 있을지도 몰랐다.

지도를 살펴보았다. 뭔가 이상했다. 지도에는 그가 현재 위치한 협곡의 입구와 인근 지역이 보였다. 그런데 뭔가 수상쩍었다. 지도를 더 자세히 들여다보았다. '바로 이거야!' 육안으로는 보이지 않지만, 마이크가 서 있는 곳에서 지도상의 길을 따라 약 100미터 앞쪽 지점이 텅 비어 있었다. 이건 매우 특이한 사항이었다. 일반적으로 지도에는 '당신은 여기에 있습니다'라는 빨간 점 주위로 상세한 그림이 그려져 있었다. 미래나 과거의 위치는 보여주지 않았지만 그림 자체는 상당히 정확하고 상세했다. 그런데 마치 지우개로 그 자리만 쏙 지운 것처럼 한 지점이 텅 비어 있었다. 텅 빈 지점은 무엇을 뜻하는 것일까?

"블루, 지도에서 텅 빈 지점은 뭘 나타내는 거죠?" 마이크가 큰소리로 물었다.

블루의 대답은 없었지만, 그 대신 마이크의 직관이 답을 알려줬다. 묻자마자 바로 답이 생각났다. 그는 자신을 따라오던 '형체'가 지도의 범위에서 벗어나 있었던 게 생각났다. 어쩌면 그 형체가 텅 빈 지점으로 보이기 때문인지도 모른다! 블루가 말하길, 지도는 항상 '지금 이 순간'의 상태만 보여준다고 했다. 신성한 여행을 하는 동안 늘 '현재' 상태의 에너지와 특정한 진동만 지도에 나타나는 것이다. 저 앞에 있는 것은 지금 이 순간의 에너지와 진동 수준에 맞지 않기 때문에, 높은 주파수로 진동하는 지도에도 나타나지 않은 것이다. 즉 어떤 형체에 대한 정보가 지도에 나타나지 않는 이유는 그 형체가 이곳과 같은 수준으로 진동하지 않기 때문이었다.

마이크는 자신의 분석이 맞다는 느낌이 들었다. '그것'이 저 멀리서 자신을 기다리고 있었다. 좀 더 정신을 바짝 차려야 했다! 새로운 직관력이 그를 깨우지 않았다면 어쩔 뻔했는가? 그는 자신을 한없이 나약하게 만드는 감상적인 생각을 접고 다시 강인한 전사가 되기로 마음먹었다. 그러자 얼마 안 되어 마음의 평화와 강력한 힘이 느껴졌다. 그는 무언가 아주 중요한 게 오고 있다는 메시지를 자신의 세포들에게 보내며 하나하나 깨우기 시작했다.

"모두들 잠에서 깨어나!" 자신의 생물학적 시스템에 명령을 내리며 그는 미소를 지었다. 그린이 웃는 소리가 들렸다. 그는 그린이 그리웠다. 이런 준비 시간에는 유머만큼 좋은 약도 없었다. 준비? 뭘 준비하는 거지? 전투?

문득 새로운 사실이 마이크의 뇌리에 스쳤다. 갑자기 상황이 파악

되자, 끔찍한 생각과 이미지가 거대한 파도처럼 밀려와 마이크를 덮쳤다. 자리에서 꼼짝할 수가 없었다. 그는 누가 듣든 말든 자신의 새로운 두려움을 입 밖으로 내뱉었다.

"맙소사! 정말로 이 무기들을 사용해야 되면 어쩌지?"

마이크는 몸이 부들부들 떨렸다. 극심한 불안감이 몰려왔다. '설마, 그럴 리가.'

"이건 새 시대New Age의 빛의 전사를 상징하는 것일 뿐이라고! 그냥 상징!" 그는 고개를 하늘로 향한 채 자리에서 빙글빙글 돌며 소리쳤다. 그의 몸짓은 마치 어스름한 협곡의 경사면에 숨어 있는 천사 친구들을 찾는 것 같았다. 그의 목소리가 메아리쳐 다시 돌아왔다.

"오렌지, 싸우는 법은 한 번도 가르쳐주지 않았잖아요! 그래서 진짜로 사용할 일은 없을……" 그는 말을 하다가 멈췄다. 마이크는 자신이 소리를 지르고 있다는 걸 알았다. 협곡에서 자신의 목소리가 메아리쳐 들려오는 것을 들었다. 더 많은 생각들이 머릿속을 스쳐 지나갔다. 지금까지 천사들이 했던 말들이 하나하나 머릿속에 떠올랐다. 레드가 어떤 시험은 그를 두렵게 만들 수도 있다고 했을 때 그는 폭풍을 말하는 줄 알았다. 이제야 그는 레드가 말한 것이 과거에 이미 겪은 일이 아니라 미래에 직면하게 될 일이라는 걸 깨달았다. 도대체 그에게 어떤 일이 닥치고 있는 것일까? 그는 화이트가 병실에서 마리를 설명할 때 했던 말도 떠올렸다.

"겉모습에 속지 말아요, 마이클. 그녀는 빛의 전사예요. 그녀는 거인도 무너뜨릴 만큼 강력해요!"

거인을 무너뜨렸다고? 그 다음엔, 그가 흰색 오두막집을 떠날 때 화이트가 했던 말이 생각났다.

"이게 끝이 아니에요, 인간 친구."

이 모든 건 천사들의 미묘한 암시요 경고였다. '정말 이곳에서 전투가 벌어질까? 진짜 전투? 진짜로 검을 사용해야 되는 전투?' 마이크는 길바닥에 주저앉았다. 두렵고 겁이 나 무릎에서 힘이 쭉 빠졌다. 그는 빛의 전사였지, 전장에서 진짜로 싸우는 전사가 아니었다!

"이봐요, 천사들. 이런 건 알려주지 않았잖아요!" 그는 흐린 하늘과 험악한 협곡에 대고 소리쳤다. "난 싸우지 않을 거예요. 왜 그래야 되죠? 진짜 전투와 무기는 낮은 진동 에너지를 뜻해요. 그건 구식 사고방식이라고요. 여기엔 어울리지 않아요!" 기묘한 적막감이 돌았다. 바람도 잠잠해졌다. 사방이 쥐 죽은 듯이 조용한 가운데 갑자기 목소리들이 들리기 시작했다.

"옛 에너지와 싸우지 않을 거라면 전투도 필요 없겠죠." 오렌지의 목소리가 선명하게 들렸다. 마이크는 즉각 일어나 목소리가 나오는 곳이 어디인지 확인이라도 하듯이 주변을 빙빙 돌았다.

"당신처럼 높은 주파수로 진동하지 않는 생물학적 시스템과 맞서 싸우지 않을 거라면요." 그린의 목소리였다! 천사들의 목소리는 그의 내면에서 나오고 있었다.

"당신이 만나게 될 자가 당신 가족의 일원이 아니라면요, 마이클." 이건 레드의 목소리였다!

"거기에 사랑이 없다면요, 마이클." 차분하고 근사한 화이트의 목소리가 들렸다!

"전 몰랐어요!" 근심 가득한 마이클 토마스가 울부짖었다. "나는 진짜 전사가 아니에요, 화이트!"

"그건 마리도 마찬가지예요, 마이클." 화이트의 목소리는 위로가 되었다.

"옛 에너지는 옛날 방식으로 해결해야 해요, 마이클. 그건 당연한 이치예요."

바이올렛의 사랑스럽고 여성스러운 목소리였다!

"오렌지, 어떻게 싸워야 할지 알려주세요!" 마이크는 괴로웠다.

"알려줬어요." 그를 격려하는 오렌지의 목소리가 들렸다. "당신은 준비가 됐어요, 순수한 의도의 마이클 토마스. 이미 준비됐어요."

"제가 뭘 어떻게 해야 하는데요?" 마이크가 협곡의 경사면에 대고 울부짖었다.

침묵이 흘렀다. 그러더니 블루의 목소리가 들렸다. "기억해요, 마이클 토마스. 보이는 것이 전부가 아니에요!"

그 말이 지금처럼 가슴에 절실하게 와 닿은 적이 없었다. 그 말에는 지금 당장 필요한 충고, 경고, 조언이 담겨 있었다! 천사들 모두가 그를 격려하고 있었다. '천사들이 이렇게 총출동할 정도라면, 뭔가 엄청나게 무서운 것이 기다리고 있는 게 분명해.' 마이크가 생각했다.

마이크는 긴장이 됐다. 그는 자신에게 전투 기술이 없다는 걸 알고 있었다. 하지만 천사들은 자신이 이미 싸울 준비가 됐다고 했다. 천사들의 말을 믿어야만 했다. 사실, 천사들의 말을 믿는 것 외에 달리 뾰

족한 수도 없었다. 그는 지금 최전방에 있었다. 주변을 둘러보았지만 탈출구는 그 어디에서도 찾을 수가 없었다. 그를 기다리는 자가 누군지는 몰라도 장소 하나는 정말 잘 고른 것 같았다. 공격하기에 더할 나위 없이 좋은 장소였다. 가파른 경사면은 기어 올라가기엔 너무 높았고, 협곡의 좁은 통로로는 탈출을 시도해 볼 수는 있겠으나 금방 잡힐 것이 뻔했다. 모든 것이 치밀하게 계획되었다. 어쨌든 '그것'이 어디에 있는지 알고 있으니, 최소한 놀라지는 않을 것이다.

생각을 거듭할수록 자신에게 닥친 시련을 잘 극복할 수 있으리라는 확신이 들었다. 그는 자신의 새로운 진동 에너지가 도움이 될 것임을 알고 있었다. 왜 그런지 논리적으로 설명할 수는 없었지만 그의 영혼은 평화로웠다. 앞으로 맞닥뜨릴 것이 무엇인지도 모르고 어떻게 해결해야 할지도 몰랐지만 잘 해낼 수 있을 것 같았다. '싸우는 게 맞아.' 마이크는 생각했다. '어쨌든 그게 이곳의 방식이니까.' 그는 곰곰이 따져보았다. '미래는 알 수 없지만, 어쨌든 뭔가가 신의 마음 안에서 일어났어. 그럼 이 상황을 해결하는 방법도 이미 나온 거야. 내가 아직 그걸 모를 뿐이지. 그건 저곳에 가보면 알게 되겠지. 나에겐 지식과 힘이 있고, 이곳은 나의 영역이야. 이건 나에게 유리한 홈경기라고!'

"그래, 좋았어." 마이크는 큰소리로 말했다. "나는 거센 폭풍우도 견뎌냈고, 천사한테 발을 밟힌 적도 있고, 소중한 물건도 다 잃었고, 감정도 밑바닥까지 들여다봤고, 생물학적 시스템도 변했고, 심장을 도려내는 듯한 아픔도 겪어봤어. 근데 더 이상 못할 게 뭐가 있어?

나에겐 도구도 있어. 그래, 난 준비된 거야." 마이크는 잠시 생각을 해보더니 한 마디 더 추가했다. "싸우는 법만 좀 알았으면 좋겠다!" 그는 한숨을 푹 쉬며 거대한 시련이 기다리는 방향을 쳐다보았다.

마이크는 몇 주 전만 해도 멍청하고 가소로워 보이던 행동을 해보기로 했다. 그는 무릎을 꿇은 다음, 앞으로 일어날 일을 축복하는 작은 의식을 치렀다. 그리고 전투 장비를 하나씩 만지며 장비의 목적을 말했다. 오렌지가 가르쳐준 대로 균형 잡는 법도 다시 연습했다. 저 건너편에 무엇이 있는지는 모르지만, 그것과 대적할 자로 자신이 선택된 것에 감사해하며 그렇게 20분 정도를 보냈다. 그는 신성한 땅과 자신의 존재를 찬미했다. 영의 가족 안에서 자신의 위치를 인정한 다음, 마이클 토마스는 의연하게 일어나 전장에 나갈 준비를 했다.

마이크는 앞으로 전진하기 시작했다. 협곡의 좁은 통로를 따라 쭉 돌아가자 앞의 광경이 꽤 멀리까지 눈에 들어왔다. 협곡의 가파른 경사면 때문에 길이 죽음을 향해 걸어가는 어둡고 운명적인 터널 같아 보였다. 그는 '그것'이 앞쪽에 있다는 걸 알았다. 지도에 그것이 분명히 보였다. 평소 같았으면 마이크는 이런 상황에서 쇼크 상태에 빠졌을 것이다. 두려움이 엄습해 신체의 모든 알람을 울려대는 통에 눈 한 번 깜박이지 못하고 벌벌 떨었을 것이다. 그는 일개 영업 사원이었지, 거대하고 어두운 악귀를 대적하는 전사가 아니었다! 하지만 적어도 지금 이 순간만큼은 모든 감각이 예민하게 살아있고, 두려움이 아닌 강한 의지가 불타올랐다. 그의 새로운 진동 에너지와 선물들이 드디어 '작동'하기 시작했다. 그의 직관은 그에게 명령을 내리는 왕이었다. 직관을 따르면 실패하지 않는다는 것을 알기에, 그는 한 발짝 내디딜 때마다 직관의 말에 '귀를 기울였다.'

아무것도 없군.

왼쪽에 움직임 포착!

마이클은 왼쪽으로 잽싸게 돌아서서 약 30미터 떨어진 곳에 있는 커다란 나무를 보았다. '어디에서 움직였지? 젠장! 대낮인데 왜 이렇게 어두워! 이것도 시험의 일부인가? 왜 영은 더 환하게 밝혀주지 않는 거야?'

다시 뭔가 움직였다! 나뭇가지들 아래로 뭔가 움직이는 게 보였다.

"누구냐? 당장 나와!" 마이크의 목소리는 우렁차고 위엄이 있었다. "나오지 않으면, 내가 가겠다!" 모습이 나타나길 기다리는 동안 온몸의 세포가 경계 태세에 들어갔다.

평범해 보이는 한 남자의 형체가 서서히 드러나더니 나뭇가지 아래에 멈춰 섰다. 맨발이었고, 옷차림은 농부 같아 보였다. 그가 양손을 앞으로 쭉 뻗어 손바닥을 마이크 쪽으로 향하더니 말했다.

"마이크, 날 해치지 말거라! 내가 그쪽으로 가마." 남자가 나무 아래서 서서히 형체를 드러내더니 마이크 쪽으로 걸어왔다. 모습이 선명하게 보일 정도로 가까이 다가오는 순간 마이크는 남자의 걸음걸이가 꽤 익숙한 걸음걸이라는 느낌이 들었다. 설마! 이건 말도 안 되는 일이었다! 이제 남자의 얼굴까지 또렷이 보였다.

"아버지?" 마이클의 아버지가 서서히 길 아래쪽으로 내려오더니 마이크로부터 약 2미터 떨어진 곳에 섰다. 남자에게선 익숙한 농장 냄새가 났다.

"그래, 아들아. 나다. 날 해치지 말아다오." 마이크는 바보가 아니었다. 모든 게 속임수란 걸 알고 있었다. '그래, 보이는 것이 전부가 아니지.' 아버지로 보이는 남자는 실은 다른 것일 수도 있었다. 아니, 그럴 가능성이 훨씬 더 컸다. 그는 남자가 하는 말에 속아 넘어가지 않도록 정신을 바짝 차렸다.

"이봐요, 당신은 나의 적敵이 있던 자리에 서 있어요. 가까이 오지 말아요."

"그래, 나도 안다, 마이크. 너의 적은 위쪽으로 조금만 더 가면 있어. 넌 지금 속고 있는 거야! 널 기다리고 있는 존재는 네 영혼을 집어삼킬 거야. 모든 게 잘못 돌아가고 있어. 제발, 내 말을 믿어다오!" 마이크는 그 말에 넘어가지 않았다.

"여기서 뭘 하는 거죠?"

"신의 은총으로, 더 늦기 전에 널 막으려고 왔단다. 너에게 경고를 하려고 다시 돌아왔어. 네가 언젠가는 이곳에 올 줄 알고 몇날며칠을 여기서 기다렸단다. 끝까지 여행한 자들은 모두 짐승에게 잡아먹히고 말았어! 많은 이들이 여기까지 왔지만 모두 죽고 말았지. 여기는 악마들이 득실대는 곳이야. 넌 지금 속고 있는 거라고!"

마이크는 아직도 그 남자가 아버지라고 믿어지지 않았다. 그렇게 쉽게 넘어갈 수는 없었다.

"미안해요, 아버지. 하지만 믿을 만한 증거가 필요해요. 어렸을 적에 제 별명이 뭐였죠?"

남자는 지체 없이 말했다. "뮈키 위키."

마이크는 정답을 듣고 움찔했다. "1964년 코넬 아저씨네 헛간에서 무슨 일이 있었죠?"

"쌍둥이가 태어나서 큰 파티를 열었지. 애들 이름은 사라와 헬렌이고."

마이크는 남자가 한 말들을 꼼꼼히 따져보았다. 남자의 목소리와 체격은 아버지와 똑같았다. 그는 계속해서 자신의 어린 시절, 학교, 친구, 옷, 과거의 사건들에 대해 시시콜콜 캐물었다. 30분 가량 서로 마주선 채로 아버지가 마이크의 과거에 대해 자질구레한 것까지 낱낱이 설명했다. 마이크는 서서히 긴장이 풀리기 시작했다. 남자는 자신에 대해 모든 것을 알고 있었다. 정말 아버지가 이곳에 온 것이다. 악마라면 마이크만 알고 있는 것을 그렇게 속속들이 알 리가 없었다. 마이크의 직관은 여전히 '위험' 경고를 보내고 있었지만, 자기 앞에 있는 사람은 정말 아버지가 맞았다! 아버지가 진땀을 흘렸다.

"아버지, 무슨 일이에요? 난 아직도 이해가 안 가요."

"마이클, 난 널 아주 많이 사랑한단다! 넌 지금 목에 심각한 부상을 입고 병원에 누워 있어. 기억나지? 아파트에서 일어난 일 말이야. 그때부터 넌 악마의 계략에 말려들어 헤어 나오지 못한 채 줄곧 혼수 상태에 있어. 여기는……" 마이클의 아버지가 손가락으로 주변을 가리키며 말했다. "……요정의 나라야. 이건 가짜라고! 여기에 있는 건 하나도 진짜가 아니야. 지금까지 네가 본 것들 모두, 예쁜 색깔의 요정 집들도 모두 네 영혼을 빼앗기 위한 속임수였어!" 남자는 힘겹

게 숨을 몰아쉬고 있었다.

마이크는 아버지의 말이 사실이 아니란 걸 알고 있었다. 하지만 너무 헷갈렸다! 그는 자신이 누구고 어떤 경험을 했는지 잘 알았다. 그렇지만 아버지의 말에는 권위가 있었다. 게다가 이 남자는 자신에 관해 세세한 것까지 다 알고 있었다! 그런데 아버지는 이곳에 있으면서도 왜 건강 상태가 안 좋은 걸까? 그는 지금 영의 상태가 아닌가? 그는 죽었고, 이미 세상 쪽의 사람이 아니다. 그렇다면 육체적인 문제를 겪어야 할 이유가 없었다.

"아버지, 괜찮아요?"

"응, 그래. 하지만 여기에 오래 머무를 수가 없구나. 여기는 사악한 곳이야. 난 천국에서 왔어. 천국과 지옥은 함께 공존할 수가 없어."

"저도 그렇게 들었어요." 마이크가 말했다.

"마이크, 나랑 같이 가자. 나무 아래에 천국으로 들어가는 입구가 있어. 그러면 넌 다시 지구로 돌아갈 수 있어. 넌 의식을 되찾고 혼수상태에서 빠져나올 거야. 그러면 네 생명과 영혼을 구할 수 있게 돼. 나와 함께 가자꾸나!" 시간이 지날수록 남자는 더 기운을 잃어갔다. 마이크는 남자의 이미지가 점점 흐려진다고 생각했다.

마이크는 이러지도 저러지도 못하고 있었다. 그는 아버지보다 이곳에 대해 더 잘 알았다. 자신의 몸이 더 많은 걸 말해주고 있었지만, 그가 신뢰하는 아버지가 여기로 와서 그럴싸한 이야기를 하고 있었다. '이곳이 정말 가짜라면 어쩌지? 아니, 이곳은 진짜야.' 내면에서 마이크는 알고 있었다. 그는 한 번만 더 확인해 보고 싶었다. 아버지 이름이 뭐였더라? 그는 아버지의 이름을 기억해 뒀었다. 이름이 떠오르자 즉각 불러보았다.

"안니후!" 마이크는 아버지를 응시했고, 남자도 마이크를 빤히 쳐다보았다.

"뭐라고 했니?"

"안니후!" 마이크가 천천히 뒷걸음질 치며 말했다.

"얘야, 여기서 배운 요정 나라 말이니?" 남자의 표정에 긴장한 기색이 역력했고, 옷은 땀으로 범벅이 되어갔다.

마이크는 아무 말도 하지 않고 서 있었다. 등골이 오싹하며 전율이 흘렀다. 아버지는 한 번도 그에게 '얘야'라는 표현을 쓴 적이 없었다. 마이크는 즉시 준비 태세를 갖췄다. 드디어 올 것이 왔다. 그의 갑옷이 진동하기 시작했다. 등 뒤에 꽂아놨던 방패도 어서 자기를 풀어달라는 듯 진동했다. 그가 올바른 답을 말했다.

"아니요. 안니후는 당신의 영적 이름이에요. 근데 당신은 그걸 모르는군요." 두 형체가 꼼짝도 하지 않고 서로를 응시하며 서 있었다. 사실은 몇 초밖에 되지 않았지만 그 사이에 마치 영겁의 시간이 흐른 것 같았다. 게임은 끝났다. 속임수가 먹혀들지 않았고 에너지도 떨어져 '그것'은 더 이상 마이크 아버지의 형체를 유지할 수 없었다. '그것'은 싸울 태세를 했다.

"이제 그만!" 장정 열 명이 한꺼번에 외치는 것처럼 큰소리를 지르더니 마이크의 아버지가 전혀 딴판으로 모습이 변하기 시작했다. 진땀을 흘리며 서 있던 농부가 서서히 거대하고 험악한 악마의 모습으로 변해갔다. '그것'의 크기가 점점 커지자 마이크는 경계를 늦추지 않으면서 뒤로 조금 물러섰다. '그것'의 키는 최소 4.5미터는 되어 보였고, 무시무시한 빨간 눈을 가지고 있었다. 사마귀로 뒤덮여 얼룩덜룩한 피부는 칙칙한 녹색이었고, 씻지 않은 지 억만 년은 되어 보였다. '그것'의 거대한 손에는 크고 더러운 손톱이 자라 있었고, 팔은 너무 길어서 전체적으로 균형이 맞지 않았다. 게다가 아주 심한 악취가 났다! 짧고 짜리몽땅한 다리 때문에 괴물의 모습이 더 이상해 보였지만, 마이크는 '그것'이 얼마나 재빠른지 알고 있었다. 그는 '그것'이 뒤에서 희미한 형체로 따라올 때 재빠르게 숨는 걸 여러 번 본 적이 있었다. 마이크와 흉측한 괴물의 거리가 6미터쯤 되었다. 마이크는 둘 사이의 간격을 더 늘리며 계속해서 뒤로 물러났다.

마이크는 눈앞에서 펼쳐지는 장면을 보며 구역질이 났다. '그것'은 인간도 아니고 짐승도 아니었다. '그것'은 정상적인 형체가 아니었고, 어느 차원에도 속하지 않는 괴물이었다. 정말 상상을 초월할 정도로 지독한 악취가 풍겼다! 거대한 대머리를 한 얼굴은 끊임없이 끔찍한 모습으로 변해갔다. '그것'이 입을 쩍 벌리자 거대하고 날카로운 이빨이 보였다. '그것'이 입을 다물면 사마귀로 뒤덮인 추악한 얼굴 피부에 입술이 파묻혔다. '그것'의 주먹코는 냄새를 맡지 못하는 게 분명했다. 그렇지 않고서야 자신의 악취 때문에 살 수 없을 것이다. 인간이 상상할 수 있는 모든 역겹고 구역질나는 것들을 이 생물체에서 볼 수 있었다. 이게 진짜일까 아니면 환영일까? 마이크는 알 수가 없었다. 그게 무엇이든 간에, '그것'은 옛 에너지와 방식을 충격적인 모습으로 드러내고 있었다. '그것'은 사랑과 평화와 정반대되는 것을 상징했으며 죽음의 냄새를 풍겼다. '그것'의 의식에는 증오와 사악함만 가득했다. '그것'은 마이크를 별 생각 없이 짓이겨 죽일 수 있는 개미라도 되는 듯 경멸의 눈빛으로 내려다보았다. '그것'은 마이크가 속한 세계에 대한 혐오감으로 미쳐버릴 지경이었다. '그것'은 분풀이 대상인 마이크를 향해 자신의 혐오감을 투사하고 있었다.

마이크는 차마 '그것'을 쳐다볼 수가 없었다. 너무 혐오스러워 구역질이 났다. 그는 괴물이 자신에게 투사하는 증오심을 느낄 수 있었다. 하지만 '그것'이 원하는 방식으로 자신이 그 생명체에게 반응하고 있다는 것을 깨닫자, 그는 구역질이 나려는 것을 억지로 참았다. 마이크는 보이는 것이 다가 아니라는 말을 속으로 반복했다. 그는 문득 '그것'이 효과를 극대화하기 위해 악마와 괴물의 모습을 연출하며 스스로를 과시하고 있다는 걸 깨달았다.

마이크의 몸은 상황에 본능적으로 대처했다. 새로운 진동 에너지가 전면 경계 태세로 작동했다. 수많은 전투를 치르며 단련된 전사처럼, 마이크는 녹색 피부의 괴물이 조금이라도 움직이면 즉각 대응할 준비가 되어 있었다. 몸이 힘과 활력으로 넘쳤지만 그는 미동도 하지 않고 가만히 있었다. 그의 검이 진동하기 시작하자 미묘한 F(파)음조의 노랫소리가 들리기 시작했다! 마이크는 여전히 움직이지 않고 그대로 있었다. 그는 너무나도 궁금했다. 괴물에 대해 더 알고 싶었다. 이제 마이크가 속임수를 부릴 차례였다.

"우와, 정말 크네!" 마이크는 겁에 질린 척했다. 방어하듯 그는 몸을 움츠리며 팔로 얼굴을 가렸다. 그러곤 일부러 떨리는 목소리로 말했다. "진짜 괴물이었군요. 제 영혼을 가져가려고 왔나요?"

'그것'이 말하기 위해 입을 열자 접혀 있던 녹색 피부가 벌어졌다. 마이크는 처음으로 '그것'의 목소리를 들을 수 있었다.

"약해빠진 것 같으니라고!" '그것'이 흡족해했다. "네가 겁쟁이란 걸 진즉에 알고 있었다." '그것'의 목소리는 깊고 위협적으로 들렸다. 무슨 공포 영화의 한 장면 같았다.

"제발 살려만 주세요! 원하는 건 뭐든지 할게요." 그는 괴물에게 살려달라고 애걸복걸했다. "나무로 갈까요? 저기에 지구로 돌아가는 입구가 있나요?" 마이크는 검이 칼집에서 위아래로 덜커덕거리는 것을 느꼈다. 그는 칼에서 나는 소음이 괴물의 귀에 들리지 않기만을 바랐다.

"정말 어리석기 짝이 없군. 난 널 죽이러 온 거야." 괴물의 몸이 갈수록 더 커지는 것 같았다! 마이크는 괴물이 자신이 원하는 대로 마음껏 크기를 바꿀 수 있다는 걸 깨달았다.

"당신은 누구죠?" 마이크는 공포에 질린 척 비명을 질렀다. 연기가 너무 어색할까봐 걱정이 됐지만 괴물은 완전히 믿는 것 같았다. '그것'의 자부심은 하늘을 찔렀다!

"나는 너의 일부다, 뮈키 위키. 이게 진짜 마이클 토마스의 모습이지!" 괴물이 떠벌렸다. "이게 너의 강한 모습이야! 너의 힘을 봐! 나는 너의 지적 능력이자 논리적인 사고의 근간이야. 내가 너를 잠깐 속이기 위해 네 아버지로 위장하긴 했지만, 내가 한 말은 모두가 사실이야. 넌 지금 의식을 잃은 상태로 병원에 누워 있어. 말도 안 되는 존재들과 착한 척하는 마녀들이 득실대는 곳에서 너를 구해 지구로 돌려보내려고 온 거야. 여기서 네가 빠져나가려면, 너의 그 터무니없는 요정 같은 영혼을 파괴시켜야 해!"

어떤 면에선 악귀가 하는 말이 맞았다. 그것은 정말 마이크의 일부였다. 너무 늙고 추해 아무에게도 보이고 싶지 않은 그의 또 다른 모습. 그는 그 모습을 영원히 외면하고 싶었다. 그는 몸서리를 치며 몸을 더욱 웅크렸다. '너무 오버하지는 마.' 내면의 목소리가 말했다.

"절 죽여야만 하나요?" 검이 훨씬 더 요란하게 덜커덕거렸지만, 오히려 그 소리 때문에 진짜로 그가 두려워 벌벌 떨고 있는 것처럼 보였다.

"상징적으론 그렇지. 이 유치한 요정의 나라에서 네가 죽어야 더이상 헛된 망상에 사로잡히지 않고 진짜 세계로 곧장 돌아갈 수 있으니까. 네가 처음 이곳 출입구로 들어선 순간부터 난 네가 멍청하다는 걸 알았어. 하지만 다행히도 몰래 따라 들어올 수 있었지. 그때부터 줄곧 너를 현실로 되돌려놓으려고 내가 얼마나 애를 썼는지 알아?" 괴물이 그에게 점점 다가왔다.

"제가 그렇게 나쁜 짓을 했나요?" '괴물이 계속 말하게 해야 해.' 마이크는 생각했다. '검아, 계속 흔들어!' 그는 무기에게 생각을 보냈다. 괴물을 속이기에는 아주 좋은 방법이었다.

"지금 넌 몸이 허약하기 때문에 요정들의 수작과 허튼소리에 말려든 거야. 여기 있는 건 모두 가짜야. 넌 환영에 속아 넘어간 거라고.

너를 제정신으로 돌려놓고 네 영혼을 구하려면 난 너의 일부를 완전히 파괴시켜야 해. 난 너의 변화된 모습이 아주 지긋지긋해!"

마이크는 괴물의 말에 재빨리 대처해야 했다. "그럼, 절 죽이기 전에 당신 말이 옳다는 걸 증명할 수 있나요? 당신이 정말 논리적이고 지적 능력이 뛰어나다면 논리적으로 그걸 증명해 보세요!" 마이크는 추한 존재가 더 이상 시간을 지체하지 않으리라는 것을 알았지만, 괴물의 자존심을 건들면 좀 더 시간을 벌 수도 있을 것 같았다. 마이크는 몸을 더 움츠리며 바들바들 떨었다. 진동하는 검 덕분에 더 그럴싸하게 보였다.

"물론 할 수 있지." '그것'은 자신이 상황을 완전히 장악했다는 것을 알았다. 이제 이 지긋지긋한 요정 나라를 영원히 뭉개뜨릴 일만 남았다. '그것'은 이 환상의 나라를 증오했다. 자신이야말로 진짜 세계를 대변했으며, 마이클 토마스처럼 한심한 약골들은 진짜 세계에 없었다. 괴물은 논리와 실용주의, 그리고 과거의 경험을 바탕으로 하고 있고 거기에 역사와 과학 분야의 유명 인사들이 지지해 온 믿음의 체계를 자신의 신념으로 삼고 있었다.

괴물이 허리를 곧게 펴고 똑바로 서서 설명하기 시작했다.

"옳은 자란 절대적인 힘을 가진 자야. 이성과 논리가 곧 진리지! 그래서 내가 이런 환상의 세계에 있을 수 있는 거야. 내가 곧 진리니까. 여기에서 나보다 더 강력한 존재는 없어!" 괴물이 귀가 아플 정도로 쩌렁쩌렁하게 말을 해서 마이크 발 주위의 풀잎들이 다 휘어질 정도였다. 휘어진 풀잎들은 금세 녹갈색으로 변했다. 그것들은 괴물의 끔찍한 피부색과 잘 어울렸다.

"진짜?" 마이크가 괴물을 비웃으며 말했다. 그는 연기를 그만두고 똑바로 일어섰다.

"그럼 증명을 해봐!" 마이크가 잽싸게 움직이며 소리쳤다.

마이크도 자기가 그렇게 빨리 움직일 줄은 꿈에도 몰랐다. 주황색 집에서 균형 잡는 법과 잽싸게 움직이는 법을 연습한 덕분에, 괴물과 4미터 정도 떨어져 있던 그가 이제는 2미터 높이의 바위 위에 올라가 있었다. 그가 괴물을 향해 진격한 것이다! 저절로 칼집에서 빠져나와 마이크의 손에 단단하게 쥐어진 검이 F음조의 조화로운 노래를 부르기 시작했다. 소리는 괴기스러웠으나 강한 힘이 실려 있는, 승리를 약속하는 노래였다. 마이크는 괴물 쪽이 아니라 하늘을 향해 검을 높이 치켜들었다. 왼손에는 방패도 쥐어져 있었다. 그가 빛의 속도로 바위를 올라갈 때 방패가 등 뒤에서 풀려나와 저절로 손에 쥐어진 것 같았다. 그는 괴물을 향해 화려한 무늬가 새겨진 은색 방패를 높이 쳐들었다. 전사 마이클 토마스는 이제 싸울 준비가 되어 있었다.

괴물은 단순히 놀란 정도가 아니었다. '그것'은 모든 상황을 지켜보았다. 경솔하고 쉬 겁에 질려 있던 사냥감이 갑자기 위협적인 존재로 돌변해 전혀 생각도 못한 행동을 하고 있었다. '이 꼬맹이가 날 공격이라도 하겠다는 건가? 정말 어리석군.' '그것'은 생각했다. 건방지고 짜증나는 하루살이 같은 놈을 손바닥으로 때려죽이기란 괴물에게 식은 죽 먹기였다.

마이크가 가까이 접근하자 '그것'은 길고 무시무시한 팔을 사용하

299

기 위해 뒤로 물러서야 했다. '그것'은 뒷걸음질 치면서 억센 손가락으로 주먹을 만들며 공격 태세를 갖추었다.

괴물이 맹공격을 하려고 자세를 취하는 사이 마이크의 목소리가 울려 퍼졌다. "진리의 검을 보아라. 누가 힘 있는 자인지 검이 가려낼 것이다."

마이크가 말을 끝내기 무섭게 괴물이 공격해 왔다. 그것은 마치 거대한 여객선이 초고속으로 다가오는 것 같았다. 마이크가 할 수 있는 거라곤 눈을 감지 않는 것뿐이었다! 순간, 믿을 수 없을 정도로 강렬한 빛이 칼날에서 뿜어져 나와 강력한 힘으로 괴물을 내리쳤다. 비록 괴물이 다가오는 것을 저지할 수는 없었지만, 그 타격으로 괴물의 공격 방향이 틀어져 마이크는 직격타를 피할 수 있었다. 잠깐 괴물이 균형을 잃고 휘청거렸지만, 여전히 마이크에게 타격을 가할 수 있는 위치에 있었다. 마이크는 괴물의 주먹 한 방이면 자신과 방패가 박살 날 거란 걸 알았지만 자동적으로 방어 자세를 취하며 방패를 앞으로 내밀었다.

방패와 갑옷은 지난번 폭풍우 속에서 발휘했던 힘을 이번에도 보여주었다. 그 당시에 무슨 일이 일어났는지 마이크는 몰랐지만 말이다. 갑옷은 즉각 보호막 같은 빛으로 마이클 토마스를 에워쌌다. 방패는 다트화살 같은 강렬한 광선을 괴물의 팔에 연달아 쏘아댔다. 마이클을 에워싼 빛이 확 타오르며 어디로든 날아갈 것만 같았다! 공기가 이온화되고 물질과 반물질이 부딪히면서 발생한 오존 가스 냄새가 코를 찔렀다. 마이크는 괴물의 강한 타격을 예상했지만, 빛의 보호막이 괴물의 팔을 즉각 물리쳤다. 그 힘이 어찌나 강력한지 괴물이 땅에서 붕 뜨더니 저 멀리 나가 떨어졌다. 마이크는 손끝 하나 다친 데 없이 원래 자리에 그대로 서 있었다.

빛은 몹시 아름다웠다. 마이클 토마스는 자신의 손에 들려진 선물들의 위력에 깜짝 놀랐다! 무기들이 서로 협력해 완벽하게 작동하면서 거인의 공격을 막아냈다. 그뿐 아니었다. 전투시 뿜어져 나오는 빛이 마이크의 눈에는 아름다웠지만, 거대한 괴물에겐 너무 강렬해서 빛으로부터 자신의 눈을 보호해야만 했다. 빛은 마이크에게 유리한 쪽으로 작용했다. 하루 종일 흐린 날씨에 익숙해져 있던 괴물은 갑자기 많은 빛이 쏟아지자 적응할 수가 없었던 것이다. 마이크는 날씨가 선사해 준 선물을 알아채고 미소를 지었다. 정말로 이곳은 자신의 홈그라운드였다! 그는 오렌지가 했던 말을 떠올리며 괴물에게 당당히 말했다.

"지식의 방패 때문에 짜증이 나는가, 녹색의 추한 괴물? 지식이 있는 곳에 어둠은 존재할 수 없어. 빛이 있는 곳엔 비밀도 없고. 진리가 드러나는 곳에 빛이 있는 법이야!"

그 말을 듣자 괴물이 다시 일어나 마이크를 향해 돌격해 왔다. 이번엔 괴물도 이를 앙다물고 덤벼들었다. 마이크는 돌격하는 화물차의 공격을 이번에는 막기 어렵겠다고 판단했다. 괴물의 팔 하나는 어떻게 막아보겠지만 온몸으로 공격해 온다면? 마이크는 자리에서 끝까지 버티다가 괴물이 자신을 낚아채려는 순간 바위에서 내려와 괴물 쪽으로 쏜살같이 달려갔다. 이번에도 마이크는 물러서지 않고 앞으로 전진해 괴물이 예상치 못한 상황을 연출했다. 괴물은 마이크가 자신과 너무 가까이 있어서 그를 쉽게 잡거나 다룰 수가 없었다. 이 제 괴물의 육중한 몸이 오히려 방해가 되고 있었다.

마이크는 거인의 거대하고 짤막한 다리 사이를 오가며 계속 움직 이고 있었다. 달리면서 팔을 위로 내뻗자 검이 현란한 빛을 내뿜으며 괴물의 가랑이 사이에 상처를 냈다. 그런 뒤 괴물의 한쪽 다리를 방 패로 후려치자 괴물의 거대한 녹색 다리가 휘청거리며 꼼짝없이 무 너졌다. 그 순간 방패에서 갑자기 뿜어져 나온 강력한 빛에 괴물이 하늘로 솟구쳤다. '그것'은 반사적으로 몸을 움츠린 채 공중을 날았 다. 그러곤 극심한 고통에 온몸을 움켜쥐면서 마치 고공 다이빙 챔피 언이 '두 번 비틀기' 기술을 선보이듯 몸을 비틀더니 이내 땅바닥에 그대로 곤두박질쳤다. '그것'은 떼굴떼굴 구르면서 분노로 으르렁거 렸지만, 결국은 연기만 펄펄 나는 폐차 꼴이 되고 말았다. 마이크의 검이 지나가며 상처를 입힌 가랑이 사이로는 여전히 불꽃이 튀고 있 었다.

"너의 앞날에 더 이상 녹색의 꼴불견 따위는 없을지어다!" 마이크 가 차분하게 그러면서도 거드름을 피우는 듯한 말투로 재담을 던졌 다. 그가 거대하고 혐오스러운 괴물을 향해 나아갔다. 마이크는 땅바 닥에 누워 있는 역겨운 괴물 쪽으로 천천히 조심스레 걸어가면서 검 을 높이 쳐들었다. 그러곤 괴물의 커다란 팔이 자신에게 닿지 않을 정도의 거리에서 멈춰 섰다.

"이제 항복하겠어? 누가 진리를 알고 있지? 누구에게 힘이 있는지 이제 알겠어?"

"항복하느니 차라리 죽겠다!" 가련한 존재가 거칠게 숨을 몰아쉬며 말했다. 목소리가 신음에 가까워 거의 알아들을 수가 없었다.

"그럼, 그렇게 될지어다." 부상당한 괴물에게서 악취가 점점 심하게 났지만, 이를 무시하며 용감한 마이클 토마스가 말했다.

괴물은 악취를 심하게 내뿜었지만 아직 죽지 않고 살아있었다. '그것'은 영적인 존재가 아니었다. '그것'은 다채로운 색깔의 천사들과 빛의 검이 있는 이 이상한 나라에서 마이크와 똑같이 한 생물체에 불과했다. '그것'은 부상을 입은 채 피를 흘리고 있었다. 마지막 급습 때 진리의 검에 찔려서 생긴 엄청난 상처가 보였다. 마이크는 괴물의 상처를 보고 움찔했다. 끔찍하게 벌어진 상처에서 까맣고 끈적끈적한 피가 쏟아져 나와, 안 그래도 추하고 병색이 짙은 피부를 더 칙칙하게 만들며 거인의 다리를 검정색으로 물들였다. 마이크는 괴물이 극심한 고통을 느낄 거라 생각했다. 그런데 '그것'이 다시 일어서고 있었다! '그것'은 약간 휘청거리면서 일어나더니 몸을 똑바로 세웠다. '그것'은 주변의 빛이 너무 밝아 실눈을 뜨고 있었다. 마이크는 자신이 승리했다는 걸 알았다.

죽이는 건 마이크의 취향이 아니었다. 그는 지금까지 일부러 뭔가를 죽여본 적이 없었다. 심지어 어렸을 적 시골에 살 때도 닭을 죽이라고 하면 싫다고 했었다. 하지만 이곳에서 누군가를 죽이는 것은 그냥 상징적인 의미라는 것을 알고 있었다. 앞에 서 있는 저 혐오스러운 존재를 죽인다고 해도 '그것'이 진짜로 죽는 것은 아니었다. 괴물은 단지 고통 속에서 완전하게 패배하는 것뿐이었다.

두 존재가 대적하는 광경은 전형적인 전투 장면이었다. 괴물을 강타하던 검과 방패, 갑옷의 현란한 빛이 괴물의 몸에 아직 남아 있는 것 같았다. 괴물이 마지막 공격을 준비하며 몸을 곧추세우는데 그것의 연기 나는 몸에서 불꽃이 타닥타닥 튀었다. 이제, 마이크의 갑옷은 승리의 노래를 부르기 시작했다. 진리, 지식, 지혜의 빛이 환하게 비추자 암울하고 황량한 괴물의 그림자가 협곡의 경사면에 선명하게 드러났다. 부상을 입어 휘청거리는 거대하고 사악한 존재는 이제 마이크의 작은 무기에 맞서 처절하게 죽음을 맞이할 참이었다. 둘은 마치 다윗과 골리앗 같았다. 탈출구 없는 협소한 통로의 경사면에 비친 둘의 그림자는 비현실적으로 보였다. 크기가 현격히 다른 두 명의 전사가 9미터 정도 거리를 두고 서로 떨어져 있었다. 둘 다 한 걸음도 물러서지 않고 완강하게 버티고 있었다. 이번에도 먼저 움직인 쪽은 마이크였다.

부상당한 거인이 상대하기엔 마이크가 너무 잽싸게 움직였다. 그는 괴물의 가장 취약한 부위만 노렸다. 거대한 괴물이 대응하기도 전에 검이 강렬한 빛을 쏘아대고 마이크가 방패를 휘둘렀다. 괴물은 거의 자포자기 상태로 정신없이 공격자를 피하며 미친 듯이 팔을 휘두르기 시작했다. 그러자 빛, 진리, 지식을 상징하는 무적의 영적 무기들에 부딪혀 몸의 더 많은 부분이 상처를 입었다. 전투 장면은 정말 볼 만했다. 현란한 빛의 쇼도 장관이었지만, 사운드도 스릴이 넘쳤다! 영적 전투 장비들이 한 목소리로 우렁차고 조화롭게 승리의 노

래를 부르고 있었다! 무기들이 함께 노래 부를 수 있다는 걸 오렌지
는 말해준 적이 없었다!

1분도 안 돼 마지막 접전이 끝났다. 검과 방패에서 발사된 에너지
로 괴물은 금방 격퇴되었다. 괴물은 썩은 고깃덩어리처럼 메스껍고
기다란 몸을 뻗고 누운 채 파르르 떨고 있었다. 괴물의 수많은 상처
부위에서 풍겨 나오는 피 냄새 때문에 마이크는 숨을 쉴 수가 없었
다. 갑자기 마이크의 무기들이 일제히 노래를 중단했다. 동시에 검게
그을린 녹색 존재의 형체가 서서히 사라지기 시작했다.

"난 완전히 가는 게 아니야, 마이클 토마스. 다시 볼 날이 있을 거
다." '그것'은 사라져가며 고통스러운 신음소리를 냈다.

"나도 알아." 마이크가 역겨운 거인의 빨간 눈을 똑바로 바라보며
말했다. 그는 사악한 괴물의 죽음이 그냥 상징일 뿐이란 걸 알았다.
하지만 전투만큼은 정말 실감났다. 지금과 반대의 결과를 상상하자
몸서리가 쳐졌다. 사실, 마이크가 상처를 입고 죽을 수도 있었다. 영
적 무기가 없었더라면 그는 어딘가로 사라지고 잊혀졌을 것이다.

마이크는 결투가 끝나 무척 기뻤다. 마이크는 큰소리로 고맙다는
말을 하고 진리의 검을 천천히 칼집에 넣었다. 그는 방패에게도 똑같
이 말하고 갑옷 뒤쪽의 고리에 방패를 장착시켰다. 그는 갑옷을 껴안
으며 전투에서 승리한 것을 축하했다. 그러자 생각지도 않았던 일이
벌어졌다!

세 가지 선물이 마이크를 떠나가고 있었다. 괴물이 사라지듯 무기
들도 서서히 사라져갔다.

"안 돼!" 그는 울부짖었다. "너희가 필요해! 제발 가지 마!"

사실은 마이클 토마스의 무기는 사라지는 것이 아니라 그의 생물학적 시스템으로 흡수되는 중이었다. 이러한 융합은 의식儀式을 통해 의지를 다지고 무기를 이용해 전투에서 승리했을 때만 일어날 수 있는 일이었다. 하지만 마이크는 너무 놀라 어찌할 바를 몰랐다. 그는 천사들에게 설명해 달라고 외쳤다.

"무슨 일이죠? 왜 무기가 사라지는 거죠?"

"순수한 의도의 마이클 토마스, 그대의 근사한 선물들은 그대로 있어요. 다만 당신의 내면으로 흡수된 것뿐이에요!" 오렌지의 차분한 목소리였다. 애초에 이 선물들을 준 천사가 바로 오렌지였다. 오렌지가 계속 말했다. "당신은 무기들과 융합될 자격을 얻었어요. 이제부터 무기들은 당신의 일부가 되고 모든 세포들 안에 간직될 거예요, 마이클 토마스."

마이크는 근처의 바위에 걸터앉았다. "그럼, 다음 전투에서는요……?" 마이크가 오렌지에게 물었다.

"…… 똑같은 방법으로 승리하게 될 거예요, 마이클. 다만 무기가 겉으로 드러나지 않을 뿐이죠. 이제 당신 안에는 진리뿐만 아니라 지식과 지혜의 힘도 있어요. 어떤 괴물도 그 힘을 앗아갈 수 없어요."

마이크는 오렌지의 말을 곰곰이 생각하다가 다른 천사를 불렀다. "그린, 저 또 변했나요?"

"그래요, 마이클. 무기와 융합됨으로써 당신은 이제 완전해졌어요. 이제 마지막 천사만 만나면 돼요." 그린의 목소리를 다시 들으니 안심이 되었다.

"그분은 누구죠?" 마이클은 다음 집에 도착할 때까지 기다리기가 싫었다.

"가장 위대한 천사예요, 마이클. 곧 보게 될 거예요." 그린이 대답했다.

마이클은 바위에서 일어섰다. 기분이 묘했다. 모든 게 너무 빨리 일어났다. 아버지로 변장한 존재를 만나고, 진짜 전투를 치러야 한다는 걸 깨닫고, 괴물을 무찌르고, 무기가 사라지는 것 같더니, 이제는 무기가 없어도 아무렇지 않았다. 그는 다시 자리에 앉아 지난 20분 동안 일어난 사건들을 돌이켜보았다.

"화이트, 그 괴물은 진짜 누구예요?" 직감적으로 화이트가 깨달음에 가장 적절한 대답을 해줄 것 같아 화이트에게 물었다. 화이트는 역시나 그를 실망시키지 않았다.

"그것은 당신의 일부로, 사랑이 결여된 상태의 모습이에요, 마이클. 그것은 늘 존재하는 인간의 한 측면이죠. 그래서 항상 잘 다뤄야 해요. 그것을 통제하지 않고 제멋대로 두면, 인류는 사랑이 결여된 상태에서 암흑 같은 상황을 창조하고 말 거예요." 화이트의 목소리는 정말 놀라웠다. 그의 목소리를 듣자마자 마이크는 마음이 편안해졌다.

"다시 또 올까요, 화이트?"

"당신이 인간으로 남아 있는 한, 늘 뒤에서 그것이 당신을 덮치려고 할 거예요." 화이트가 대답했다. "하지만 사랑이 있는 한 그것은 꼼짝 못해요!"

마이크는 깊은 생각에 잠겼다. '수업이 아직 한 번 더 남았어.' 그
는 생각했다. '이번 수업만 끝나면 인간의 형상을 벗어던질 수 있겠
지.' 마이크는 빨리 '집'으로 들어가는 문을 열고 싶었다. 그 마법의
문이 그의 최종 목표였다. 문을 열면 어떻게 될지 생각해 보았다. 그
는 영적 목적을 가진 채 평화롭고 사랑이 가득한 상태로 존재하게
될 것이다. 마이크는 문득 날씨가 활짝 갰다는 걸 알아챘다. 따사로
운 햇볕을 받으며, 그는 전투가 벌어졌던 곳을 둘러보았다. 강력한
무기로 적을 넘어뜨렸던 곳에 검게 그을린 자국이 보였다. 그는 칼을
찼던 허리와 갑옷이 덮여 있던 가슴 부위를 만져보았다. 그는 무기들
이 그리웠지만 천사들이 한 말이 사실이란 걸 알았다. 그는 별다른
차이를 느낄 수 없었고, 특별히 몸이 더 가벼워진 것 같지도 않았다.
그는 이제 내면에 무기들의 힘을 간직하고 있었다. 병원에서 본 마리
처럼, 그도 이제는 강력한 사랑의 전사로 거듭난 것이다. 그는 마리
의 강력한 힘을 떠올리며 미소를 지었다. 그리고 강인한 전사의 모습
을 보여준 그녀에게 마음속으로 고마움을 표시했다. 문득 가슴에 주
의를 기울이던 마이크가 지도 또한 사라졌다는 걸 깨달았다!

"내 지도!" 마이크가 큰소리로 외쳤다. 지도마저 사라지자 그는 허
탈했다.

"지도도 당신 안에 있어요, 마이클." 블루가 다시 말했다. "당신의
직관력은 지도만큼이나 소중해요."

마이크는 완전히 무방비로 노출된 것 같았다. '괜찮아.' 그는 생각

했다. '계속 인간으로 지낼 것도 아닌데 뭐. 천국의 집에 가게 되면 이런 선물들도 필요 없을 거야. 이제 한 집만 남았어!'

협곡을 빠져 나오는 데는 별로 시간이 걸리지 않았다. 험준한 바위 투성이의 협곡 끝자락에 이르자 장엄한 광경이 눈앞에 펼쳐졌다. 협곡의 좁은 통로가 끝나는 지점 저 멀리 아주 평화롭고 고요한 풍경이 눈에 들어왔다. 무지개가 협곡의 양쪽 경사면을 이으며 아치 모습으로 떠 있었다. 맑게 갠 푸른 하늘을 배경으로 무지개가 밝게 빛나고 있었다. 무지개는 협곡이 끝났다는 표시이자, 그의 여행도 끝나간다는 것을 상징적으로 보여주고 있었다. 그는 장엄한 무지개에서 눈을 떼지 못한 채 한 번씩 길 아래쪽을 흘긋 살피며 앞으로 걸어갔다.

마이크는 누가 무지개를 만들었는지 깨달았다. 여섯 명의 거대한 친구들이 하늘에서 각자의 색깔로 환하게 빛나고 있었다. 그들의 모습은 장엄했고, 마이크를 자랑스러워하고 있었다! 순수한 의도의 마이클 토마스라는 인간을 축하하기 위해 모두들 손에 손을 잡고 무지개를 만들고 있었다. 마이크는 무지개 아래를 지나갈 때 마음속으로 천사의 이름을 한 명씩 색깔별로 부르며 고마움을 전했다. 거기엔 지도를 주고 여행의 방향을 알려준 블루가 있었다. 거인을 무너뜨릴 수 있는 멋진 무기를 선사해 준 오렌지도 있었다. 생물학을 설명해 주고, 자신의 발을 짓밟고, 처음으로 진동의 변화를 겪게 해준 코믹한 친구 그린도 보였다. 어머니 같은 천사, 그동안 살아온 인생의 교훈이 무엇인지 알려주고, 모든 사건에 대한 책임이 자신에게 있음을 알려준 바이올렛도 있었다. 음식을 질질 흘리던 레드, 그는 자신의 영적 가족에 대해 알려준 훌륭한 스승이었다. 그리고 순수함의 정수이 자 사랑이 가득한 화이트가 있었다. 그와 함께 내면에 강인한 힘을 지닌 순수한 여성을 지켜보며 마이크는 진정한 사랑을 배웠고, 자신 이 놓친 기회로 인해 가슴이 찢어지는 아픔을 겪어야만 했다. 마이크 는 이것이 그의 승리를 축하해 주는 천사들의 방식이라는 것을 알았 다. 그는 다음 집이 마지막 집이기 때문에 이제 더 이상 이곳에서 그 들이 필요한 경우가 생기지 않으리라는 것도 알았다. 그의 훈련이 거 의 끝나가고 있었다. 그는 그동안 잘 배웠고, 엄청난 시련도 모두 통 과했으며, 자신의 일부인 괴물도 무찔렀다. 그는 천사들이 작별인사 를 하고 있다는 것을 알았다.

"친구들이여, 당신들을 존경해요!" 마이크는 천사들에게 큰소리로 외쳤다. 그는 눈부시게 빛나던 색깔들이 서서히 사라지는 것을 지켜 보았다. 무지개가 사라지고 다시 푸른 하늘이 드러났다.

·◆·

다음 집을 찾기까진 오래 걸리지 않았다. 하지만 이 집은 다른 집 과는 달랐다. 작은 오두막집이 아니라 거대한 대저택이었다! 집에 다가가면서 집의 크기만 다른 게 아니라 처음에 갈색이라 생각했던 집이 실은 금색이란 것도 알게 되었다!

집에 다가갈수록 집의 모양에 대한 마이크의 인식도 변했다. 1층 구조로 보이던 거대한 집이 점차 크기가 어마어마한 여러 층의 건물이 되었다. 게다가 색깔만 금색이 아니라 진짜 황금으로 만들어진 집 같았다!

건물 밖에는 초록색 잔디밭이 드넓게 가꿔져 있었다. 잔디밭 주위로 고급스러운 분수와 수로가 있고, 시원한 물줄기가 아름다운 곡선미를 자랑하며 솟아오르고 있었다. 색깔별로 줄 지어 피어 있는 형형색색의 꽃들 덕분에 정원이 훨씬 더 화사해 보였다! 꽃들은 숨이 막힐 정도로 아름다웠다. 꽃이란 꽃은 거기에 다 모아놓은 것 같았다. 뭔가를 보는 순간 마이크는 숨이 멎는 듯했다. 길은 집의 출입문에서 끝이 났다. 그의 마지막 목표가 저 안에 있었다! 이 건물은 단순한 집이 아니라 천국으로 들어가는 입구였다. 집으로 가는 문이 바로 코앞에 있었다!

그는 집으로 이어지는 길고 구불구불한 오솔길을 따라 조심스럽게 거대한 황금 궁전으로 향했다. 너무 긴장한 탓에 숨이 가빠졌다. 마침내 그는 황금으로 만들어진 화려한 문 앞에 다가갔다. 어떻게 문을 열어야 할지 고민이 되었다. 금으로 만들어졌으니 무거울 게 뻔했다! 그는 허리를 굽혀 신발을 벗은 뒤 신발 놓는 자리에 신발을 놓고 기다렸다. 그는 신발을 다시는 보지 못하게 되리란 걸 알았다.

이번에도 천사는 나오지 않았다.

그는 거대한 황금 문을 열고 안으로 들어가도 될지 한참 고민하다가, 지난번 여섯 번째 집에서도 똑같이 했다는 걸 기억했다. 그때 화이트는 집 밖으로 나올 수가 없었다. 마이크는 이번에도 혼자 문을 열고 들어가기로 했다. 그는 거대한 황금 문을 밀었다. 문이 필요 이상으로 크고 높았지만, 생각보다 쉽게 열렸다!

집 안으로 들어선 순간 마이크는 완전히 넋을 잃고 우뚝 서버렸다. 벽, 기둥, 마루까지 모든 것이 황금이었다! 모든 곳이 호화롭게 장식되어 있었다! 실내는 말로 형용할 수 없이 아름다웠다! 이번에도 꽃향기가 풍겨왔다! 천 송이의 라일락 향기가 콧속으로 스며들면서 온몸이 사랑으로 가득 채워지는 것 같아 그는 기분이 매우 좋았다. 참으로 놀랍고 신성한 곳이었다.

마이크는 이 집에 담긴 유머를 금방 알아차렸다. 다른 집들이 밖에서는 작아 보여도 실내는 엄청났던 것에 반해, 이 집은 밖에서는 거대해 보였지만 실내는 생각만큼 크지 않았다. 다른 집들과 달리 미로처럼 복잡하게 설계된 방들도 없었다. 그 대신 모든 문과 복도는 한 장소로만 이어졌다. 어디에서 방향을 틀어야 할지 선택할 필요도 없이 한 방향으로만 가면 되었다. 복도는 우아하고, 웅장하고, 눈부시게 아름답고, 정교했지만, 동시에 굉장히 단순했다. 여분의 방도 없고 마이크가 숙박할 곳도 없었다. 집 구조가 다른 집들과 전혀 달랐다. 그리고 여기에서는 약간 색다른 느낌도 들었다. 그는 천천히 복도를 따라가며 이 느낌이 도대체 무슨 느낌인지 헤아려보았다. 드디어 생각이 났다. 이 느낌은 그가 웅장한 예배당에 들어갈 때 느꼈던 경외심 같은 거였다. 마치 성소에 있는 것처럼 장엄함이 느껴졌다.

마이크는 뭘 어떻게 해야 할지 알 수 없었다. 여전히 천사는 보이지 않았다. 그를 반겨주는 천사도 없이 집에 들어오기는 이번이 처음이었다. 치열한 전투를 치르고 여기까지 흥분된 상태로 오느라 배가 고플 만도 했지만, 마이크는 전혀 배가 고프지 않았다. 오히려 몹시 신이 났다. 그는 계속 앞으로 걷다가 다른 문들과 좀 달라 보이는 문이 보이자 멈춰 섰다. 문에는 이름이 새겨져 있었다. 그건 '지도의 집'에 있던 이름표들과 바이올렛의 도표들에서 본 아랍 문자 같은 글씨였다. 그것이 황금빛 천사의 이름이란 걸 알았다. 마이크는 문을 열고 안으로 들어갔다.

문을 열자 마이클 토마스가 평생 잊지 못할 광경이 눈에 들어왔다. 그는 장엄하고 거대한 방 안에 서 있었다. 그 방은 웅장한 예배당처럼 보였다. 고딕 성당처럼 벽에는 정교하게 제작된 스테인드글라스 유리창이 있었다. 각 창문마다 바깥에서 들어오는 빛이 오색찬란한 무지갯빛으로 변해 거대한 황금 바닥 위로 너울대며 쏟아졌다. 위를 올려다보자 황금으로 된 원형 천장이 보였다. 방은 사각형이 아니라 원형이었고, 마이크가 들어온 문이 유일한 출입구였다. 금빛 안개가 은은하게 소용돌이치는 방 안은 만물이 소생하는 이른 아침의 연못을 연상케 했다. 금빛 안개는 오색찬란한 빛과 멋들어지게 어우러졌다. 금빛 안개가 무지갯빛과 함께 소용돌이 치고, 그때마다 무지갯빛이 안개 속으로 흡수되었다. 그러면 촉촉한 공기가 고운 무지개로 바뀌며 방 안을 더 화려하게 채색했다. 마이크는 순간 자신이 숨을 쉬지 않고 있다는 것을 깨닫고 크게 숨을 들이마셨다.

그는 빛, 실내 장식, 건축 양식 모두가 이 원형 성소의 중심지를 경배하기 위한 것이란 걸 깨달았다. 웅장한 원형 방의 가장자리에 있는 거대한 계단을 타고 올라가면 발코니가 나오긴 했지만, 그곳에서도 역시 방의 중앙이 내려다 보였다. 마이크는 방을 좀 더 면밀히 살펴보았다. 웅장한 방 중앙에는 금빛 안개가 자욱했다. 하지만 안개 말고도 뭔가가 더 있었다. 마이크는 자신의 여행이 거의 막바지에 이르렀다는 걸 확연히 느끼면서 금빛 안개가 자욱한 중심을 향해 걸어갔다.

방의 중심으로 걸어가면서 그는 성소가 생각했던 것보다 훨씬 크다는 걸 알게 되었다. 모든 것이 황금으로 만들어지고 디자인도 교묘해서 인간의 눈으로는 공간의 실제 크기를 가늠하기가 힘들었다. 방 중앙까지 걸어가는 데 의외로 시간이 많이 걸렸다. 마침내 그는 방의 정중앙 지점으로부터 1미터 정도 떨어진 곳에 멈춰 섰다. 저기에 뭐가 있는 걸까? 짙은 안개 속에 뭔가 단단한 물체가 있었다. 또 다른 구조물인가?

그가 중앙에 거의 다가가자 갑자기 강력한 에너지가 그를 강타했다. 마이크는 즉시 무릎을 꿇었다! 그를 무릎 꿇게 만든 힘과 더불어 신성함과 성스러움이 강렬하게 그의 몸을 휘감았다. 그는 숨을 죽인 채, 무언의 신성한 의례를 위반하지 않기 위해 눈을 아래로 내리깔았다. 오직 신과 마주할 때만 느낄 수 있는 강력한 진동 에너지로 그의 몸이 떨리기 시작했다. 바로 이거였다! 그는 천국으로, 그리고 집으로 향하는 마지막 문에 다가서고 있는 것일까? 어쩌면 여기엔 천사가 없을지도 몰랐다. 하지만 천사들마다 하나같이 그에게 가장 위대한 존재를 만나게 될 거라고 했었다. 마이크는 위대하고 추앙받는, 신과 같은 존재가 방 안에 있는 것을 느꼈다! 그는 여전히 숨을 제대로 쉴 수가 없었다.

마이크는 눈을 들어 안개가 걷히는 것을 보았다. 여전히 무릎을 꿇은 채로 상체를 똑바로 펴서 무슨 일이 일어나는지 확인했다. 안개가 걷히자 사각형 덩어리로 보이는 커다란 황금 구조물이 드러났다. 안개가 더 사라지자 사각형 덩어리를 깎아서 만든 계단이 선명하게 보였다. 계단은 위쪽을 향해 있었다. 계단 맨 위에 집으로 가는 문이 있는 건가? 에너지가 점점 강렬해졌고, 마이크는 자신이 그곳에 올라설 만한 가치가 없다고 느꼈다. 인간은 자기가 있어야 할 곳을 알 때가 있는 법이다. 마이크가 어떤 험난한 과정을 거쳐 왔든, 앞에 놓인 장엄하고 신성한 구조물에 비하면 그는 아무것도 아니었다. 그는 천국으로 들어가는 입구에 있었고, 자신이 고무 인형처럼 느껴졌다. 그는 영의 힘과 신의 성스러운 광휘에 압도되어 꼼짝도 할 수 없었다. 그는 몇 걸음만 더 가면 이제껏 상상했던 것보다 훨씬 더 강력한 무엇이 있으리란 걸 알았다. 사랑이 넘치고, 눈부시게 아름다우며, 창조 그 자체를 나타내는 그 무엇!

숨쉬기가 점점 더 힘들어졌지만, 마이크는 계속 고개를 위로 쳐들고 있었다. 그는 봐야만 했다. 그는 그곳에 아직 만나지 못한 존재가 있다는 걸 알았다. 천사들은 그를 가리켜 가장 위대한 존재라고 했다. 사실 그럴 만도 했다. 가장 위대한 존재가 아니고서 어떻게 이런 에너지를 발산할 수 있단 말인가? 그는 자신이 위대한 존재의 강렬한 진동 에너지를 견뎌내고 잠깐이라도 그 모습을 볼 수 있기를 바랐다. 자신이 천상의 다차원적인 빛 속으로 사라져버릴지라도 그는 위대한 존재를 꼭 한 번만이라도 보고 싶었다! 그는 유대인의 역사에서 계약의 궤(모세의 십계를 새긴 돌을 넣어둔 상자—옮긴이)에 손을 댄 자들에게 어떤 일이 벌어졌는지 떠올렸다. 신에게 손을 댔기 때문에 그들은 수증기가 되어 증발해 버리고 말았다. 어쩌면 신을 본 순간 에너지가 감당할 수 없을 정도로 증가해 그도 그렇게 사라져버릴지도 몰랐다. 몸의 세포들이 모두 조만간 폭발할 것만 같았다. 세포들이 한꺼번에 이 순간을 축하하고 있었다! 그는 안으로부터 확장되는 듯한 느낌이 들었다. 마이크는 두려워지기 시작했다. 죽게 될까봐 두려운 것이 아니라, 이 놀라운 마지막 집의 주인을 보지 못하게 될까봐 두려웠다. 안개가 계속 걷히고 있었다.

계단이 나 있는 화려한 황금 장식 구조물도 더 선명하게 보였다. 그것은 단순한 사각형 덩어리가 아니었다. 그것은 바로 거대한 왕좌였다! 말로 표현할 수 없을 정도로 화려한 장식에 환하게 빛을 발산하는, 최고의 솜씨로 만들어진 왕좌는 다른 것들처럼 황금으로 만들어졌고 은은하게 빛을 뿜으며 신성함을 더했다. 위대한 천사가 앉는 의자임에 틀림없었다. '천사가 아니라면 누구이겠는가?'

마이크는 자기도 모르게 흐느껴 울었다! 장엄하고 신성한 에너지로 인해 그의 생물학적 시스템이 내부에서 파열되고 있었다. 심장에서 감사와 사랑의 에너지가 끊임없이 쏟아져 나왔다. 그는 자신의 감정을 주체할 수가 없었다. 에너지가 더욱 강렬해졌고, 그는 자기가 고대하던 황금빛 존재가 정말로 계단을 내려오고 있다는 것을 알았다. 왕좌의 맨 윗부분을 가리고 있는 금빛 안개 사이로 가장 위대한 천사가 나타날 터였다. 천사는 정말로 내려오고 있었다. 그는 알 수 있었다! 드디어, 집으로 가는 문까지 안내해 줄 수호자이자 모든 것을 아는 존재, 그리고 여행 내내 만나고 싶었던 존재를 만나게 되는 것이었다!

마이크는 제정신이 아니었다. 그는 얼빠진 사람처럼 보이고 싶지 않았다. 그는 강인해 보이고 싶었지만, 다리가 너무 후들거려 제대로 설 수조차 없었다. 자신이 모든 시험을 통과하고 거인도 무찔렀다는 걸 황금빛 존재가 알아주길 바랐지만, 말조차 꺼낼 수가 없었다. 그는 그저 어린애가 된 것마냥 감정을 통제할 수가 없었다. 가슴은 감사와 영광으로 가득 찼지만, 산소 부족으로 숨을 제대로 쉴 수가 없었다. 마이크는 머리가 핑 돌기 시작했다. '이 정도로 강력한 힘을 가진 자는 누구일까? 도대체 우주에서 어떤 존재가 이렇게도 극적으로 신의 힘을 보여줄 수 있단 말인가?'

"두려워 말아요, 순수한 의도의 마이클 토마스. 당신을 기다리고 있었어요." 계단을 내려오는 위대한 천사의 상체가 희미하게 보였다. 그런데 목소리가 상당히 익숙했다! '누구지?'

천사의 목소리는 지위가 가장 높은 존재답게 신성함이 묻어났지만 동시에 조용하고 평화로웠다. 가장 위대한 존재임에도 전혀 거들먹거리는 것 없이 상대를 안심시키며 조용하게 다가오고 있었다. 천사의 말에도 불구하고 마이크는 목소리를 제대로 낼 수가 없었다. 감격에 벅찬 나머지 그는 말도 제대로 꺼내지 못하고 감정도 주체할 수가 없었다. 그는 사랑의 황금빛 천사와의 대면을 고대하면서, 행여라도 심장이 밖으로 튀어나오는 일이 없도록 손으로 가슴을 움켜쥔 채 계속 그를 지켜보았다. 이 순간을 놓치고 싶지 않았기에 그는 자신이 제발 기절하지 않기만을 바랐다. 그러나 그의 시야가 흐려지기 시작했다.

장엄한 천상의 천사가 번쩍이는 황금 계단을 타고 물 흐르듯 내려와 무릎을 꿇고 바들바들 떨고 있는 마이클 토마스 앞으로 다가왔다. 마이클은 황홀경에 빠진 상태에서도 계단이 필요 없는 천사가 왜 계단을 타고 내려오는지 의아했다.

거대하고 은은하게 빛나는 천사의 몸이 가장 먼저 눈에 들어왔다. 마이크보다 키가 큰 황금빛 천사의 머리는 금빛 안개가 에워싸고 있었다. 그래서 천사가 멈춰 섰음에도 얼굴은 여전히 보이지 않았다. 황금빛 천사는 지금까지 만난 천사들보다 훨씬 더 키가 컸다. 천사의 황금빛 옷이 너무 눈부셔 옷의 주름에서 꼭 전기가 흐르는 것 같았다. 이제 날개의 아래 부분이 보였다. 천사에게 날개가 있었다! 퍼덕거리는 소리는 나지 않았지만 천사의 날개는 수만 마리의 나비가 날아다니는 것처럼 진동하고 있었다. 마이크는 천사의 머리가 드러나면 틀림없이 아름다운 후광이 있을 거라고 생각했다.

마이크는 자신이 천사의 에너지에 익숙해진 것이 아니라, 천사가 걸음을 멈춘 순간 그에게 무슨 일인가 일어났다는 것을 알았다. 천사가 그에게 선물을 준 것이었다. 비눗방울 같은 은은한 흰색 빛이 그를 에워싸며 어루만지자 평화로움이 밀려들었다. 자신이 더 이상 신성한 에너지를 감당할 수 없는 상황이란 걸 알았기에, 마이크는 안도의 숨을 내쉬었다. 그는 천천히 마루에 주저앉으며 정상적으로 숨을 쉬기 시작했다. 가슴 벅찬 사랑의 느낌은 평화로움으로 바뀌었고, 그는 평소와 같은 인간의 상태가 되었다. 그로부터 10분이 지났지만 천사는 여전히 아무 말 없이 가만히 있었다. 마이크는 점점 기운을 되찾아 정상적인 상태로 돌아왔다. 그는 천사가 자신을 위해 빛의 보호막을 만들었다는 것을 알았다. 빛의 보호막 덕분에 그의 진동 수준으로도 신처럼 강력한 에너지로 진동하는 천상의 존재 옆에 있을 수 있었다. 그는 여전히 일어설 수는 없었지만, 마침내 입을 열었다.

"고마워요, 위대한 황금빛 천사." 마이크는 크게 심호흡을 했다. "전 두렵지 않아요."

"당신이 어떻게 느끼는지 알아요, 마이클. 네, 당신은 지금 두려워하지 않아요." 천사는 여전히 꼼짝 않고 서 있었다. 마이크는 천사의 목소리가 왜 그렇게 익숙한지 생각해 보았다. 천사의 목소리에서는 화이트에게서처럼 평화로운 에너지가 넘쳐서 목소리를 들으면 영혼 깊숙이 평화로움이 밀려들며 마음이 놓였다. 천사의 목소리는 주위 공간을 가득 메울 만큼 우렁차면서도 나직했다. '분명 어디서 들어본 것 같은데 어디에서 들었더라? 영적인 나라 어딘가에서 분명 들어본 것 같은데 어디지?' 자신이 다시 말할 수 있게 되었다는 것을 깨닫고 그는 천사에게 질문을 했다.

"위대하고 성스러운 존재여, 저를 아시나요?" 마이크는 나직하고 경건하게 물었다.

"오, 그럼요." 아직도 몸의 일부만 보이는 거대한 천사가 대답했다. "우린 서로를 아주 잘 알아요." 그의 장엄한 목소리에는 힘이 넘쳤고

신의 영광과 광휘가 묻어났다. 마이크는 이해가 안 갔지만 더 캐묻지는 않았다. 뭔가 엄숙하고 신성한 의식을 치르는 분위기였기 때문에, 보호막 안에 앉아서 천사가 말을 걸 때까지 기다리는 게 더 맞는 것 같았다. 게다가 앞에 있는 존재는 그보다 훨씬 더 높은 수준으로 진동하는 존재였다. 이제, 천사가 다시 말을 했다.

"우리가 이 집에서 함께하는 시간은 몇 분이면 끝날 거예요, 마이클 토마스. 당신은 여기에 있는 동안 새로운 사실과 위대한 목적을 깨닫게 될 거예요. 우리의 진동 수준이 너무 달라서 오랫동안 함께 있을 수는 없지만, 그 시간이면 충분해요."

'뭘 하는데 충분하다는 거지?' 마이크는 생각했다. 천사가 말을 하자, 장엄한 목소리의 선율이 마이크의 귀로 들어와 그의 생체 시스템으로 흡수되며 신체의 모든 분자를 부드럽게 이완시켰다.

"순수한 의도의 마이클 토마스, 당신은 신을 사랑하나요?"

마이크의 모든 세포가 질문에 반응하며 부산스럽게 움직였다. 또 그 질문이었다! 순간 짜릿한 전율이 등줄기를 타고 올라왔다. 그 질문을 하는 천사는 화이트가 마지막일 거라고 생각했는데 그의 추측이 틀렸다. 여기에서 다시 그 질문을 들었다. '바로 이거야!' 온몸의 세포들이 한꺼번에 대답하려고 들었다. '천사에게 그렇다고 말해!' 세포들이 애원했다. 금빛 천사에게 대답을 하고 나면 집으로 가는 문을 열 수 있을지도 모른다! 이번이 마지막이자 가장 중요한 질문이었다. 그는 뜻 깊은 순간을 만들고 싶었다. 마이크는 잠자코 있었지만, 뭔가 유창하고 근사한 대답이 생각나지 않았다. 이렇게 신성한 곳에서 신과 같은 존재 앞에 있다는 것만으로도 영광이라는 느낌만 들 뿐 그의 마음은 텅 비어 있었다.

"네, 사랑합니다." 그의 목소리에는 정직함과 순수함이 담겨 있었다. 목소리가 떨리지도 않았다.

"순수한 의도의 마이클 토마스." 춤추듯 너울거리는 안개 속에 얼굴을 감춘 천사가 근사한 목소리로 말했다. "신의 얼굴을 보고 싶나요? 당신이 사랑한다고 말했던 신의 얼굴이요." 마이클은 천사의 입에서 나온 신성한 말들이 암시하는 바가 무엇인지 생각하며 완전히 얼어붙어 있었다. '무슨 뜻이지? 뭐가 새로운 사실이지? 도대체 무슨 일이 벌어지는 거지?' 그의 세포들이 이번에도 '네'라고 말하라며 마이크를 재촉했다. 그는 간단명료하게 대답했다.

"네." 이번에는 목소리가 떨렸다. 그는 천사가 목소리의 떨림을 감지했다는 걸 알았다.

"그럼, 순수한 의도의 마이클 토마스." 천사가 계단을 내려오며 말했다. "당신이 우리에게 여덟 번이나 사랑한다고 말했던 신의 얼굴을 보세요."

가장 신성하고 장엄한 존재가 희미하게 반짝거리며 마이클 토마스에게 다가왔다. 보호막 속에 있었는데도, 천사가 자욱한 금빛 안개에서 나와 황금 계단을 내려온 뒤 마이크 쪽으로 다가오자 에너지가 점점 더 증가되는 것을 느낄 수 있었다. 천사의 풍채가 너무 커서 계단을 내려오는 동안에도 안개가 함께 따라왔다. 그가 마이크 앞에 서서 말할 때서야 얼굴을 감싸던 안개가 서서히 개기 시작했다.

"일어나요, 마이클. 얼굴을 보려면 일어나야 해요."

마이크는 자신에게 뭔가 심오한 일이 일어날 거라는 걸 알았다. 그는 후들거리는 다리로 일어나 안개 사이로 드러나는 얼굴을 보기 위해 온 정신을 집중했다. 마침내 천사의 얼굴이 보였다. 여행을 하며 산전수전을 다 겪고, 괴물을 무찌르고, 그 어떤 인간보다 빨리 변형을 겪은 순수한 의도의 마이클 토마스였지만, 이번엔 온몸에 힘이 쭉 빠지고 말았다. 충격에 휩싸인 마이크의 눈에는 눈물이 글썽거렸다. 지금 자기가 보고 있는 게 무엇인지, 그리고 무슨 뜻인지 논리는커녕 영적으로도 이해가 안 됐다. 그는 자신이 보고 있는 것을 어떻게 받아들여야 할지 몰라 감정적으로도 무감각해졌다. 그는 다리에 힘이 쭉 빠져 털썩 주저앉으면서 자기도 모르게 신성하고 화려한 황금의 방에서 두 번째로 무릎을 꿇었다.

황금 왕좌에서 계단을 타고 내려온 가장 위대한 영적 존재의 얼굴은 다름 아닌 마이클 토마스였다! 헛것을 본 게 아니었다. 그 얼굴은 분명히 천사의 몸에 붙어 있었다. 그건 분명 천사였다! 천사는 바로 마이클이었다!

"신을 사랑한다고 했으니, 당신은 나를 사랑하겠군요." 황금빛 존재는 마이크가 건성으로 듣고 있다는 걸 알았다. 그는 여전히 어리둥절한 상태였다. 엄청난 충격이 온몸의 세포를 휩쓸었고, 마이크는 도대체 무슨 영문인지 헤아려보고 있었다. '이게 무슨 뜻이지? 이게 다 진짜야?' 천사가 계속 말했다. 마이크는 여전히 상황 파악을 못하며 미동도 하지 않고 바닥에 앉아 있었다. "또 다른 선물을 받을 때가 됐어요, 마이클." 마이크의 내면이 평화로워지고 상황이 이해가 되도록 천사가 조용하고 차분한 목소리로 말했다. "내 설명을 듣는 동안 당신에게 분별력을 선물로 줄게요."

마이크는 정신이 맑아지기 시작했다. 그는 천사가 이번에도 자신의 이해를 돕기 위해 의식 차원에서 돕고 있다는 걸 알았다. 이번에는 그의 마음속에 자리 잡은 인간적인 성향과 편견이 사라지도록 도왔다. 천사가 다시 말했다.

"인간은 뇌에 신경 접합부(신경 세포들 사이의 연결부로, 기억을 저장하고, 생각과 감정들을 처리함―옮긴이)가 있어서 자신이 인간 이상의 신성한 존재라는 걸 쉽게 받아들이지 못해요." 천사가 미소를 짓자, 거울 속에서 미소를 짓는 자신의 모습을 보는 것 같았다. 천사의 목소리가 실은 자신의 목소리였는데 알아듣지 못한 것이다. 사람들은 카세트테이프에 녹음된 자신의 목소리를 들을 때 가장 정확한 자기 목소리를 들을 수가 있다. 마이크도 그렇게 자신의 목소리를 들어본 적이 있지만, 겨우 서너 번 들은 정도였기에 그 목소리를 금방 알아들을 수가 없었다. 그는 천사의 말을 좀 더 듣고 싶었고, 이제는 정신도 맑아져 천사의 말이 제대로 들리기 시작했다. 천사가 계속 말했다.

"나는 I AM 당신의 상위 자아 higher self예요, 마이클 토마스. 당신이 지구에 사는 동안 당신 내면에 있는 신의 일부이기도 하고요. 이게 당신이 목표를 향해 가기 전 마지막으로 알아야 할 새로운 사실이자 교훈이에요. 당신이 완전히 흡수해야 할 마지막 정보고요. 사실 모든 인류가 알아야 할 가장 강력하고 중요한 진리인데도 가장 깨닫기 어렵고 받아들이기도 힘들죠."

천사의 말은 대단히 흥미로웠지만, 자기 얼굴과 똑같은 천사를 보고 있자니 마이크는 정신을 집중할 수가 없었다! 마이크는 새로운 정보를 아직 소화하는 중이었고, 정보가 뜻하는 바를 더 알고 싶었다. 그는 목표를 향해 앞으로 나아가야 했고, 그러려면 더 많은 것을 알아야 했다. 천사가 미끄러지듯 한쪽으로 살짝 움직이자, 그의 몸에 가려져 있던 계단의 윗부분이 더 드러났다. 천사가 계속 말했다.

"이곳은 가장 중요한 '자기 존중의 집House of Self-Worth'이에요, 마이클. 영적 여행에서 자신이 무가치하다고 느끼는 것만큼 큰 장애물은 없어요. 그래서 우리는 당신의 참모습을 보여주기로 했어요. 당신은 나의 일부예요, 마이클. 우리는 다른 모든 인간들과 마찬가지로 최상위 천사단에 속한 천사an angel of the highest order예요. 우리가 바로 지구로 내려와 인간으로 살면서 모든 시련을 이겨내고 여행을 통해 배우고 경험함으로써 지구의 진동을 높이기로 선택한 천사들이에요. 우리가 바로 인류뿐만 아니라 우주에 일대 변화를 가져올 천사들이고요. 내 말을 믿어요, 마이클 토마스. 당신이 지구에서 한 일들로 인해 다른 영역들에서 엄청난 변화가 일어났어요."

"하지만 전 지구에 남지 않았어요!" 마이크는 천사의 말을 들으며 마음속에 있던 생각을 불쑥 내뱉었다. 그는 예전에 지구에서의 삶을 포기했을 때 느꼈던 씁쓸함을 다시 느꼈다. "게다가 전 배운 게 아무것도 없어요!"

"상관없어요, 마이클." 천사가 말했다. "애초에 여행을 하고자 한 당신의 의도와 지구에 내려가 자신을 희생하기로 한 약속이 가장 존경받는 거예요. 지구에 그냥 존재하는 것만으로도 당신은 이미 훌륭하고 옳은 일을 했어요. 그걸 알고 있었나요? 돌아온 탕아의 이야기를 들어본 적이 있어요? 이 얘기는 거의 모든 문화에 전해져 온 얘기예요."

마이크는 그 이야기를 알았지만, 이 상황과 무슨 상관이 있는지는 이해가 안 갔다. 한 아들이 자기 가족의 삶의 방식을 따르지 않았음에도, 아버지에게 극진히 사랑받고 환영받았다는 이야기가 떠올랐다. 천사가 설명을 하며 몸을 움직였다.

"마이클, 다른 천사들은 당신을 극진히 사랑했어요! 그런 크나큰 사랑을 받을 만큼 당신이 뭘 했는지 궁금한 적 없어요? 이제는 그 이유를 알 거예요. 당신과 나, 우리는 사실 엘리트 그룹이에요. 우리는 지구로 와서 진동 에너지가 낮은 육체를 입고 살기로 선택한 존재들 중 하나로, 다른 존재들은 우리를 굉장히 사랑하고 존경하고 있어요. 우리는 그 사실을 모르고 있지만요. 당신은 사실 신의 일부로, 더 원대한 목적을 위해 지구에서 수업을 받아왔어요. 그리고 지금, 신의 일부인 당신의 모습을 눈으로 직접 보고 있는 거예요."

마이클은 천사가 하는 말을 들으며 경외심에 사로잡혔다. 그는 지난 몇 주간의 일들을 돌이켜보았다. 바이올렛의 집에서 배운 가족과 계약에 대한 얘기는 굉장히 놀라웠다. 레드의 집에서 가족들이 들려준 얘기 역시 만만치 않았다. 그런데 인간 마이클 토마스가 사실은 가장 지위가 높은 천사들 중 하나라고? 그리고 다른 인간들도? '내

가 그렇게 위대한 존재란 말인가?'

"그래요, 마이클. 맞아요, 우리는 위대해요! 이젠 당신이 지구에 올 자격이 되는 존재라는 점을 이해하고 깨달을 때예요. 당신은 지구에 가기로 계획했고, 진짜로 지원자들의 대열에 섰어요! 당신이 한 일 때문에 많은 존재들이 당신을 존경하고 있어요. 그리고 이젠 다음 단계로 나아갈 자격까지 얻게 되었어요. 여행을 하는 내내 당신은 신을 사랑한다고 여러 번 공언했어요. 사실이 그렇고요. 따라서 당신 자신도 사랑해야 돼요! 이 말을 잘 생각해 봐요, 마이클 토마스. 이 말에 내포된 진리가 당신의 관점과 인간으로서의 삶의 목적도 바꿀 거예요."

천사가 선물해 준 차분함과 분별력 덕분에 마이크는 훨씬 더 명징한 상태로 정보를 들을 수 있었다. 그는 정신이 또렷했다. 사실 천사가 하는 말은 자신이 소화하기엔 좀 어려운 정보였다. 천사가 계속 말했다.

"이제 마지막 단계가 남았어요. 그건 바로 당신이 우리의 동반자 관계를 인정하고 받아들이는 거예요. 당신이 지구에 계속 남았어도 이 최종 단계를 거쳐야 하는 건 마찬가지예요. 당신은 진짜로 위대한 천사예요! 당신의 가치와 신성을 느껴봐요. 당신은 원래 천상의 신성한 존재예요. 당신이 속한 곳은 천상이며 당신이 영원한 존재라는 사실을 가슴 깊이 느껴봐요! 천상에서 수여한 황금 배지를 받아요, 마이클 토마스."

문득 흰색 집에 있는 동안 화이트와 병실에서 본 마리의 모습이 스쳐 지나가면서 까맣게 잊고 있던 무언가가 떠올랐다. 화이트가 뭔가를 얘기했는데, 지금까지는 별로 대수롭지 않게 생각했던 것이었다. 화이트는 마리가 황금 배지를 받아들였다고 말했었다!

"마리도 당신을 알아요?" 마이크는 궁금했다.

"마리는 그녀의 상위 자아를 알아요, 마이클. 당신이 그녀를 지켜보는 내내 그녀는 그녀의 상위 자아와 함께 있었어요. 당신도 그걸 느꼈고요. 그녀는 자신이 누구인지 알아요. 황금의 방과 황금 왕좌에 대해서도 알고요. 그녀는 자신이 신성한 존재이며 지구에 있을 자격이 된다는 것을 알아요. 그녀는 자신이 신성한 존재라는 사실을 받아들였어요."

마이크는 다시 한 번 마리에게 경외심을 느꼈다. 한 번도 본 적이 없었지만, 마리는 그에게 너무나 많은 것을 보여주었다.

"오, 그녀는 당신을 알아요, 마이크." 황금빛 존재가 말했다.

"그래요? 어떻게요?"

"우리가 서로를 다 알듯이 그녀도 마찬가지예요." 천사가 대답했다. "그녀는 그날 자신이 아버지에게 주는 선물이 누군가에게 굉장히 심오한 영향을 미칠 거라는 걸 또렷하게 자각하고 있었어요. 그녀의 직관으로 알 수 있었죠. 심지어 누군가 자신을 지켜보고 있다는 것도 알고 있었어요. 지금의 당신처럼 그녀 역시 모든 선물, 도구, 지도를 내면에 간직하고 다니니까요. 그뿐 아니라 내가 지금 당신에게 전하고 있는 아주 특별한 선물인, 신성한 분별력까지 갖추고 있죠. 그게 바로 지구에 존재하는 깨달은 인간들의 힘이에요."

"와우." 마이클은 천사로부터 많은 이야기를 들으며 예전보다 훨씬 더 마리를 존경하게 되었다. 그녀가 알고 있었다니! 그녀는 직관을 통해 자신의 행동을 누군가 지켜보고 있고 마이크에게 도움이 되리라는 걸 알고 있었다.

"이제 시험이 다가왔어요, 마이클 토마스." 천사는 본론으로 들어갔다. 일종의 시험이 있을 거라는 걸 마이클은 알고 있었다. 어떤 시험일까? 마이크와 똑같은 얼굴과 영혼을 가진 천사는 인간 마이클 토마스가 진짜로 자신을 존중하는지 안 하는지 어떻게 알 수 있을까?

"아는 방법이 딱 하나 있어요." 천사가 마이크 옆으로 미끄러져 왔다. "놀라지 말아요, 마이클. 이제 남은 시간 동안 보호막 없이 나와 함께 있을 거예요. 당신이 당신에 관한 진실을 받아들였을 수도 있고 아닐 수도 있어요. 시험이 별로 어려워 보이진 않을 거예요. 하지만 당신이 순수하지 않고 우리의 관계를 진실로 받아들이지 않으면 시험은 통과할 수가 없어요."

"받아들였어요." 마이크가 초조해하며 말했다. '황금빛 존재가 뭘 하려는 거지?' 주위에 있던 흰색 보호막이 서서히 사라지자 다시 한 번 신의 신성하고 강력한 진동 에너지에 공격당하는 것 같았다. 그는 다시 처음의 상태로 돌아갔다. 그는 신의 무한한 사랑을 느꼈다. 한꺼번에 수백만 명의 존재로부터 사랑을 받는 듯한 강렬한 에너지였다. 하지만 이번에는 뭔가 새로운 것이 느껴졌다. 그는 전체의 일부가 되면서 몸에서 미세하게 따끔거리는 에너지를 느꼈다. '이게 바로 시험인가?'

"느껴져요!" 마이클이 외쳤다. 그는 이게 바로 시험이기를 바랐다.

그렇다면 시험은 끝난 것일까? 하지만 그건 그의 희망 사항일 뿐이었다. 마이클 토마스의 얼굴을 가진 위대한 황금빛 천사가 그에게 다가왔다.

"순수한 의도의 마이클 토마스, 세 번째 계단으로 올라와서 앉아요." 마이크는 다시 숨쉬기가 힘들었다. 그의 세포는 그렇게 높은 진동의 상태를 어떻게 받아들여야 할지 몰라 당황하고 있었다. 황금빛 존재가 거기에 있다는 사실도 망각한 채 마이크는 자신의 몸에다가 큰소리로 외쳤다. 그는 지금 당장 자신의 생물학적 시스템을 조절해야만 했다!

"우리는 괜찮아." 마이크는 세포들에게 외쳤다. "두려워하지 마! 우리는 이걸 누릴 자격이 있어. 우리는 이걸 받을 가치가 있어!" 마이크는 자신이 고함치고 있다는 걸 알았다. 그는 자신도 모르게 그린에게 배운 대로 하고 있었고, 그 즉시 효과가 나타났다. 그는 웅장한 황금 왕좌로 올라가는 세 번째 계단에 앉았고 점점 진정되기 시작했다. 순간 마이크는 황금빛 천사가 자신을 날카로운 눈으로 지켜보고 있다는 걸 알았다. 황금빛 얼굴이 환한 미소를 짓고 있었다!

"나의 인간 동반자여, 당신은 뭘 어떻게 해야 하는지 잘 알고 있군요. 이건 내가 직접 가르쳐줄 수 없는 것들인데, 다른 천사들에게 아주 잘 배웠어요. 이제 내가 당신에게 준 것을 완전히 흡수했는지 한번 봅시다."

다음에 일어난 일은 천사의 얼굴을 봤을 때보다도 훨씬 더 충격적이었다. 방금 전만 해도 신의 힘을 나타내는 완벽한 본보기였던 황금빛 존재가 마이클 토마스 앞에 무릎을 꿇기 시작했다. 천사가 무릎을 꿇고 바닥에 앉자, 황금빛 망토가 활짝 펴지듯 천사의 장엄한 날개가 성대하게 펼쳐졌다. 장엄한 천사의 날개는 바닥에는 닿지 않고 천사가 우아하게 앉을 수 있을 정도로만 펴졌다.

마이크의 몸은 격렬하게 반응했지만 그를 무기력하게 만들지는 않았다. 그는 그저 눈앞에 펼쳐지는 광경에 놀라워하며 천사의 행동을 지켜볼 뿐이었다.

위대한 천사가 무릎을 꿇자 난데없이 황금으로 된 대야가 나타났다. 천사는 의식을 치르듯 대야를 조심스럽게 들고 있었다. 그는 마이크를 똑바로 쳐다보며 감동적인 말을 했다.

"마이클 토마스, 이 대야에는 당신을 위해 흘린 나의 기쁨의 눈물이 상징적으로 담겨 있어요. 당신은 존경받아 마땅한 존재이므로, 이 눈물로 당신의 머리에 성수를 바르고 발을 씻겨주고 싶습니다."

'오, 안 돼! 신적인 존재가 진짜로 나를 만지려나봐!' 이제서야 마이크는 시험이 무엇인지 간파했다. 황금빛 존재가 마이크의 몸에 손을 대보면 그의 세포가 진짜로 자기 존엄성의 문제를 이해했는지, 그의 몸이 진짜로 자신의 신성함을 알고 있는지 알게 될 것이었다. 당연히 이 시험은 거짓으로 통과할 수가 없었다. 이게 바로 시험이었다! 천사는 마이클 토마스의 왼쪽 발을 만지기 전에 잠시 멈추며 마이크의 생각에 답변했다.

"이건 진동수의 변화를 시험하는 게 아니에요, 마이클. 우리가 맨 마지막에 서로 융합되기 전까지 당신과 나의 진동수는 절대 같아질 수 없어요. 이건 당신의 인간적인 믿음을 시험해 보는 거예요. 우리는 신의 일부인 우리가 인간이 될 자격이 있다는 사실을 받아들여야 해요. 이 시험은 당신이 정말로 영이 발을 씻겨줄 만큼 가치가 있다고 믿는지, 당신이 신을 사랑하는 만큼 스스로를 사랑하는지를 알아보는 거예요."

마이크는 자신의 마음을 잘 알고 있었기에 좀 더 느긋해졌다. 자신이 위대한 천사로부터 들은 개념과 수업 내용을 받아들였다는 것을 그는 알고 있었다. 그는 이 시험을 통해 천사도 그러한 자기 마음을 알게 되리란 걸 깨달았다. 시험을 치를 준비가 되었다. 그는 가장 위대한 존재 앞에 있었다. 천사는 거대한 체구에도 불구하고 마이크의 눈높이보다 낮게 자세를 취하고 있었다. 마이크는 자신을 낮추는 천사의 모습과 눈앞에서 벌어지는 광경을 보며 감정이 북받쳐 올랐다.

고귀한 존재가 마이크의 발에 손을 대자 몸에서 전율이 일어나며 짜릿한 에너지가 심장과 두뇌로 흘러들어 갔다. 천사의 무한한 자비심을 느끼며 그의 얼굴에서는 눈물이 주르륵 흘러내렸다. 천사가 부드럽게 발을 씻기는 동안 그는 아무 말도 하지 않았다. 마이클은 말로는 표현할 수 없을 만큼 자신이 극진히 사랑받고 있다는 걸 느꼈다. 천사가 그의 몸에 손을 댔어도 그는 사라지지 않았다. 그는 순간 빛으로 번쩍이며 대기로 증발하지 않았다. 비록 자신과 현격히 차이나는 천사의 진동 에너지가 느껴지긴 했지만 그런대로 견딜 만했다. 그는 자신이 그런 무한한 사랑을 받을 자격이 있다는 걸 알았다. 그는 사랑이 고요하다는 것을 알기에, 잠자코 있었다. 순수한 사랑은 요구하지 않는다는 것을 알기에, 눈부시게 아름다운 황금빛 천사가 발을 씻겨주는 대가로 자신에게 무언가를 요구하지 않을 거라는 것도 알고 있었다. 사랑은 교만하지 않기에, 갑자기 천상에서 많은 군중이 내려와 천사를 치켜세우지 않을 거라는 것도 알고 있었다. 이건 마이크와 천사만의 의식이었고, 천사는 마이크에게 이 순간을 영예롭게 받아들이고 순수하게 '존재'하라고 무언으로 말하고 있었다. 마이클 토마스는 뭔가 말로 형용할 수 없는 느낌이 들었다. 기쁨과 감사의 눈물이 계속 주르륵 흘러내렸지만, 우는 것이 창피하지는 않았다. 이상한 방식이긴 하지만, 이렇게 눈물을 흘리는 것이 사실은 감사를 표하는 인간의 방식이라는 것을 천사가 안다는 것을 그는 알았다. 마침내 천사가 다시 말했다. 그의 목소리에는 마이클에 대한 자랑스러움이 가득했다.

"순수한 의도의 마이클 토마스, 당신은 오늘 중요한 시험을 통과했어요. 이 시험은 가장 중요한 시험 중 하나였어요. 하지만 더 중요한 것을 보여줄게요. 모든 시험을 통과했고, 이제 집으로 가는 문으로 갈 준비도 됐지만, 당신의 나머지 발도 씻어줄게요. 당신의 발을 씻고 당신을 향한 신의 사랑을 보여주게 되어 영광입니다. 이제 시험은 없어요. 이렇게 한다고 해서 내가 얻는 것도 없고요. 내가 당신의 나머지 발을 씻는 이유는 순전히 당신을 사랑하기 때문이에요. 이 순간을 절대 잊지 말아요."

마이크의 인생에서 이보다 더 신성한 순간은 없었다. 위대한 황금빛 천사가 자기 손에 비하면 아기 발처럼 작은 마이크의 다른 한쪽 발을 부드럽게 씻기 시작했다. 마이크의 얼굴엔 눈물이 하염없이 흘러내렸고, 같은 영혼을 공유한 두 존재는 서로에 대한 애틋한 사랑을 느꼈다. 마침내 발을 씻는 의식이 끝났다. 대야는 마법처럼 사라졌고, 천사가 똑바로 일어서자 날개가 다시 구김 없이 완벽하게 접혔다.

"이제 일어나도 돼요, 마이클 토마스. 당신의 의도는 정말 순수해요. 이제 집으로 갈 준비가 되었어요!"

마이클은 일어서서 방 주위를 한번 둘러본 다음 다시 천사를 쳐다보았다. 마이크의 마음을 읽은 듯 천사는 마이크 뒤에 있는 무언가를 손으로 가리켰다.

"계단 위쪽에 있어요, 마이클." 천사가 다시 미소 지었다.

마이크는 뒤돌아서 소용돌이치는 금빛 안개를 바라보았다. 황금 왕좌로 올라가는 계단이 원대한 목적이 있는 미지의 장소로 오라고 마이크에게 손짓하고 있었다. 그는 혼자서 계단을 올라가는 것인지 확인하려는 듯 다시 천사를 쳐다보았다.

"당신이 찾는 문이 저 위에 있어요, 마이클. 아, 보이는 것이 전부가 아니라는 걸 늘 기억하세요."

그 문구는 서서히 이곳의 만트라(기도, 명상 때 외는 주문—옮긴이)가 되었지만, 지금은 그 문구에 대해 물을 때가 아니었다. 그는 자신이 여기에 오래 머무를 수 없다는 것을 알았다. 천사도 그걸 알고 있기에, 조용히 마이클 옆으로 다가와 거대한 팔로 마이크의 어깨를 감싸 안았다. 부드럽고 차분한 목소리로 천사가 마지막 말을 전했다.

"나도 거기에서 혼자 왔어요, 마이클. 괜찮아요. 이제 가야 해요.

목표가 코앞에 있어요. 금방 당신과 합류할 거예요. 우리는 절대 작별 인사를 하지 않아요. 우리는 하나니까요."

마이크는 어서 빨리 천사의 강력한 에너지로부터 벗어나야 한다는 것을 알았다. 그는 돌아서서 재빨리 계단을 올라갔다. 이제야 그는 여기에 왜 계단이 있는지 이해가 되었다. 계단은 천사가 아니라 인간을 위한 것이었다. 계단의 단 높이도 마이크의 발 크기에 맞게 설계되어 있었다. 모든 것이 이해가 되기 시작했지만, 마이크는 더 이상 깊이 생각하고 싶지 않았다. 이제는 졸업할 때였다! 집이라 불리는 곳으로 들어갈 때였다. 그는 화려하고 멋진 황금 왕좌로 이어지는 계단을 오르기 시작했다. 그는 잠시 멈춰 서서 다시 한 번 황금빛 천사를 바라보았다. 신의 일부이자 마이크 자신이기도 한 황금빛 천사가 계단 아래에서 두 손을 깍지 긴 채로 마이클 토마스를 향해 미소 지으며 당당하게 서 있었다. 천사의 말이 맞았다. 천사와 헤어진다는 느낌이 전혀 들지 않았다. 천사는 정말로 그의 일부였다! 마이크는 하루 사이에 자신의 두 가지 모습을 대면했다는 것을 깨달았다. 하나는 사랑이 결여된 자신의 모습이었고, 다른 하나는 사랑이 가득한 자신의 모습이었다. 그 중간 어딘가에 인간의 의식意識이 있었고, 어떤 존재를 따를지는 그의 선택이었다. 정말 그럴싸한 개념이었다!

마이크는 다시 돌아서서 계단을 올라가기 시작했다. 자욱한 안개 때문에 바로 위에 뭐가 있는지 보이지 않았다. 한 번에 열 개 정도의 황금 계단만 보였다. 조심스럽게 발을 내디뎠다. 성스러운 여행의 정점에서 발을 헛디뎌 아래로 떨어지고 싶지는 않았다. 계단에서 굴러 떨어진 자신이 상위 자아에게 칠칠맞아서 미안하다고 말하는 모습을 상상하며 그는 키득거렸다. 약간의 유머 덕분에 마이크는 금방 긴장이 풀리고 마음도 편해졌다.

그는 자신이 최소한 2층 정도 높이의 계단을 올라왔고, 이제 곧 어딘가에 도착하리라는 것을 알았다. '정말 대단한 왕좌군.' 그는 생각했다. 황금 왕좌가 생각보다 엄청 컸다! 게다가 그건 자신의 왕좌였다! 마침내 그는 맨 마지막 계단까지 올라왔다. 눈앞에 펼쳐진 광경은 역시나 마이크를 실망시키지 않았다. 거기엔 거대하고 화려하게 조각된 황금 의자가 있었고, 바로 옆에 지난 몇 주간 그토록 보길 원했던 집으로 가는 문이 있었다. 오래 전부터 상상해 왔던 문이 바로 눈앞에 나타나 이제 손만 내밀면 닿을 수 있는 곳에 있었다. 그곳은 불이 환하게 밝혀져 있었고, 의자와 문이 전부였다. 문 주위로 벽은 없고 그냥 공중에 문이 매달려 있는 것 같았다. 어디까지가 황금 왕좌이고 어디서부터가 새로운 공간인지 확실하지 않았다. 마이크는 이 공간이 '자기 존중의 집'이나 황금 왕좌의 일부가 아니라는 것을 깨달았다. 문은 집으로 가는 출입구이기 때문에 이곳은 차원이 다른 곳이었다. 문에는 많은 글자가 있었다. 일부는 이해할 수 없었지만, '집Home'이라는 단어만큼은 선명하게 눈에 들어왔다.

오랫동안 기다려온 순간이었다. 그는 그동안 이런저런 일을 겪으며 많은 것을 배웠고, 문 건너편에 있는 세상에 들어갈 수 있도록 세포 조직까지 바꾸었다. 이제 여행이 정점을 찍고 하강 국면에 접어든

것 같았다. 그는 문 앞에 서서 지난날을 회상하며 계단 아래에 서 있
는 숨 막히게 아름다운 황금빛 천사를 떠올렸다. 그리고 방금 전 세
번째 계단에서 있었던 일도 다시 생각해 보았다. 사실 그 마지막 경
험으로 인해 그는 정말 자신이 많이 달라졌다는 걸 느꼈다. 마이크는
의식을 치르듯 경건하게 문 앞에 섰다.

"난 이 문을 열 자격이 있어!" 마이클 토마스가 자신 있게 말했다.
"이 문을 열 수 있도록 해준 우주에게 감사를 드립니다. 온전한 사랑
으로, 이제 제가 있어야 할 곳으로 들어갑니다."

의식이 끝나자 마이클 토마스는 인간으로서 마지막 숨을 크게 한
번 들이쉰 다음 용감하게 '집'이라 쓰인 문을 열었다.

· ◆ ·

마이크는 토하기 시작했다.

12.
문을 지나 집으로

"왼쪽 상자 쪽으로 머리를 받쳐요!" 간호사가 조무사에게 외쳤다. "토하고 있어요." 그날 밤 응급실은 여느 금요일과 마찬가지로 부산스러웠다. 이번엔 보름달이 떠서 더 난리통이었다.

"깨어났나요?" 마이크를 응급실로 데려온 이웃이 물었다. 조무사가 몸을 굽혀 마이크의 눈을 체크했다.

"네, 깨어나고 있어요." 하얀 가운을 입은 조무사가 대답했다. "깨어나 말을 걸 수 있게 되면, 그대로 누워 있으라고 하세요. 머리를 심하게 부딪쳐서 몇 바늘 꿰맸어요. 꿰맨 곳이 터지면 안 돼요."

조무사는 막대에 매달린 커튼 칸막이를 열고 나갔다. 조무사는 나가면서 마이크와 이웃만 남겨놓고 커튼을 닫았다.

마이크는 눈을 떴다. 그는 자신이 어디에 있는지 바로 알아챘다. 그는 지구로 돌아와 애초에 모든 것이 시작된 병원에 누워 있었다. 응급실을 환하게 비추는 자외선 살균 조명에 움찔하며 마이크는 눈을 감았다. 실내 온도가 너무 낮아 담요가 필요하다고 느꼈지만 담요는 없었다. 조무사가 마이크의 무언의 요청을 들은 듯 담요를 가지고 왔다. 그러곤 다시 나갔다.

"한동안 정신을 잃었어요, 친구." 자신이 마이크의 이름조차 모른다는 사실에 살짝 당황하며 이웃이 말했다. "병원에서 머리에 난 상처를 꿰맸어요. 말하지 말아요." 이웃 남자는 마이크의 가슴을 조심스럽게 토닥이다가 칸막이를 나가 대기실로 갔다.

마이크 혼자 남았다. 그의 머릿속에서 지금까지 일어난 일들이 주마등처럼 스쳐갔다. 이게 모두 꿈이었다니! 그가 무찌른 추하고 사악한 존재가 했던 말이 다 맞았다! 마이크는 지금까지 지구에서 의식불명 상태로 병원 침대에 누워 있었고, 그가 마법의 나라에서 경험한 것들은 모두 가짜였다.

자신이 처한 현실이 너무 역겨워 마이크는 다시 토할 것 같았다. 그는 다시 지구로 돌아왔다. '집'은 한낱 공상에 지나지 않았고, 천사들의 나라는 괴물이 말한 대로 허황된 요정 얘기에 불과했다. 그동안 아무 일도 일어나지 않았으며, 마이크는 여전히 병원에 있었다! 그가 보고 배운 것을 증명할 만한 것이 하나도 없었다. 그는 눈을 감으며 차라리 죽기를 바랐다.

야간 근무중인 수간호사가 칸막이로 들어와 마이크 쪽으로 몸을 굽혔다. 주변의 소독약 냄새와는 다른 은은한 향수 냄새가 풍겼다.
그녀는 그의 이마에 붙어 있는 붕대를 살펴보더니 마이크를 살짝 건
드렸다.

"토마스 씨, 깨어났어요?"

"네." 피곤하고 우울한 마이크가 말했다.

"이제 집에 가도 좋아요. 이마에 난 상처는 우리가 치료하고 꿰맸
어요. 이젠 괜찮아요. 이제 집에 가도 돼요." 마이크는 뭔가 다르다는
걸 알아차렸다.

"턱하고 목은요?"

"거긴 모두 괜찮아요, 토마스 씨. 거기 무슨 문제가 있나요?" 간호
사가 걱정스럽게 지켜보는 가운데 마이크가 턱을 움직여보고 목 상
태를 확인했다. 모두 괜찮아 보였다.

"아니에요. 그냥 꿈이었나 봐요." 마이크는 현실로 돌아왔다. 그는
문득 병원비가 생각났다. "간호사님, 제가 여기에 얼마나 있었죠?"

"한 세 시간쯤 됐을 거예요, 토마스 씨." 간호사는 미소를 지으며
상냥하게 말했다.

"치료비는 얼마나 나왔죠?" 마이크는 알아야만 했다.

"아파트에서 가입한 보험으로 처리될 거예요. 서명해야 할 서류가
몇 개 있긴 하지만, 병원비는 내지 않아도 돼요."

"고마워요." 간호사가 칸막이를 나가자 마이크는 또다시 혼자 남
겨졌다. 뭔가 앞뒤가 맞지 않았다. 몇 달 전 일 같이 느껴지긴 했지
만, 마이크는 도둑이 몸싸움을 하면서 자기 목을 짓밟는 걸 분명히

기억했다. 환영 혹은 꿈, 아니 그게 뭐였든지 간에, 목과 턱 모두 꿈을 꾸기 이전에 이미 훼손이 되었다. 꿈을 꿨다고 해서 상처가 없어질 리는 없었다. 근데 지금은 목뿐만 아니라 턱까지 멀쩡했다. 지금 또 다른 꿈을 꾸고 있는 것일까? 꿈이 아닌 건 분명했다. 마이크는 방광에 심한 압박을 느끼고 있었고, 당장 화장실로 달려가야만 했다! 대소변을 보는 것이야 말로 아주 기본적인 지구의 현실이며, 인간으로서 아주 익숙한 것이었다.

마이크는 욱신거리는 머리를 붙들고 자리에서 일어났다. 그는 화장실을 찾으러 가면서 자기가 사고 당일 입었던 옷을 그대로 입고 있다는 것을 알았다. 화장실은 찾기 쉬웠다. 작고, 소독약 냄새가 강하게 진동하는, 굉장히 깨끗한 일반적인 1인용 병원 화장실이었다. 그는 시원하게 볼일을 보았다. 몇 달 동안 소변을 보지 않은 것처럼 소변을 보는 것이 굉장히 어색하고 금방 멈춰지지가 않았다.

마이크는 손을 씻으며 거울에 비친 얼굴을 흘깃 쳐다보았다. 얼굴이 왠지 달라 보였다. 그는 거울로 가까이 다가가 오랫동안 자기 눈을 응시하다가 자신의 모습을 보며 깜짝 놀랐다. 그는 어깨를 쫙 펴고 똑바로 서 있었고 기분이 굉장히 좋았다! 어쩌면 그에게 정말 필요했던 건 세 시간 동안의 병원에서의 휴식이었는지도 몰랐다.

마이크를 기다리고 있던 이웃이 그를 반갑게 맞이했다. 마이크는 이웃을 보자 손을 흔들었다.

"고마워요, 어……" 마이크는 이웃의 이름이 생각이 안 났다.

"할이라고 불러요." 이웃은 마이크가 깨어나 회복된 것이 감사했다.

"할, 지금까지 계속 기다리고 있었어요?" 마이크는 궁금했다.

"별거 아니에요, 미스터……"

"그냥 마이크라고 부르세요."

"그래요, 마이크. 제 차가 밖에 있어요. 집에 갑시다." 마이크는 순간 '집'이라는 단어에 움찔했다. 갑자기 명치끝이 아파오며 그를 처참하게 실망시킨 꿈이 생각났다.

"그래요, 할." 마이크는 할이 진심으로 고마웠다. 할이 차를 가지러 간 사이 마이크는 서류에 서명을 하고 밖으로 나왔다.

집으로 가면서 마이크는 할에게 아파트에서 일어난 사건에 대해 물어보았다. 상처 빼고는 그가 기억하는 그대로였다. '내가 그냥 상상한 거였나?' 마이크는 의아했다.

마이크는 다시 한 번 할에게 도와줘서 고맙다고 말한 뒤 아파트로 들어갔다. 늘 하던 방식으로 아파트 문을 열고 변변찮은 전등불을 켠 다음, 안으로 들어가 문을 닫았다.

전부터 살던 집인데도 집 안의 냄새와 내부 모습이 너무 낯설었다. 엉망이 된 방을 치우고 스테레오도 다시 올려놓아야 했지만, 그가 기억하는 것과는 달리 어항은 깨지지 않고 그대로였다. 뭔가 정말 이상했다. 자기 집에 온 것이 아니라 어떤 가난한 사람의 집에 청소를 도와주러 온 것 같았다! 마이크는 멈춰 서서 주변을 둘러보았다.

집이 자기와는 전혀 맞지 않았다! 왜 그동안 이곳이 자신이 살 곳이라고 생각했을까? 집은 또 왜 이렇게 어둡고 우중충하단 말인가? 약 세 시간 전만 해도 그곳은 자기 집이었다. 하지만 지금은 자신과

맞지 않는 전혀 딴 세계로 보였다. '도대체 무슨 일이지?'

마이크는 자신의 현재 의식이 세 시간 전까지 이곳에 살았던 남자의 의식과 전혀 맞지 않다는 것을 깨달았다. 여기에서 잔다는 것은 생각만 해도 끔찍하고 자신과 전혀 맞지 않는 것 같았다. 그가 놓고 간 신용카드가 보였다. 그는 자신이 신용카드를 쓰게 될 거라고는 한 번도 생각해 본 적이 없었다. "카드 빚을 갚으려면 너무 힘들어." "난 좋은 물건 필요 없어." 늘 그가 입버릇처럼 하던 말이었다. 마이크는 신용카드를 지갑에 넣은 다음 지갑에 몇 달러라도 있는지 확인을 했다. 그리고 소지품과 세면도구들을 챙겼다. 결국 그는 불을 끄고 아파트를 나왔다. 개인 용품과 물고기를 가지러 집에 다시 오긴 할 테지만, 이사 통보부터 해야겠다는 생각이 들었다. 나중에 경찰 신고가 필요할 경우에 대비해, 할의 아파트로 가서 앞으로 어떻게 할 건지 간략하게 설명했다.

마이크는 택시를 타고 좀 더 나은 동네로 가서 고급 호텔에 체크인을 했다. 고급스러운 가구와 환한 불빛 그리고 화려하게 장식된 호텔 로비를 보니 그때서야 안도의 숨이 나왔다. 여기가 훨씬 더 나았다! 그는 일단 내일 아침 자신에게 걸맞은 새로운 직장도 구하고 새로운 아파트도 찾아보기로 했다. 마이크가 엘리베이터를 찾기 위해 로비를 가로지르는데 사람들이 일제히 그를 쳐다보았다. 마이크에게서 풍기는 긍정적인 분위기가 사람들의 주의를 끌었다. 무슨 특별한 사람인가? 아니면 할리우드 스타라도 되나?

그는 호텔 방 침대에 누워 자신에게 무슨 일이 일어난 건지 생각해 보았다. 그는 기분이 엄청 좋았다! 그리고 매우 평화로웠다. 그는 자신의 영업 능력이 뛰어나기 때문에 내일, 단 하루 만에 로스앤젤레스에서 근사한 직장을 구할 거라고 확신했다. 그는 어서 빨리 사람들을 만나 자신을 소개하고 멋진 직장 생활을 시작하고 싶었다.

문득 헤어진 여자친구 셜리가 생각났지만 마음이 고통스럽지는 않았다. 소중한 관계가 어긋난 것이 애달프지도 자기 연민에 빠지지도 않았고, 실연 때문에 어딘가로 숨을 필요도 없다는 생각이 들었다. 사실 그동안의 자기 모습을 떠올리며 마이크는 얼굴을 찌푸렸다. '어우! 내가 무슨 생각으로 그렇게 살았지? 그녀는 그냥 자기 계약을 충실히 이행한 것뿐이야. 그렇게 된 데는 내 책임도 있고.'

세상에! 그가 이런 말을 하다니! 하지만 사실은 사실이었다! 마이크는 불과 몇 시간 전이었다면 감히 엄두도 내지 못할 행동을 했다. 그는 전화기 쪽으로 가서 자신이 아주 잘 아는 번호를 눌렀다. 전화 신호음이 한 번, 두 번 울리더니 밝고 명랑한 여자의 목소리가 들려왔다.

"여보세요?"

"셜리!" 마이크는 그녀의 목소리를 듣자 마냥 신이 났다.

"마이크?" 셜리는 마이크의 전화가 별로 달갑지 않은 것 같았다.

"그냥 네가 잘 있는지 확인해 보려고 전화했어. 우리 사이에 있었던 일을 정말 고맙게 여긴다는 걸 말해주고 싶었고."

"마이크? 정말 너니? 너 좀 달라진 것 같아."

"난 우리가 함께한 시간을 잘 마무리하고 싶어. 앞으로 정말 행복하길 바라. 넌 그럴 자격이 있어. 넌 정말 근사한 여자거든."

"마이크? 너 정말 너 맞아?"

"응, 나야."

"새 여자친구라도 생긴 거야?"

"아니야, 셜리. 진짜로 난 잘 지내고 있고, 앞으로 네가 무얼 하든 잘 지내길 바란다고 말하려고 전화했어. 그동안 즐거웠고, 날 좋은 사람으로 기억해 줬음 좋겠다."

"마이크? 무슨 일이야?"

"지금은 말할 수 없고, 언젠가 얘기할 날이 올 거야. 잘 있어!"

"마이크? 지금 농담하는 거지, 맞지?"

마이크는 전화를 끊으며 이루 말할 수 없이 평화로웠다. 삶의 한 장을 마무리하고 떠나보내니 그렇게 홀가분할 수가 없었다. 그녀의 목소리를 들어도 부정적인 감정이 전혀 떠오르지 않았다. 오히려 잘 마무리되었다는 평온함과 새로운 삶에 대한 의욕이 가득히 일었다.

마이크는 기분이 묘했다. 뭔가 다르긴 했다. 그는 예전의 마이크답지 않은 일들을 하고 있었다. 그는 순간순간의 에너지를 느끼며, 하루 밤에 100달러나 하는 호텔에 묵는 걸 걱정하지도 않았다. 아직 직장도 안 구했지만, 새로운 직장에서 받을 월급으로 호텔 비용을 충당할 자신이 있었다! 이건 예전의 마이크답지 않은 태도였다. 이건 자신의 가치와 우주의 섭리를 이해한 '현재의' 마이크만이 할 수 있는 행동이었다. 마이크는 새로 태어난 것만 같았고, 스스로 만족할 때만 느낄 수 있는 긍정의 느낌이 그의 내부에 확고하게 자리를 잡은 것 같았다. 순간, 전율이 척추를 타고 올라오자 그는 그게 무엇을 의미하는지 알았다. 그는 주저 없이 문 쪽으로 걸어가 방문을 열었다. 거기엔 손을 들어 막 노크를 하려던 친구 존이 있었다!

"야, 존!" 마이크는 친구를 얼싸안았다.

"내가 여기 서 있는 줄 어떻게 알았어?" 존은 어리둥절한 표정이었다.

"직감으로 알았던 것 같아. 들어와."

"너 찾느라고 얼마나 힘들었는지 알아? 집에 강도가 들었다는 얘길 듣고, 야간 근무 끝나자마자 바로 오는 길이야. 옆집 사람이 너 여기 있다고 알려주더라. 근데, 너 괜찮아? 머리는 어때? 그리고 아파트는 어떻게 된 거야? 호텔은 또 뭐고?" 마이크는 질문을 속사포로 쏘아대는 기관총을 저지하듯 두 손을 들어 올리며 존에게 미소를 지었다.

"존, 머리는 괜찮아. 나는 그 쓰레기장 같은 아파트와 어울리지 않아. 예전 직장도 마찬가지고. 그건 우리 둘 다 잘 알잖아." 존은 어이가 없었다. 그는 마이크가 정신을 차리고 멀쩡해지기를 바랐지만 하루아침에 슈퍼맨이 되어 있을 줄은 꿈에도 몰랐다.

"마이클, 무슨 일이야? 너, 되게 달라 보여!"

"응, 나도 알아. 이유는 말해줄 수 없지만, 아주 많은 걸 알게 됐어! 이젠 모든 것이 긍정적으로 느껴지고, 마음도 평화롭고 삶에도 활력이 넘치는 것 같아." 존은 별 말 없이 듣기만 했다. "시원한 음료라도 대접하고 싶은데, 나도 여기 온 지 얼마 안 돼서. 아래 내려가서 같이 저녁이나 먹을까?"

"호텔 레스토랑 말하는 거야?"

"응, 내가 살게."

"좋지!" 존이 마이크를 뚫어지게 쳐다보았다. "와, 너 진짜 많이 변했다!" 두 남자는 작은 호텔방을 나가 호텔 로비에 있는 고급 레스토랑에 자리를 잡았다. 존은 꿈을 제외한 모든 얘기를 마이크로부터 들었다. 그는 셜리와 어떻게 완전히 끝났는지, 새로운 직장에 대한 계획은 뭐고, 자신의 인생관은 어떤지 얘기했다. 마이크는 진리가 언제나 승리한다는 사실, 그리고 어떻게 용서와 진정성이 삶을 평화롭게 만드는지 유창하게 설명했다. 예전에 신랄하게 비판하던 것들에 대해서는 이제 조심스러운 말로 서로 의견이 다를 수 있다는 것을 인정했다. 그는 인간이 그저 주어진 대로 모든 것을 받아들일 필요가 없다는 것과 자신의 현실은 스스로 창조한다는 말도 했다.

존은 아무 말도 하지 않았다. 그는 대화에 완전히 넋이 나간 듯했다. 그는 근사한 저녁 식사와 디저트를 먹고 커피를 마시는 동안 마이크가 하는 말을 귀담아 들었다. 뭔가 '기분을 좋게 하는' 강의를 듣고 있는 것 같았고, 그도 마음이 움직였다. 마이크가 하는 말이 전적으로 수긍이 되었다. 마이크의 입 안에 음식이 가득 들어 있을 때 존이 마침내 말을 꺼냈다.

"마이크, 너 혹시 임사臨死 체험 뭐 그런 거 경험한 거야?" 존은 진지했다. 전날까지만 해도 마이크는 자존감이 떨어지고, 집 없이 살려고 하고, 우울증에 시달리고, 고통을 자처하는 사람이었다.

"아니야, 존. 임생臨生 체험을 한 것 같아." 두 남자는 긴장을 풀며 느긋하게 웃었다. 상황이 코믹하긴 했지만, 마이크 역시 자신에게 무슨 일이 일어난 건지 헤아리는 중이었다. 아직 자신이 본 환영이 진짜라고 말할 수는 없었지만, 어쨌든 그는 삶이 즐거웠다!

존은 마이크와 헤어지고 싶지가 않았다. 마이크가 발산하는 에너지가 그에게 좋은 영향을 끼쳤고, 그 역시 그걸 알고 있었다. 심지어 그도 새로운 직장을 찾아봐야겠다고 생각했다. 존 또한 훨씬 더 좋은 곳에서 일할 가치가 있다고 말하는 마이크의 말에 존도 수긍했다. 마이크의 열정과 긍정적인 성격에 그 역시 기운이 났다. 마이크의 긍정적인 태도는 중독성이 있었다. 이런 걸 고결한 생각이라고 해야 하나? 존은 그런 것에 대해선 잘 몰랐지만, 어쨌든 들어서 나쁠 건 없었다. 그 역시 마이크의 말을 들으며 자신이 가치 있고 소중한 존재라는 느낌이 들었다.

마이크는 존과 작별 인사를 하며 다시 한 번 그를 따뜻하게 안았다. 존은 마이크가 예전에는 한 번도 그런 식으로 자기를 포옹하지 않았다는 걸 알았다. 그런데 하루 저녁에 두 번씩이나 그런 식으로 따뜻하게 자기를 껴안았다. 마이크에게 도대체 무슨 일이 일어난 걸까? 어쨌든 그는 정말 좋은 친구였다! 마이크의 몸은 여전히 여기에 있지만, 그는 왠지 다른 세계에 살고 있는 것 같았다. 그는 굉장히 평화로웠고 인류에 대한 사랑으로 가득했다. 다른 이를 판단하지도 않았으며, 마냥 행복해했다. 정말 멋진 녀석이고, 확실히 뭔가 달라져 있었다!

마이크는 호텔 방으로 돌아와 홀로 침대에 앉아 있었다. 단 한 순간이라도 그의 꿈같은 여행이 진짜였다고 믿을 순 없는 걸까? 만약 그게 진짜였다면, 그는 왜 지구로 돌아온 걸까? 이건 정말 아니었다. 모든 게 생각했던 것과 달랐다. '뭐라고? 보이는 것이 전부는 아니라고?' 마이크는 뭔가 이상하면서도 굉장히 익숙한 존재를 느끼기 시작했다. 직관이 그를 재촉하고, 몸이 그에게 말을 걸기 시작했다.

마이크는 침대에서 일어나 맞은편 의자로 갔다. 의자에 앉아 그에겐 지극히 정상적인 행동을 했다. 그는 눈을 감고 손을 앞으로 내민 다음, 경건한 의식을 치르듯 큰소리로 외쳤다.

"영의 이름으로, 이 상황에 대해 내가 알아야 할 것을 보여주길 요청합니다. 그게 무언지는 잘 모르지만, 전 그것을 찬양합니다." 마이크는 눈을 감고 조용히 있었다. 그러자 갑자기 모든 것이 찬란한 빛을 내며 폭발했다.

순간, 마이크는 다른 차원으로 들어가는 입구를 통해 그만을 위해 마련된 장소로 휙 데려가졌다. 그곳은 마이클 토마스와 영이 대화할 수 있는 내면의 성소로, 앞으로 명상을 할 때마다 자주 오게 될 곳이었다. 그는 허공에 떠 있었고, 다시 '꿈'의 상태가 되었다는 걸 선명하게 자각하고 있었다. 하지만 그냥 단순히 꿈은 아니었다. 아니, 진짜 꿈인가?

"꿈이 아니에요, 마이클 토마스." 화이트의 목소리였다! 마이크는 차마 눈을 뜰 수가 없었다! 그는 이곳이 잠시 머물다 가는 다른 차원이며, 눈을 뜨면 이곳에서 벗어난다는 걸 알았다. 그는 마음의 준비가 되기 전에는 다시 호텔 방으로 돌아가고 싶지 않았다. 위대한 흰색 천사의 목소리가 계속 이어졌다.

"이곳은 실재reality가 변경된, 또 다른 상태일 뿐이에요. 어떤 게 가장 진짜 같나요, 마이클?"

"화이트!" 마이크가 큰소리로 외쳤다. "네, 마이클."

"목소리 들으니 정말 반가워요!" 마이크는 신이 나서 어쩔 줄 몰랐다. 그의 목소리는 거의 고함에 가까웠다. "화이트! 모든 게 꿈이 아니었어요! 전 알고 있었어요!"

"네, 꿈이 아니었어요, 마이클."

"어떻게 된 거죠? 제가 왜 천국에 있지 않은 거죠? 제가 무슨 실수라도 했나요?" 마이크는 그의 영적 친구와 다시 얘기하게 되자 기분이 좋아 날아갈 것 같았다!

"눈을 떠요, 마이클. 일행이 있어요."

마이크는 화이트의 말대로 천천히 눈을 떴다. 차원을 넘나드는 입구는 그대로 있었고, 마이크도 여전히 명상 상태였다. 그는 새하얀 공간에 연화좌lotus position 자세로 둥둥 떠 있었다. 그곳을 보니 맨 처음 사랑의 흰색 천사를 만났던 새하얀 공간이 생각났다. 밑에는 그를 중심으로 일곱 명의 존재가 빙 둘러서 도넛 모양의 형상을 만들고 있었다. 마이크가 바라보자, 옅은 일곱 색깔의 구름 덩어리가 색깔별로 서서히 부풀어 오르더니 구체적인 형태를 띠기 시작했다. 무슨 일이 벌어지는지 감이 오자 기쁜 마음에 심장이 쿵쾅거렸다!

희미하기만 하던 구름의 일곱 색깔이 점점 진해지더니 마침내 찬란한 빛을 내며 본래의 색을 드러냈다. 거기엔 블루, 오렌지, 그린, 바이올렛, 레드, 화이트, 심지어 골드까지 있었다! 작은 구름들이 서로 일정한 간격을 두고 점차 커지다가 그가 만났을 당시의 천사 모습이 되었다. 그들과 함께 시간을 보낸 게 꼭 엊그제 같았다. 그들을 보자 마이크는 기뻐서 어쩔 줄 몰랐다. 자신의 친구들이 거기에 있었다! 그는 호텔 방에 있는 인간 마이크와 연결된 끈이 끊어지지 않도록 조심했다. 마이크는 동시에 두 장소에 있었다.

일곱 명의 천상의 존재가 마이크의 성소에서 마이크를 향해 일제히 손을 들어 올리며 축하연을 벌이고 있었다. 마이크도 그들과 함께 축하를 했다. 그는 천사들에게 빙 둘러싸여 축하를 받으며 이루 말할 수 없는 신성함을 느꼈다. 그는 아무 말도 하지 않는 것으로 그들의 축하에 감사를 표했다. 황금빛 천사가 가장 먼저 말을 꺼냈다.

"순수한 의도의 마이클 토마스, 만나게 돼 반가워요!"

"네, 저도요." 마이크가 감사와 평화를 느끼며 말했다.

"알고 싶은 게 뭔가요, 마이클?" 황금빛 천사는 웃음이 나오려는 걸 참고 있었다. 그는 마이크의 일부였기에, 뭐가 잘못된 건지 알고 싶어 그가 안달이 났다는 것도 알고 있었다. "왜 다시 지구로 돌아갔냐고요?" 마이크가 속으로 한 질문에 대답하며 화이트가 말했다.

"당신이 애초에 요청한 내용을 다시 살펴보고 싶나요, 마이클?" 마이크는 화이트가 무슨 말을 하는지 이해가 안 갔지만, 잠자코 천사의 말을 듣고 있었다. 갑자기 녹음 테이프가 재생되듯, 언젠가 마이크가 화이트에게 자기한테 '집Home'이 어떤 의미인지 설명했던 내용이 그대로 되풀이되고 있었다. 마이크는 천사들과 함께 자신의 목소리를 들었다.

"전 사랑받고 싶고 사랑 곁에 있고 싶어요. 삶이 평화로웠으면 좋겠어요. 걱정거리나 주변 사람과의 사소한 일상에 얽매이지 않았으면 좋겠어요. 돈 걱정 없이 살았으면 좋겠고요. 해방감을 느끼고 싶어요. 혼자 있는 것도 지겨워요! 우주의 다른 존재들에게 의미 있는 존재가 되고 싶어요. 제 삶의 목적이 무엇인지 알고 싶어요. 신의 계획 안에서 올바르고 적절한 소임을 다하고 싶어요. 정말 예전과 같은 인간은 되고 싶지 않아요. 당신처럼 되고 싶어요!"

그건 '집'에 대해 마이크가 화이트에게 설명한 내용이었다. 흰색 천사가 그에게 집이 어떤 의미냐고 물었을 때 그는 이렇게 대답했었다!

그 다음에 들린 것은 블루의 목소리였다.

"지금의 삶을 한번 돌아봐요, 마이클 토마스. 당신은 영이 '지금 이 순간' 어떻게 작용하는지 알고 있어요. 그래서 내면에 있는 직관력이란 지도를 이용해 평화로운 삶을 살게 된 거죠." 마이크는 블루의 말이 옳다는 것을 알았다. 그는 내일 일자리를 구하는 게 걱정되지 않았다. 그에겐 '지도'가 있었고, 지도가 올바른 장소로 그를 안내할 것이었다.

다음에는 오렌지가 말했다.

"그리고 선물과 도구들 덕분에 지구에 살면서도 높은 주파수로 진동하며 균형 감각을 유지할 수 있게 되었어요. 원한다면 주변 사람들의 드라마 같은 상황에 얽히는 일도 없을 거예요. 그리고 당신의 길을 가로막는 부정적인 것들을 모두 퇴치할 수도 있어요!" 마이크는 오렌지의 말도 맞다는 걸 알았다. 마이크는 그동안 살면서 일어난 극적인 사건들에 더 이상 마음이 쓰이지 않았다. 셜리와 얽힌 일도 언제 그런 일이 있었냐는 듯 금방 잊혀졌다.

다음엔 그린의 목소리가 들렸다. 그의 말엔 유머가 넘쳤고, 그의 말도 여지없이 맞는 말이었다.

"당신의 변화된 생물학적 시스템 덕분에 해방감을 느낄 수 있을 거예요. 이제 당신의 몸은 지혜와 지식으로 가득해요." 사실 마이크는 그 어느 때보다 기분이 좋았으며, 어떻게 건강한 상태를 유지하는지도 잘 알았다. 그린의 가르침은 정말 최고였다!

이제 바이올렛이 말할 차례였다. 그녀의 감미로운 목소리가 마이크의 귀에 사르르 녹았다.

"당신은 이제 신의 계획의 일부이며, 당신에겐 뚜렷한 삶의 목적과 책임이 있어요. 당신은 스스로 당신의 현실을 창조하고 있기 때문에, 단 한 순간도 걱정할 필요가 없어요. 게다가 가족이 옆에 있잖아요!" 마이크는 그녀의 말도 옳다는 것을 알았다. 사실 그는 걱정 없이 자신의 미래를 창조할 수 있었다. 옆에서 항상 그를 지원하는 가족이 있다는 것과, 자신이 늘 적재적소에 있게 될 거라는 것도 알았다.

레드의 목소리가 들렸다.

"다시는 예전과 같은 인간으로 돌아가지 않을 거예요, 마이클. 당신의 강력한 의지 덕분에 당신은 완전히 변했어요." 그 말도 맞았다! 마이크는 절대 예전의 모습으로 돌아가지 않을 것이다. 그는 전혀 다른 사람이 되었다. 그의 아파트는 예전의 가련한 마이크에게나 어울리는 곳이었다. 심지어 그는 그동안 입었던 옷도 기부할 작정이었다. 마이크는 완전 새사람이 되었다!

그 다음 화이트의 근사한 목소리가 다시 들렸다.

"당신은 사랑의 계획 안에서 올바르고 적절한 소임을 다하고 있어요, 마이클. 당신은 굉장히 사랑받고 있어요. 당신은 이제 다른 이에게도 똑같은 사랑을 나눠줄 수 있게 되었죠. 그리고 당신이 아직 깨닫지 못한 선물이 바로 눈앞에 있어요!" '무슨 말이지? 왜 화이트는 늘 다시 질문을 하게 만드는 말만 할까?'

마지막으로, 거대하고 강력하고 신성하면서도 부드러운 황금빛 천사가 말했다.

"천사처럼 되고 싶다고 했나요, 마이클? 황금빛 집에서 배운 게 뭐지요? 당신은 매우 높은 주파수로 진동하며 지구에 존재하는 신의 일부예요. 당신은 인간의 모습을 한 천사로, 신으로부터 기름부음을 받았어요. 그걸 아는 몇 안 되는 인간 중 한 명이고요." 사실 마이크는 자신이 정말 천사인 줄도 모르고 늘 천사처럼 되라는 말만 들어왔다.

갑자기 천사들이 하나가 된 듯 마이크의 귀에 천사들의 생각이 동시에 울려 퍼졌다.

"이러한 존재being의 상태가 바로 집이에요, 마이클 토마스. 지구로 돌아간 건 당신이 요청했기 때문이에요. 당신이 있어야 하고, 변화를 일으켜야 할 곳은 바로 지구예요. 이제 당신이 요청했던 것들이 모두 당신에게 있어요. 당신은 빛의 전사戰士예요. 당신은 마리처럼 신의 진동 에너지로 가득해요. 당신은 거인을 무너뜨렸고, 황금 배지를 받아들였고, 오래된 지혜를 가지고 있어요!"

거기서 끝이 아니었다. 마이클 토마스는 천사들이 뭔가를 또 보여줄 거라는 걸 알았다. 천사들이 자신들의 형태를 바꾸기 시작했다. 밝게 빛나는 일곱 개의 작은 구름들이 함께 뒤섞여 진동하며 다이아몬드처럼 반짝거렸다! 반짝거리는 무지갯빛 구름은 말로는 표현할 수 없을 정도로 아름다웠다. 마이크는 천사들이 회의를 하고 있다는 걸 직관적으로 알 수 있었다. 시간이 좀 지나자 그들이 한 목소리로 말하는 것이 들렸다.

"마이클 토마스, 오늘 우리가 당신의 새로운 이름을 지었어요. 당신은 여행을 하는 동안 '순수한 의도의 마이클 토마스'로 불렸어요. 오늘 당신은 졸업생으로 이 자리에 섰어요. 높은 주파수로 진동하는 존재이지만 온전히 인간도 아니고 천사도 아니지요. 그래서 이제부터 당신은 '현재의 마이클Michael The Current'이에요. 그 이름은 '지금 이 순간'의 진동을 뜻하고, 우리가 건네는 최고의 칭찬 중 하나예요."

새로운 이름이 생겼다는 게 웃기긴 했지만, 천사들이 진심으로 그의 새로운 진동 주파수에 경의를 표하고 있다는 걸 알았다. 장관을 이루던 다이아몬드 구름이 서서히 마름모꼴이 되더니 위쪽으로 높이 솟아올라 마이크의 머리 위를 지나치면서 그가 있는 공간을 다이아몬드 빛으로 감싸 안았다. 사랑이 온몸에 스며들고 신의 존재가 느껴지자 마이크는 가슴이 벅차올랐다. 몸의 세포 하나하나가 이 순간을 축하했고 감사의 느낌으로 가득 채워졌다. 그는 호텔 방의 의자로 돌아가야 할 때가 되었다는 걸 알았다. 천사들이 마이크에게 전할 메시지가 하나 더 있었다. 마이크가 명상 의자로 돌아가는 사이 천사들의 에너지가 한데 어우러져 한 목소리로 전하는 말이 귓가에 울렸다.

"현재의 마이클, 진심으로 그대를 사랑해요."

마이크는 '깊은' 명상의 상태에서 빠져나오며 호텔 의자에 한동안 앉아 있었다. 천사들의 집에서 영적 훈련을 받으며 경험한 것들은 모두 진짜였다! 모든 가르침이 정확하고 온당했다. 로스앤젤레스의 호텔 객실에 있어도 영적 지식과 힘은 여전히 그의 것이었다. 그는 지구에 자신과 같은 사람들이 얼마나 많이 있을지 궁금했다.

마이크는 완전히 녹초가 되었다. 샤워를 하다가 거의 잠이 들 뻔했지만 간신히 몸을 추슬러 침대에 누울 수 있었다. 너무 피곤해서 다음 일은 생각할 수가 없었다. 일단 잠부터 자야 했다. 그는 아주 곤히 잠들었다.

다음날, 마이크는 새로운 하루를 시작할 준비가 되어 있었다. 그는 호텔 발코니에 서서 눈앞의 지역들을 훑어보았다. 그를 제한하는 것은 아무것도 없었다. 어디로 가든 그는 변화를 일으킬 것이다. 마이크는 앞으로 많은 일들이 일어날 거라는 걸 알았다. 앞으로 해야 할 일도, 배울 것도 많았다. 특히 옛 에너지로 진동하는 인간들 사이에서 자신의 높은 진동 에너지를 유지하는 법을 배워야 했다. 그는 걱정하지 않았다. 그의 가슴엔 사랑이 있고, 그의 영혼은 오래된 지혜를 간직하고 있었다. 내면에 있는 천사가 모든 것을 알아서 할 것이고, 어떤 상황에서든 어떻게 해야 할지 늘 알게 될 것이다.

마이크는 생각보다 쉽게 새 직장을 구했다. 큰 기업들은 성실한 영업 사원을 필요로 했고, 마이크의 걸음걸이와 말 한 마디 한 마디에서는 성실함과 강직함이 묻어났다. 그는 새 옷도 사고 목표를 높게 세웠다. 그는 자신의 전문성을 필요로 하는 가장 큰 회사를 찾아갔다. '채용 계획 없음'이라고 쓰인 푯말이 눈에 띄었지만 그냥 지나쳐 건물 안으로 들어갔다. 그는 단 몇 분 만에 취직이 되어 건물 밖으로 나왔다. 이제 그는 인간이 어떻게 하면 스스로 자신의 현실을 창조할 수 있는지에 집중하면서 또 다른 의식을 치를 준비를 했다.

마이크는 새로워진 자신의 모습에 완전히 빠져 있었다. 자신이 '집'에 있다는 사실이 드디어 의식의 일부로 자리 잡아가기 시작했다. 안정적인 직장을 구하자 그는 새로 살 곳도 찾아보기 시작했다. 사흘째 되던 날 아침, 마이크는 샤워를 하다가 잊고 있던 사실이 있었다는 걸 깨닫고 가슴이 쿵 내려앉았다.

화이트가 한 말 중 마이크가 이해 못한 게 있었는데, 그게 뭐였더라? '마이클, 당신이 아직 깨닫지 못한 선물이 바로 눈앞에 있어요!' 그 선물이 뭐였는지 알게 되면서 마이클의 눈에는 눈물이 고였다. 그 선물은 그에게 가장 소중한 선물이었으며, 그가 오직 인간일 때만 받을 수 있는 것이었다. 하지만 지난 며칠간 지구에서 엄청난 일들을 겪느라 그는 그 선물을 까맣게 잊고 있었다. 선물이 의미하는 바는 심오했다. 마이크는 욕실에서 무릎을 꿇고 그 사실을 깨닫게 된 것에 감사를 드렸다. 선물이 가져올 잠재적인 사건들을 생각하자 몸이 떨려왔다. 그는 필요한 정보를 찾기 위해 기억을 더듬었다. 선물이 자신에게 의미하는 바를 생각하자 심장이 두근거렸다.

• ◆ •

이쯤에서 우리는 마이클 토마스의 이야기를 마무리하려고 한다. 마이클에겐 찾아야 할 것이 있었다. 새로운 직관력과 선물 덕분에 마이클은 자신의 여행이 아직 끝나지 않았다는 걸 알았다. 하지만 그의 지도가 그를 올바른 방향으로 이끌어줄 것이고, 내면에 간직된 진리의 검이 어둠 속에서도 불을 밝혀줄 것이며, 올바른 때가 되면 심장이 진동하며 F음조로 기쁨의 노래를 부를 것이다. 그에겐 흰색의 집에서 그의 심장과 두뇌의 가장 연약한 세포에 아로새겨진 선명한 사진이 있었다.

그 어느 것도 '현재의 마이클'이 주변의 수많은 인간들 중에서 그를 기다리는 신성한 선물을 찾는 걸 막지 못할 것이다. 자신의 새로운 여정이 성공적으로 완료될 거라는 걸 알았기에 그는 입이 귀에 걸릴 만큼 활짝 웃었다. 그가 할 일이라곤 여행을 시작하는 것이 다였다.

마이크는 자신에게 소중한 존재, 인생의 동반자를 찾을 두 번째 기회가 왔다는 걸 알았다. 둘 사이의 계약이 너무나 강력해 서로를 자석처럼 끌어당길 것이며, 한 행성에 있는 한 둘은 떨어져 지낼 수가 없었다.

마이크는 상아빛 피부에 에메랄드 같은 눈을 가진 붉은 머리결의 아름다운 여인을 찾았다. 그녀의 지구 이름은 몰랐지만 그건 별로 중요하지 않았다. 그의 영혼에게 아놀리의 에너지는 어둠 속에서 빛나는 불빛이었다.

그는 아직 태어나지 않은 아이들도 생각해 보았다. 그러자 자신의 꽃을 찾고야 말겠다는 의지가 더욱 불타올랐다. 조만간 달성하게 될 것이고 소중히 간직하게 될 둘만의 영적 목적과 사랑의 에너지가 대기에서 서로 부딪히며 지지직 전기 스파크가 일었다. 승리의 냄새가 향긋했다. 마이크는 자기 인생의 유일무이한 장미를 찾아 그 아름다움을 흠모하고 사랑할 것이다. 평생 그 장미의 향기를 감사히 여길 것이며, 그 완벽한 아름다움과 타고난 우아함을 받들고 찬미할 것이다.

그녀가 지구 어딘가에 있고, 마이크는 반드시 그녀를 찾을 것이다. 마이클이 자신의 목표를 달성할 거라는 걸 알기에 천사들은 미소를 지었다. 마이클 토마스는 집으로 돌아왔다.

후기

마이클 토마스와 일곱 천사의 이야기에는 은유적인 표현과 새 시대New Age의 영적 진리가 많이 내포되어 있다. 책이 12장으로 구성된 것부터 일곱 명의 천사 이름까지, 수비학numerology에 관심 있는 독자라면 이 책에서 훨씬 더 많은 정보를 얻을 수 있을 것이다.

일곱 가지 색깔 역시 특정한 에너지를 나타낸다. 이 점을 이해한다면 각각의 색깔이 무엇을 나타내는지 더 많은 통찰력을 얻을 수 있다.

사람들과 함께 모여 다음과 같은 질문을 해보는 것도 재미있을 것이다.

1. 파란 집에서 마이클 토마스가 받은 이상한 지도에 숨겨진 진짜 메시지는 무엇인가? 일상 생활에서 지도를 어떻게 적용해 볼수 있을까?
2. 길에서 음식이 썩은 사건의 의미는 무엇인가? '영의 음식'은 무엇이며, 왜 천사의 집 밖에서는 음식이 온전히 보존될 수 없는 걸까?
3. 왜 천사들은 마이클이 곤란한 상황에 처하게 될 걸 알면서도 마이클과 논쟁을 하거나 어떤 행동을 강요하지 않았을까?

4. '우리'의 생물학적 시스템과 관련된 내용에서 배울 점은 무엇인가?

5. 인간의 진동 주파수가 증가하면 정말 힘든 상황이 닥치게 될까? 그런 경우를 어디에서 보았는가?

6. 왜 영적인 장소에서 옛 에너지를 상징하는 무기들이 필요했을까? 왜 천사들은 마이클 토마스를 빛의 '전사戰士'라고 불렀을까? 전사 역시 옛 에너지를 상징하는 개념이 아닌가?

7. '그것It'은 진짜 누구일까? 어두운 면이란 무엇일까?

여러분께 고백할 것이 하나 있다. 이 이야기가 말하고자 하는 진정한 형이상학적 속성은 이 책에서 한 번도 언급되지 않았다. 그것은 한 단어이며, 원문에는 사용되지 않았다. 그 단어가 무엇인지 짐작이 가는가?

마지막으로 재미있는 것이 하나 더 있다. 책의 맨 앞 제목이 있는 페이지를 한번 살펴보길 바란다.

1. 누가 마이클 토마스와 함께 있나?
2. 누구에게 날개가 있나?

책을 덮으면서 스스로에게 한번 물어보기 바란다. "나도 마이클 토마스처럼 '집'에 있을까?" 그럼, 여러분 모두 '집'을 발견하기를 간

절히 바라마지 않는다.

—리 캐롤

추신: 이 책은 미국 전역과 캐나다에 있는 호텔 객실에서 씌어졌다.
시카고, 워싱턴 DC, 메사, 애리조나, 휴스턴, 게인즈빌, 올란도, 플로
리다, 인디애나폴리스, 몬트리올, 밀워키, 시애틀, 애틀랜타, 투손, 캔
자스시티와 비행기 안에서 나의 믿음직한 노트북으로 집필하는 동
안 거쳐간 모든 주州의 에너지에 감사의 마음을 전한다.

옮긴이의 말

산티로부터 책 번역 제안을 받았을 때 난 일곱 천사와 일곱 차크라와 관련하여 묘한 동시성을 경험하고 있었다. 즉각적으로 난 이 책이 천사들이 나에게 주는 선물이자 메시지임을 알았지만, 시간이 좀 지나자 내 안의 '의심하는 토마스'가 슬금슬금 다가와 "소설 번역은 처음인데 잘할 수 있겠어?" "이거 정말 천사들이 나에게 준 선물 맞아?"라고 속삭였다. 하지만 내 안의 '성스러운 대천사 마이클'은 "믿음을 가져. 천사들과 크라이온이 잘 이끌어줄 거야"라고 파이팅을 외쳤다. 그리하여 난 마이클 토마스의 집으로 가는 여행에 합류하게 되었고, 이제 석 달에 걸친 대장정이 끝나가고 있다.

번역 원고를 넘기고 오랜만에 공원에서 산책을 하며 아직 떨어지지 않은 단풍잎들을 보고 있자니, 번역에만 매달리느라 2013년 가을을 잃어버렸단 생각에 마음이 약간 쓸쓸했다. 그럼에도 불구하고 난 여전히 이 책을 나에게 보내준 빛의 존재들에게 감사드린다. 이 책은 정말 빛의 존재들이 나에게 보낸 선물이었을까? 비록 내가 생각했던 방식의 선물은 아니었지만, 대답은 '그렇다'이다.

처음엔 나도 마이클 토마스처럼 새로운 여행을 시작한다는 기쁨에 들떠 있었다. 나의 기술을 이용해 뭔가 '영적인 일'을 하는 것 같아 뿌듯하기도 했고, 마이클과 함께 각각의 집을 방문하며 이번엔 또 어떤 것을 배우게 될까 궁금하기도 했다. 특히 바이올렛과 레드의 집에서 배운 '관계와 가족'은 나의 가족과 친구들에 대한 관점을 바꾸어놓아, 오랫동안 해결하지 못했던 단절감, 죄책감, 마음의 짐을 덜어내고 좀 더 홀가분해질 수 있었다. 나도 나의 인생 극장을 돌이켜보며, 누가 내 인생에서 셜리와 같은 역할을 했고 어느 시점에 내가 기존의 계약서를 내던지고 새로운 길을 선택했는지 돌이켜보는 것도 재미있었다. 그리고 현재의 관계들을 점검해 보며, 미묘하지만 여전히 일정한 감정 패턴이 반복되고 있는 한 관계에서 역할 놀이를 그만두기로 선택함으로써 마음속으로 그 친구와 작별을 했다. 물론 그들은 여전히 나의 부모이고 친구로 남아 있을 것이다. 하지만 카르마에 기인한 에너지 패턴은 종료된 것 같다. 그것이 이 책이 나에게 준 선물 중 하나이다.

그러던 중 나에게도 거대한 폭풍이 다가왔다. "적당히 일하고 재미있게 놀자" 주의인 나에게 주말도 없이 일만 해야 하는 상황이 슬슬 부담이 되기 시작했다. 책 번역 이외에도 기존에 했던 기술 관련 번역을 해야 했기 때문에 마감일을 맞추려면 밤 9시, 10시까지 일하는 건 기본이었다. 일감이 없는 날은 가슴을 쓸어내리고, 일감이 한꺼번에 몰아치는 날엔 폭풍우에 휩쓸려가지 않기 위해 안간힘을 썼다. 즐거움에서 부담으로 혹은 압박감으로 시시각각 변하는 내 마음 상태를 관찰하며, 피식 웃음이 나왔다. 내가 나름 '영적인 일'이라고 생각했던 책 번역이 나에게 스트레스의 요인이 될 줄이야.

결국 외적인 요인으로 인한 '즐거움'은 영원하지 않다는 것을 다시 한 번 확인하며, '영적인 일에 대한 나의 생각'과 '내가 모든 것을 한다'는 생각을 비워냈다. 그리고 이 일을 통해 표면 위로 떠올랐던 이런저런 감정들도 다 비워냈다. 그 대신 나만의 안전한 '동굴'인 내면으로 들어가 근원source 혹은 우주 에너지와 연결되는 것에만 의식을 집중했다. 나의 중심에 연결되자 한쪽 발은 '지금 이 순간'의 시간대에 담그고, 한쪽 발은 선행적인 시간대에 담근 채 평화롭게 일할 수 있었다. '나의 생각과 감정'을 비워내고 '근원'이 모든 것을 관할하도록 허용하기 시작하자 일이 적든 많든, 책 번역을 하든 기술 관련 번역을 하든 나의 '존재 상태'는 별다른 영향을 받지 않았다. 텅 빈 마음, 이것이야말로 이 책이 나에게 준 심오한 선물이었다.

문득 '집'이라는 것이 독자들에겐 어떤 의미일지 궁금해진다. 나에게 '집'은 특정한 장소가 아닌 '존재의 상태'이다. 내가 근원과 연결되어 순수하게 '존재'하는 한, 콘크리트 아파트에 있든 자연 속의 아쉬람에 있든 나는 늘 '집'에 있다. 하지만 나도 아직 여행을 하는 중인지라, 가끔씩 나의 뒤통수를 치는 '녹색 괴물'(에고)도 경계를 해야 하고, 진동 주파수를 신의 수준으로 높이기 위해 계속 수행을 하고 있다.

이 책의 주인공인 마이크 역시 '집'으로 가기 위해 끊임없이 진동 주파수를 올리며 '변화'를 경험해야 했다. 그렇다면 진동 주파수란 무엇일까? 아주 쉽게 말해 두려움, 근심, 걱정, 질투와 같은 옛 에너지로 세포가 진동하는 것을 주파수 1~49라고 하면, '순수하고 조건 없는 사랑'으로 진동하는 상태를 주파수 100이라고 할 수가 있다. 진동 주파수가 증가될수록 몸과 주변 에너지의 흐름에 점점 민감해지고, 어느 시점에 이르면 몸에 국한된 내가 아닌 근원 혹은 우주 에너지와 연결된 나로 자각하게 된다. 그리고 가슴이 열리면서 심장 중심부(가슴 차크라가 아니라, 실제 심장이다)에서 화이트가 말한 '사랑'의 에너지가 끊임없이 흘러나와 일종의 황홀경의 상태에 있게 된다. 이것이 바로 마이크가 경험한 '생물학적 시스템의 변화'이다.

이러한 변화를 통해 무한한 우주 에너지가 세포 하나하나를 관통해서 흐르기 시작하면 자신에 대한 자각이 확장되기 때문에 그린이 말한 대로 '해방감'을 느끼게 된다. 진동 주파수는 '경험'의 영역이라 일부 독자들한테는 책이 어렵게 느껴질 수도 있을 것이다. 꿀에 대한 논문 100편을 읽어도, 꿀을 손가락으로 한 번 찍어 먹어보기 전에는 절대 꿀맛이 무엇인지 '알 수가' 없듯이, 자신의 진동 주파수가 어떻게 변해가는지 직접 경험해 보지 않으면 우리의 본질이 무엇인지 알 수가 없다.

혹자는 물을 것이다. 그럼 어떻게 진동 에너지를 경험하고 끌어올리느냐고. 바로 그 '어떻게'를 알아가는 것이 각자의 여행 과정이며 '집으로 가는 길'이다. '집'으로 가겠다는 '의도intention'가 있고 '행동action'이 따른다면 길은 열리게 되어 있다. 그리고 그 길을 이끌어주고 가르침을 전해줄 스승들도 아주 많다. 대천사나 상승한 마스터들은 물론, 하토르처럼 다른 차원에서 우리에게 무한한 사랑을 보내며 우리가 손을 내밀기만을 기다리는 빛의 존재들도 있고, 에크하르트 톨레Eckhart Tolle, 무지Mooji와 같이 세계적으로 활발히 활동하고 있는 인간 스승들도 있다. 어떤 속도와 경로로 '집'으로 가고 있든지, 이 책이 독자들의 영적 여행에 도움이 되길 바라며, 내 자신 생각지도 못한 선물을 받았듯이 독자들도 이 책을 통해 자신에게 가장 필요한 부분에서 선물을 받기 바란다.

샨티의 뿌리회원이 되어
'몸과 마음과 영혼의 평화를 위한 책'을 만들고 나누는 데
함께해 주신 분들께 깊이 감사드립니다.

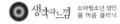
이메일로 이름과 전화번호, 주소를 보내주시면 샨티의 신간과 각종 행사 안내를 이메일로 받아보실 수 있습니다.

전화 : 02-3143-6360 팩스 : 02-6455-6367
이메일 : shantibooks@naver.com

암, 임사체험, 그리고 완전한 치유에
이른 한 여성의 이야기

그리고 모든 것이 변했다

아니타 무르자니 지음 | 황근하 옮
352쪽 | 17,00

저자 인터뷰
동영상

임사 체험중 나는 점점 확장돼 모두와 하나가 되었고,
천국은 '장소'가 아니라 '상태'임을 알았다.

"이 책은 사랑 이야기다. 당신이 진정 누구이며 왜 여기에 있는지, 당신 삶의 두려움들을 어떻게 뛰어넘을 수 있는지
새롭게 깨닫게 해준다. 아니타는 자신의 삶이 왜 이처럼 험난해야 했는지, 자신의 병이 나은 이유가 무엇인지, 왜 이
세계로 다시 돌아왔는지 등 자신이 겪은 이야기를 아주 솔직하게 털어놓는다. 지금까지 여러분이 갖고 있던 믿음들,
특히 이 세계 너머 이른바 '내세'의 모습에 대해 갖고 있던 생각들이 깊이 흔들리는 경험을 하게 될 것이다."
—웨인 다이어(Wishes Fulfilled 저자)의 추천문 중에서.

전화 02-3143-6360 이메일: shantibooks@naver.com 블로그: http://blog.naver.com/shantibooks 〔샨티〕
저희 이메일로 이름과 전화번호를 보내주시면 신간 안내 및 각종 행사 소식을 보내드립니다.